Johann Ludvig Hard

Denkwürdigkeiten oder Lebens-Geschichte eines Schwedischen

Edelmanns

Johann Ludvig Hard

Denkwürdigkeiten oder Lebens-Geschichte eines Schwedischen Edelmanns

ISBN/EAN: 9783743435247

Hergestellt in Europa, USA, Kanada, Australien, Japan

Cover: Foto ©ninafisch / pixelio.de

Manufactured and distributed by brebook publishing software (www.brebook.com)

Johann Ludvig Hard

Denkwürdigkeiten oder Lebens-Geschichte eines Schwedischen

Edelmanns

Denkwürdigkeiten

oder

Lebens = Geschichte

eines

Schwedischen Edelmanns,

von Ihm selbst

in seiner Einsamkeit im Jahr 1784 geschrieben,

aus dem Französischen übersetzt

von

G. W. Bartoldy.

Berlin,

bey G. Pitra, Königl. Buchhändler.

1788.

Seiner Königl. Hoheit,

dem Prinzen

Friedrich Heinrich Ludwig

von Preussen.

ꝛc. ꝛc. ꝛc.

Durchlauchtigster Prinz!

In tiefster Unterthänigkeit wage ich es, Ew. Königl. Hoheit die

"Denkwürdigkeiten eines Schwedischen Edelmanns"

zuzueignen. Ich glaube, daß dieses eben so sehr die höchste Gnade Ew. Königl. Hoheit, welche Sie für den Verfasser dieser Denkwürdigkeiten, den Grafen von Hordt, jederzeit geäussert haben, als das Gefühl des tiefsten Respekts in den Augen Ew. Königl. Hoheit entschuldigen werde, welches ich Hochdenselben vorzulegen für meine vornehmste Pflicht halte.

Den Ruhm, welchen sich Ew. Königl. Hoheit im Kriege durch Thaten des Helden sowohl, als durch politische Unterhandlungen im Frieden erworben haben, und welchen nur die Gnade und Güte Ew. Königl. Hoheit gleich kommt, erlauben mir Vergebung darüber zu hoffen, daß ich es wagte, diesem Werke dadurch einen neuen Glanz zu geben, daß ich ihm den Nahmen des größten Königlichen Helden und Staatsmanns vorsetzte.

Meine Dreistigkeit wird Ew. Königl. Hoheit um so weniger mißfallen, da dieses Werk von einem Verfasser ist, der unter der Anführung Ew. Königl. Hoheit den Feinden Preussens so furchtbar wurde, wie er es unter einen Prinzen werden mußte, dessen Verdienste als Feldherr diesen Feinden eben so furchtbar waren, als Seine Gnade und Güte der Gegenstand ihrer dankbaren Bewunderung wurde.

Ich ersterbe in tiefster Unterwerfung,

Ew. Königl. Hoheit,

Berlin,
den 22. August
1788.

Alleruntertänigster Knecht.
Samuel Pitra,
Königl. Buchhändler.

Vorbericht
des Verlegers.

Ich glaube dem Publikum Vergnügen zu machen, wenn ich ihm Rechenschaft davon ablege, wie ich zu diesen Denkwürdigkeiten gekommen bin. Da ich das Glück habe, mit der Gnade des Hohen Herrn Verfassers beehrt zu werden, einer Gnade, worauf ich stolzer bin, als auf jeden andern Vorzug; so hatte ich einstens Gelegenheit, diese Handschrift zu sehen, und flüchtig durchzulaufen. Ich gestehe, daß sie um so mehr meine Neugierde reizte, da ich darin viele in der That wissenswerthe und wichtige Dinge zu finden glaubte. Ich nahm mir die Freiheit, Ihn zu ersuchen, daß er mir erlauben möchte, sie mit mehr Bedachtsamkeit durch zu lesen, und nur mit einiger Mühe erhielt ich dies von seiner Bescheidenheit. Endlich hatte er die Güte,

mei-

meinen Bitten nachzugeben; und ich hatte noch
nicht volle zwanzig Seiten von diesem Werk gelesen; so war ich schon im höchsten Grade nach
dem Besizze desselben begierig, um das Publikum damit beschenken zu können. Ich ward
unbescheiden: ich hörte nicht auf, Ihm vorzustellen, daß, wenn er mir die Gnade erwiese,
mir den Druck dieser Denkwürdigkeiten zu erlauben, dieses nicht nur ein Mittel sein würde,
mich für all den ungeheuren Verlust zu entschädigen, den ich seit zwei Jahren erlitten hätte;
sondern zugleich eine sehr würksame Unterstüz-
zung, um mich mehr zur fernern Erhaltung meiner Familie in Stand zu sezzen.

Mein lebhaftes Flehen erschütterte sein em-
findsames Herz, welches an den Leiden seines
Nächsten Antheil nimmt, wie man davon so
schöne karakteristische Züge in seinem ganzen Le-
benslauf findet.

Er war großmüthig genug, mir zu versprechen, daß ich, im Fall er sich je entschlies-
sen könnte, seine Denkwürdigkeiten in die Hände des Publikums zu geben, darauf rechnen sollte, daß er mich allein damit begünstigen würde;
und

und da er mir zugleich bezeugte, daß er sehr fürchte, ich möchte dabei verlieren, wenn ich es wagte, (dies sind seine eigne Ausdrücke) der Herausgeber davon zu sein; so zeigte er mir noch mehr durch diese gewiß ungegründete Furcht so wohl den Antheil, welchen er so gnädig an meiner Wohlfarth nahm, als den geringen Werth, welchen er auf dies Produkt seiner Muße sezte. Ich ließ mich nicht abschrecken; ich wurde noch zudringlicher, so sehr es, ohne verwegen zu seyn, geschehen konnte. Endlich hatte er die Gnade, mir zu sagen:

„Da Sie mich so sehr versichern, daß dies „eine günstige Gelegenheit seyn wird, Sie für „Ihren ansehnlichen Verlust zu entschädigen, so „will ich Ihren Bitten nachgeben. „—Ich „schenke Ihnen die Handschrift und wünsche Ih- „nen viel Vortheil davon."

Konnte ich so viel Beweise von Güte, von Großmuth, von Uneigennuz erwarten? Dies Geschenk ist mir um so viel werther, da ich es auf keine Art verdienet habe, und da ich darauf rechne, daß meine Bemühungen und Kosten nicht verlohren seyn werden, und daß das Pu-

blikum

blikum mir gewissermaßen dafür verbunden seyn
wird, weil es sich dabei ergözzen, und zugleich
von verschiedenen Thatsachen und Umständen
unterrichten wird, welche bis jezt noch nie so
wahrhaft, so uneigennüzzig, und so zuverläßig
erzählt sind.

In der That man wird in diesen Denkwürdigkeiten eine Menge von kleinen Zügen finden,
die den Leser ergözzen und vergnügen, und alles
ausserdem, was eine große Menge von Thatsachen, die sich auf Staatskunst und Kriegswesen
beziehen, Anziehendes haben, wobei zugleich in
dem ganzen Werke der Ton des Biedersinns und
der Unpartheylichkeit herrscht. Man trifft darin allenthalben Züge eines Mannes von Ehre
und Rechtschaffenheit an, welcher, über die öffentlichen Begebenheiten, wovon er Zeuge gewesen ist, und über seine eigene Handlungen stets
mit Freymüthigkeit, ohne Leidenschaft, und
ohne Theilnahme an den Streit irgend einer Par-
they, spricht. Man findet darin eben so sehr
einen genauen und urtheilenden Beobachter, und
einen strengen Richter. Er berichtet alles, was
er selbst gesehen und gehört hat, oder was glaub-
wür-

würdige Leute Ihm in Vertrauen erzählt haben. Er muß also schlechterdings äusserst wahrhaft seyn, und eben daher sind seine Denkwürdigkeiten um desto schäzbarer. Endlich, ohne ihm eine Lobrede halten zu wollen (denn ich weis, wie sehr seine Bescheidenheit darunter leiden würde) schränke ich mich darauf ein, blos hinzuzufügen, daß man in diesen Denkwürdigkeiten das Gemählde eines guten Patrioten, eines ehrerbietigen und dankbaren Sohns, eines guten Vaters, eines zärtlichen und treuen Gemahls, eines liebenswürdigen, empfindsamen und tugendhaften Mannes, und endlich — eines Freundes der Menschheit finden wird.

Die besondern Anekdoten, welche man darin antrift, sind mannigfaltig und anziehend; und die meisten derselben schildern die Sitten von Nationen und Privatleute, und karakterisiren den Geist der Regierungen.

Ich glaube also würklich dem Publikum ein Vergnügen zu machen, wenn ich ihn diese Denkwürdigkeiten übergebe. Der Absatz, welchen ich davon erwarte, wird mir zeigen, ob ich mich geirrt habe; aber ich kann zum Voraus ver=

verſichern, daß es niemand gereuen wird, eini=
ge Augenblikke dem Leſen eines lehrreichen Wer=
kes geweiht zu haben, das zugleich ſo ergözzend
iſt, und daß man daraus mehrere Kenntniſſe
ſchöppen wird, als aus ſo vielen modiſchen Bü=
chern, worin vielleicht mehr Wiz glänzt, ohne
daß ſie eben ſo viele nüzliche und wiſſenswerthe
Dinge enthalten.

Ich stamme aus einem alten Geschlecht, das einen ausgezeichneten Rang unter dem schwedischen Adel behauptet. Fast alle meine Vorfahren waren in Kriegsdiensten, und erwarben sich eben so grosse Verdienste um den Staat, als um den König in dieser ruhmvollen Laufbahn, der sie sich eben so wohl aus eigner Neigung, als vermöge des Einflusses von Familienbeispielen widmeten, welche so mächtig auf unser Herz und auf unsern Verstand zu wirken pflegen. Meine Dankbarkeit zollt ihnen dieses gerechte Lob: und für zu glüklich werde ich mich halten, wenn ich, bei dem Vorzuge ihrer Verwandschaft, ihnen wenigstens durch einige Tugenden ähnlich bin.

Mein Vater *) diente in Frankreich, und machte die lezten Feldzüge in dem Kriege mit, der durch den Ryswikischen Friedensschluß 1697 geendigt ward; aber im Jahr 1700 wurde er nach Schweden zurükberufen.

*) Er war im Jahr 1674 gebohren.

A

Karl XI war gestorben, und kaum bestieg sein Sohn,
Karl XII im funfzehnten Jahr seines Alters den väterli=
chen Thron; so verbanden sich drei mißgünstige Mächte,
ihn zu bekriegen. Friedrich IV König von Dännemark,
Peter I Czar von Moskau und August, König von Po=
len, dachten ohne Zweifel von seiner Jugend Vortheil
zu ziehn, weit entfernt vorauszusehn, was bald eine
traurige Erfahrung sie lehrte, daß sie mit einem zweiten
Alexander zu kämpfen hätten.

Jedermann weiß, daß die Thaten des schwedischen
Helden einem Wunder ähnlich seyn. Er bringt in Dä=
nemark ein, belagert Koppenhagen, besiegt das feind=
liche Heer in seinen Verschanzungen, und bedroht den
König Friedrich, sein Reich und seine Hauptstadt mit
Feuer und Schwert zu verwüsten, wenn er nicht so=
gleich seinen Bundesgenossen den Herzog von Holstein
zufrieden stellt, gegen den er einige Feindseligkeiten un=
ternommen hat. Als Ueberwinder der Dänen, die er
in weniger als sechs Wochen zwingt, ihn um Frieden
zu bitten, begnügt er sich, sie zu demüthigen, indem er
mit ihnen den Traktat von Travendahl unterzeichnet,
geht eilends auf den Czar Peter I los, greift vor Nar=
va sein Heer von achtzigtausend Mann an, und nach=
dem er dreißigtausend Feinde niedergemacht oder ersäuft
und ausserdem zwanzigtausend von ihnen gezwungen hat,
sich als Gefangene zu ergeben; so zerstreuet er die übri=
gen, ohne mehr als zwölfhundert Schweden von den

achttausend eingebüßt zu haben, die seine ganze Kriegs-
macht ausmachen. Dann eilt er, um sich am Könige
August zu rächen. Er geht über die Düna, schlägt den
Marschall von Steinau, der ihm diesen Uebergang streitig macht und erhält den auszeichnendsten Sieg über die
Sachsen. Kurland ergiebt sich ihm: Lithauen widersezt
sich ihm vergebens. Er sucht den August auf nach der
Einnahme von Warschau, verfolgt ihn hizzig, gewinnt
die Schlacht bei Klitschow, schlägt von neuem das säch-
sische Heer in die Flucht, belagert Thoren, und läßt,
unterstüzt durch die Ränke des Kardinal Primas, den
Stanislaus Leczinski zum Könige von Polen erwählen.

Welch ein Unglük für Schweden, daß dieser junge
Monarch, verblendet durch sein Glük und durch seine
Triumphe, damals nicht seine Vortheile zu benuzzen
verstand, und daß er den Frieden ausschlug, welchen
alle seine Feinde mit gleichem Eifer ihm anboten. Niemals wäre eine Regierung ruhmvoller gewesen. Das
Königreich hätte nicht nachher einen sehr grossen Theil
der Krongüter eingebüßt: — vielleicht wäre es sogar
durch einige eroberte Provinzen vergrössert worden, und
die Schweden, im Besiz innerer Ruhe und Glükseeligkeit, wären auswärts immerfort im Genusse des An-
sehens geblieben, welches sie unter diesem grossen Feldherrn durch ihre Tapferkeit erworben hatten. Aber aus
Leidenschaft für den Krieg überschritt er die Gränzen
weiser Mäßigung. Im Jahr 1706 schrieb er dem August

die Friedensbedingungen vor, und zwang ihn, den Stanislaus als König von Polen anzuerkennen; und anstatt
mit dem Czar sich auszusöhnen, drang er von neuem in
seine Staaten ein, in der Hofnung, ihn vielleicht gar
vom Throne zu stürzen. Allein nach zwei vollen Jahren
von Siegen sah er sich endlich bei Pultawa am neunten
July 1709 vom Glükke verlassen, und in die grausame
Nothwendigkeit gesezt, bei den Ottomannen eine Freistadt zu suchen.

Mein Vater hatte die Ehre, diesen Fürsten während des ganzen Krieges bis zu seiner Rükkehr aus der
Türkei zu begleiten. Seine langen und treuen Dienste
hatten ihn zum General der Reiterei und zum Capitain-
lieutenant der Trabanten oder der Leibwache erhoben.
Da aber seine Strapazen und seine Wunden ihn zu fernern Kriegsdiensten ausser Stand sezten; so legte er seine
Würden nieder und Ihro Majestät gaben ihm zugleich
zur Belohnung seiner Dienste eine der ersten und ansehnlichsten Statthalterschaften in Schweden.

Dieser Zug des Wohlwollens beweiset eben so viel
für die Billigkeit des Monarchen, als für das Verdienst des Unterthans. Wehe dem Staat, wo man
bei dergleichen Umständen seine eifrigen Diener vergessen
kann! Nur Nacheiferung kann die Menschen zu grossen
Thaten anfeuern; und ohne die angenehme Aussicht auf
eine ehrenvolle Ruhe ist die Empfindung des Patriotis-
mus unthätig und ohne Schnellkraft.

Sich selbst wiedergegeben und im Genuß einer Art von Ruhe, dachte mein Vater vorzüglich auf die Wahl einer Gattinn, die durch ihre Empfindungen, durch ihre Gemüthsart, durch ihren Karakter ihm vollends die Glükseeligkeit seiner übrigen Tage vergewissern konnte, und verheurathete sich. Er war damals sechsundvierzig Jahre alt. Zwei Söhne und eine Tochter waren bald die Frucht dieser Verbindung.

Die immerwährende Zerstreuung und das Umherschweifen eines Soldaten scheinen nicht sehr geschikt, Neigung zum häuslichen und zum Privatleben zu erwekken, und man sollte glauben, wenn jemand seine Jugend mitten unter dem Feldgetümmel und unter den Greueln des Krieges zugebracht habe; so sey er unfähig, Vergnügen und Glükseeligkeit bei der Beschäftigung mit den geringfügigen Kleinigkeiten seines Hauswesens und den ruhigen Sorgen für seine Familie zu finden. Indessen beweiset eine tägliche Erfahrung das Gegentheil. Nie fühlt man besser, wie süß es ist, sich den sanften Empfindungen des Gatten und Vaters zu überlassen, und die Pflichten zu erfüllen, welche diese beiden ehrwürdigen Verhältnisse von uns fordern, als wenn eine lange Reihe von Zufällen und Abwechselungen uns in den Stand gesezt hat, die Hirngespinnste des Ehrgeizes und das Nichts der meisten menschlichen Angelegenheiten richtig zu würdigen.

Dieß war der Fall meines Vaters im Schooße der
ehelichen und kindlichen Liebe. Als Mann von Ehre,
als eifriger Patriot, als ein Unterthan, der eben so
dankbar als treu gegen seinen Monarchen gesinnt war,
vernachläßigte er nie die Pflichten seiner Statthalterschaft: ja, ich darf sagen, daß er sie mit musterhafter
Weisheit und Geschiklichkeit verwaltete; aber nach Erfüllung seiner öffentlichen Pflichten, lebte er für sich selbst,
für seine Gattinn, für seine Kinder und vorzüglich unserer Erziehung weihte er sich mit ausdaurendem Eifer.

Karl XII blieb den elften December 1718 vor
Friederichs = Hall, das er belagerte; und die Reichsstände führten ihre ehemalige Regierungsart wieder ein.
Sie hatten so viel Zutrauen zu meinem Vater, daß sie
sich beeiferten, ihn in den Senat zu ziehn. Genöthigt
also, seine Geschäfte und seine Statthalterschaft zu verlassen, hielt er sich stets in der Hauptstadt auf, die neue
Mittel ihm darbot, die Erziehung seiner Kinder zu vervollkommnen.

Mein Bruder und ich wurden unter die Leibwache
zu Fuß als gemeine Soldaten gegeben, um uns mit
dem ganzen kleinen Dienst bekannt zu machen, um uns
frühzeitig zur Subordinazion zu gewöhnen, und um uns
die wichtige Wahrheit zu lehren, die heutiges Tages,
leider! nur zu sehr in manchen Staaten verkannt wird,
daß die Geburt nie ein hinreichendes Recht auf die ersten Ehrenstellen giebt, und daß sie nie den Mangel an

Verdienst ersesen kann. Ein Dienst dieser Art schien uns im geringsten nicht verächtlich oder lächerlich; er beseelte uns im Gegentheil mit einer edeln Nacheiferung.

Nachdem wir einige Zeit gedient hatten, ging mein Bruder, der älter als ich war, als Offizier zu einem andern Regiment und ich blieb als Fahnenjunker bei der Leibwache zu Fuß. Ich war vierzehn Jahr alt: meine Lebhaftigkeit in diesem Alter war ausserordentlich; und noch wenig im Stande, Ueberlegungen anzustellen und meine Blikke auf die Zukunft zu richten, glaubte ich, daß ich nach dem Beispiel meiner meisten Mitgenossen mir einfallen lassen könnte, nach meinem Kopfe zu leben. Da ich indeß bei meinen Aeltern wohnte; so zwang ich mich in ihrer Gegenwart: aber die meiste Zeit mir selbst überlassen, beging ich so viel Unbesonnenheiten, daß einige derselben meinem Vater bekannt wurden. Seine Zärtlichkeit litt dabei; um aber die traurigen Folgen davon zu hindern, faßte er den vesten Entschluß mich von der grossen Welt zu entfernen, und mir Beschäftigungen zu geben, die mir unvermerkt den Geschmak an Jugendthorheiten benähmen.

Friederich I Erbprinz von Hessen = Kassel hatte sich den vierten April 1715 mit Ulrike Eleonore von Schweden, Schwester Karls XII, vermählt; und diese Fürstinn, die nach dem Tode ihres Bruders den dritten Februar 1719 auf dem Throne ihm nachfolgte, hatte im

folgenden Jahr der königlichen Würde zum Besten ihres
durchlauchtigen Gemahls entsagt, welcher den vierten
April 1720 die Regierung antrat. Beim Könige Frie-
berich, der also damals regierte, nahm sich mein Vater
die Freiheit, um eine Fähndrichsstelle für mich anzuhalten; und Ihro Majestät, die seine Beweggründe kann-
ten und billigten, genehmigten sein Gesuch ohne die geringste Schwierigkeit.

Meine Abreise von Stockholm war mir um so
schmerzhafter, da ich fast keine Leidenschaft ausser der
Liebe kannte, die gewöhnlich beim ersten Aufbrausen der
Jugend so lebhaft und heftig ist. Der Kummer aber,
den ich bei meiner Entfernung von der Hauptstadt empfand, da ich von allen meinen Vergnügen gleichsam
entwöhnt ward, wurde dennoch ein wenig durch die
Freude darüber gelindert, daß ich Offizier geworden war.
Ich habe mich nachher bei weitem nicht so sehr über den
Generalstitel gefreuet, als über diese erste Beförderung.

Das Regiment, zu welchem ich ging, gehörte zu
denen, die nach den alten Landeseinrichtungen von dem
Ertrage eines Erdstriches lebten, den man ihnen zu bebauen gab. Ein jeder, vom Obristen an bis zum Mus-
ketier hatte seinen Antheil Erdreich zu bebauen, der nach
Maaßgabe seiner Würde größer oder kleiner war.
Plötzlich also in einen Landmann verwandelt, und genöthigt, das kleine mir angewiesene Gütchen zu bebauen,

dachte ich nur darauf, meine Tage bestmöglichst zu nuzzen.

Mein einziger Gesellschafter war der Pfarrer des Kirchspiels; die Offizier meiner Kompagnie sah ich nur einmahl monatlich und die beiden Tage hindurch, an welchen sie sich zu den Waffenübungen versammleten.

Wie sehr war diese stille einsiedlerische Lebensart von jener verschieden, die ich in Stockholm führte! Ich beugte mich unter das Joch der Nothwendigkeit. Die häusliche und ländliche Wirthschaft machte fast mein ganzes Studium aus, und das Vergnügen der Jagd diente mir statt aller derer, die ich verloren hatte. Ich fing an, ernsthafte Ueberlegungen anzustellen. Ich fühlte, daß ich unter diesen Umständen keine andere Parthei ergreifen konnte, als mich gänzlich auf die Gegenstände meiner Geschäfte zu legen, da es nicht von mir abhing, mir andere zu verschaffen, die mehr nach meinem Geschmak gewesen wären; und allmählich fand ich da Zufriedenheit, wo ich anfänglich und mit der Länge der Zeit nur Mühe und Verdruß vermuthet hatte.

Ausserdem war der Befehlshaber des Regiments ein besonderer Freund meines Vaters; und beehrte mich, in Rüksicht auf ihn, mit seiner Gewogenheit. Er erlaubte mir, ihn dann und wann zu besuchen, und da meine Eltern nicht weit von der Provinz, wohin ich verwiesen war, Landgüter hatten; so erhielt ich sogar zuweilen die Erlaubniß, mich einige Zeit bei ihnen auf-

zuhalten, was denn nicht wenig dazu beitrug, die Un=
annehmlichkeiten meiner Einsamkeit zu versüssen.

So brachte ich beinahe drei Jahre zu: und ich
habe sie niemals in reifem Alter bereuet; weil diese Le=
bensart mich dahin brachte, über meine Unbesonnen=
heiten nachzudenken, von meinen Verirrungen zurükzu=
kehren, und mir eine Art von Entwurf zu meiner künf=
tigen Aufführung zu machen.

Bei dem allen brannte ich für Ungebuld, Stock=
holm und meine ehemaligen Bekanntschaften wiederzu=
sehn. Es bot sich eine günstige Gelegenheit dar, daß
ich zu einer Reise dahin um Erlaubniß anhalten konnte;
und ich ergrif sie. Die Versammlung der Reichsstän=
de wurde 1738 eröfnet, und da die Regimenter wäh=
rend des Reichstages keine Waffenübungen vornehmen;
so konnte ich mich füglich von meinem Wohnorte ent=
fernen. Ich bat um Urlaub, erhielt ihn, und flog
nach Stockholm zurük. Allenthalben war ich willkom=
men, und verlebte meine Zeit höchst angenehm.

Bald öfnete sich mir eine neue Laufbahn. Im
Jahr 1740 starb Karl VI, sechzehnter und lezter Kai=
ser aus dem Hause Oesterreich, dessen männlicher
Stamm mit seinem Tode erlosch; und Frankreich un=
ter der Verwaltung des Karvinal Fleury hatte den Plan,
dem Hause Baiern den kaiserlichen Thron zu verschaffen;
da aber Rußland wegen des engen Bündnisses, wor=
inn es seit langer Zeit mit dem Hause Oesterreich stand,

den Abſichten des Hofes von Verſailles hinderlich war;
ſo dachte ſelbiger darauf, dieſer Macht Schweden ent-
gegenzuſezzen, um ſie mit ihren eignen Angelegenheiten
zu beſchäftigen; und er zweifelte nicht daran, wenn es
ihm gelänge, die Schweden gegen die Ruſſen in Bewegung zu ſezzen; ſo würde ein Angrif von dieſer Seite
hinreichend ſeyn, ihm die Ausführung ſeiner Entwürfe
zu erleichtern.

Ich war bei dieſer Gelegenheit im Stande, die
Ränke des franzöſiſchen Hofes in ihrem Anfange zu
bemerken, und ihrem Fortgange zu folgen. Der Graf
von Saint-Severin, der um dieſe Zeit Geſandter deſſelben beim unſrigen, und einige Jahre nachher im Jahre 1748 als bevollmächtigter Miniſter beim Kongreß
in Aachen zugegen war, ſparte weder Sorgfalt,
noch Bemühungen, noch Geld, um die Gemüther zu
gewinnen; und man weiß aus einer durchgängigen Erfahrung aller Zeiten und aller Länder, welch ein wirk-
ſames Hülfsmittel vorzüglich das Geld bei einer republi-
kaniſchen Regierungsform iſt. Es wurde ihm nicht
ſchwer, ſich in der Verſammlung der Stände eine groſſe
Parthei zu machen; und dieſe, welche ſich völlig nach
ſeinem Gefallen bequemte, bekam bald ein ſo groſſes
Uebergewicht, daß die Reichsräthe, welche die Anmuth
des Friedens den ſehr ungewiſſen Vortheilen eines neuen
Krieges gegen Rußland vorzogen, der um ſo furchtba-
rer war, da daſſelbe ſich durch die Beute von Karl XII

vergrössert hatte, zurükgeschikt und auf Pension gesezt
wurden, und daß man ihnen sehr förmlich erklärte, wie
die Stände, ungeachtet ihrer treuen Dienste kein Zutrauen zu ihrer Verwaltung hätten.

Mein Vater war unter der Zahl dieser Rechtschaffenen, die wegen ihrer Redlichkeit und ihres Patriotis-
mus ausgeschlossen wurden, und deren Eifer und Treue
man doch — ein sehr sonderbarer Contrast! — laut
anzuerkennen sich genöthigt sah. Er zog sich auf seine
Güter zurük und lebte noch lange genug, um das Vergnügen zu genießen, sich nebst den andern Reichsräthen,
die seinen Unfall theilten, durch den Ausgang vor den
Augen des Publikums gerechtfertigt zu sehn; wenn es
überall treuen Dienern des Staats und des Monarchen
möglich ist, mitten unter den Unfällen des Vaterlandes
irgend ein Vergnügen zu empfinden. Jedermann weiß,
daß Schweden in diesem Kriege noch einen grossen Theil
von Finnland verlor, daß mehrere tausend Soldaten
nicht so wohl durch Feindes Schwerdt, als durch Krankheit darinn umkamen; und daß ungeachtet der französischen Hülfsgelder, die Finanzen des Königreichs gänzlich erschöpft wurden.

Der Graf von Saint=Severin hörte nicht auf bei
diesem verwegenen Unternehmen die günstigsten Aussichten vorzuspiegeln, und da seine Beredsamkeit durch sein
mit vollen Händen ausgestreuetes Geld, bewunderns-
würdig unterstüzt ward; so überwogen seine Ränke die

weisen Rathschläge redlicher Patrioten. Also siegte die Menge über den vernünftigern Theil der Nation und der unglükliche Krieg ward entschieden.

Man nahm nicht einmahl den schiklichen Zeitpunkt zu den Kriegsrüstungen wahr. Die finnländischen Truppen wurden sogleich durch zwei Regimenter Fußvolk verstärkt, wozu die wegen des schlechten Zustandes der Bestungen erforderlichen Arbeiten als Vorwand dienen mußten, und da im folgenden Jahr die Glieder des Reichstages aus einander gingen; so überließen sie alle weitere Maaßregeln jenem Senat, der seit der Zerstreuung seiner ansehnlichsten Glieder so gänzlich auf Frankreichs Seite war und dessen Absichten den Vortheil des Staats und des Monarchen aufopferte, ohne Rüksicht auf die Zukunft.

Kurze Zeit nach dem Schluß dieses berüchtigten Reichstages bekamen sechstausend Mann Fußvolk Befehl unter der Anführung des General = Major von Budbenbrock, nach Finnland überzugehen. Ich war unter seinem Regiment, wovon zwei Bataillons aufbrachen; da ich aber zu dem dritten gehörte, welches zu Besazzung der Gränzen von Norwegen zurükbleiben sollte; so bat ich es mir zu Gnade aus, gegen einen Offizier von einem der beiden nach Finnland bestimmten Bataillons ausgewechselt zu werden; und ich erhielt es von meinem Befehlshaber ohne Schwierigkeit. In diesem Augenblik vergaß ich alles meinem Vater angethane Un=

recht; und ungehindert durch die Irrthümer der Staatskunst, ließ ich mich von einer für die Jugend so natürlichen Begierde dahinreißen, mich auszuzeichnen, wenn
die Gelegenheit dazu sich darböte, und in meiner Laufbahn mich empor zu schwingen.

Gegen das Ende des Jahres erreichten wir den Ort
unserer Bestimmung. Unser Heer bestand aus funfzehntausend Mann und war folglich stark genug, um
uns zu der Hofnung zu berechtigen, daß wir unsere
Vortheile bis vor die Thore von St. Petersburg verfolgen könnten; weil der größte Theil der Russischen
Kriegsvölker sich damals, unter Anführung des Marschalls von Münnich, in der Krimm und der Moldau
befand: allein, entweder verstand man nicht, den Augenblik zu nuzzen, oder man suchte eine Art von Ruhm
darin, das Zusammenziehen der feindlichen Macht zu
erwarten, um sie ehrenvoller zu bekämpfen; kurz, man
begnügte sich damit, uns Winterquartiere anzuweisen,
wo wir in der völligsten Unthätigkeit blieben.

Frankreich hatte auf die Dauer des Krieges zwischen den Russen und Türken gerechnet; allein der Ausgang entsprach nicht seiner staatsklugen Rechnung. Der
Hof von Wien hatte am ersten September 1739, jenen
berühmten Traktat unterzeichnet, in welchem er den
kaiserlichen Antheil an der Wallachei, Servien, Bel-
grad, und Sabaz, dessen Vestungswerke geschleift wurden, dem Großherrn abtrat, und in Zukunft die Flüsse

Donau und Sau als die Gränzen zwischen Ungarn und dem ottomannischen Reich annahm. Nach diesem Beispiel, sah kaum der Hof von St. Petersburg sich mit einem Kriege von den Schweden bedroht, welche die eitle Hofnung beseelte, alles wieder zu erobern, was sie unter Karl XII verloren hatten; so schloß er eilends Frieden mit der Pforte; und war bald im Stande, uns ein ansehnliches Heer entgegenzustellen, so daß von beiden Seiten fernerhin alles in Ruhe blieb, und daß man sich darauf einschränkte, sich gegenseitig zu beobachten.

Diese Unentschlossenheit endigte sich bald nach dem Tode der Kaiserinn Anna Jwanowna und des Kaisers Karl VI, welche fast zu gleicher Zeit, beide im Jahr 1740, starben. Daduroch erwachte die Staatsklugheit wieder und Frankreich, begierig sein Werk zu vollenden, nuzte diesen Umstand.

Der Kurfürst von Baiern forderte vermöge des Testaments von Ferdinand I, das Königreich Böhmen zurük, ferner Oberöstreich als eine seinem Kurfürstenthum entrissene Provinz, und Tyrol als eine seinem Hause entzogene Erbschaft. Er weigerte sich, die Erzherzoginn Marie Therese für allgemeine Erbinn des Hauses Oestreich anzuerkennen und widersezte sich der pragmatischen Sanktion. Seine Forderungen gegründet oder nicht, waren die Losung zum Kriege von 1741.

Im folgenden Jahr wurde er durch das Glük der französischen Waffen in Linz zum Herzoge von Oesterreich, in Prag zum Könige von Böhmen und in Frankfurt am Main unter dem Namen Karl VII zum Kaiser gekrönt. Schweden seinerseits sollte, nach den verabredeten Anordnungen, Rußland hindern, der Königinn von Ungarn Hülfe zu leisten; und man schmeichelte sich um desto mehr mit einem glüklichen Erfolg der uns zu gefallenen Verrichtung, da man in St. Petersburg eine Empörung zum Besten der Prinzeßinn Elisabeth, Tochter Peter I anspann, welche die Kaiserinn Anne in ihrem Testament vom Thron ausgeschlossen und dagegen den Prinz Iwan, Sohn des Herzogs Anton Ulrich von Braunschweig und der Prinzeßinn Anne, unter der Vormundschaft ihres Lieblings, des Herzogs von Kurland zu ihrem Nachfolger ernannt hatte. Frankreich gab den Schweden zu verstehen, wie günstig dieser Augenblik zum Angrif der Rußen sey. Die Reichsstände wurden also außerordentlich nach Stokholm zusammenberufen, obgleich der vorige Reichstag nur vor kurzem geendigt war, und der Graf von Saint=Severin machte seine Anstalten so treflich, daß der Krieg bei Pauken= und Trompetenschall bekannt gemacht wurde, ohne daß man einmal den anführenden Generalen in Finnland Zeit ließ, ihre Kriegsvölker zusammenzuziehen, die in dem ganzen weitläuftigen Herzogthum, das sich auf mehr als hundert teutsche Meilen erstrekt, allenthalben zerstreuet waren.

So gehts faft immer, wenn eine in Parteien ge=
theilte Nation von den Ränken einer auswärtigen Macht
dahin gerissen wird.   Man denkt auf nichts, als, seiner
Meinung das Uebergewicht zu geben: man sucht nur
darin eine Ehre der entgegengesezten Partei einen Stoß
zu geben und sie zu Grunde zu richten.   Der wesentli=
che Punkt, sagt man, ist gewonnen: Zeit und Umstän=
de werden das übrige thun: aber was entsteht aus sol=
chen übereilten Entschlüssen? selten krönt sie ein glükli=
cher Erfolg und gewöhnlich sind sie mit Verlust und mit
Schande, so wohl für diejenigen verbunden, die sie
gefaßt, als für die, welche sie angerathen haben.

Der Graf von Löwenhaupt, Marschall des
Reichstages, wurde zum Lohn seines bewiesenen Eifers,
die Entwürfe Frankreichs zu befördern, als Befehleha=
ber des Heeres ernannt, das zum Angrif bestimmt war,
und welches mit vier Regimenter Reiterei, zwei Batail=
lons Leibwache zu Fuß, funfzig Feldstükken nebst der
dazu nöthigen Mannschaft, und ausserdem mit allen
den Regimentern verstärkt wurde, die sich schon im
Finnland befanden, so daß es sich auf siebenundzwanzig=
tausend Mann belief.

Mehr waren auch in einem Lande, wie das, wel=
ches jezt der Schauplaz des Krieges werden sollte, nicht
nöthig, wenn sonst alle übrigen Maaßregeln, die man
hätte ergreifen müssen, der Wichtigkeit des Unterneh=
mens entsprochen hätten.   Man rüstete zwanzig Schiffe

B

und vierzig Galeeren aus; und diese Flotte seegelte nach
Finnland wo sich endlich alles vereinigte, außer dem Ge-
neralanführer, welcher, da er Stokholm vor Endigung
des Reichstages nicht verlassen konnte, das Manifest
oder die Kriegserklärung vor sich hergehen ließ, die er
in aller Eil durch einen Courier dem General von Buddenbrock übersandte.

Dieser ließ sogleich das Manifest zum nächsten Posten bringen, welchen die Russen bei ihren Gränzvestun-
gen ausgestellt hatten, und hernach schikte er Befehl an
alle unsre Regimenter, ihre Quartiere zu verlassen und
weiter vorzudringen.

Solch ein Wahnsinn ist unbegreiflich. Warum
zogen wir nicht erst unsre ganze Macht zusammen, ehe
wir unsre Feinde davon benachrichtigten, daß wir sie zu
bekriegen Willens wären, und ehe wir feierlich den Krieg
in der Hauptstadt bekannt machten? Und konnte man
nicht leicht voraussehen, daß sie über uns herfallen würden, so bald sie Nachricht von unserm Vorhaben hätten? Allein man glaubte, man habe noch mit eben jenen Russen zu thun, die man vordem bei Narva geschlagen hatte, und man könnte sagen, man habe in
Finnland wie in Stockholm sich nur durch eitle und kin-
dische Großsprechereien auszuzeichnen gesucht.

Die unter dem Herrn von Buddenbrock dienenden
Generale ahndeten die traurigen Folgen der Uebereilung,
womit er zu Werk gegangen war, und stellten ihm leb-

haft vor, wie nothwendig es sey, durch beschleunigte Märsche den Russen zuvorzukommen. Er hörte nicht auf ihre weisen Rathschläge, und nichts war im Stande, ihn aus seiner eingebildeten Sicherheit zu reißen. Ihm genügte daran, den Generalmajor von Wrangel an der Spizze von dreihundert Dragonern und fünf Bataillons abzuschikken, mit dem Befehl, zwischen den beiden Vestungen Friedrichsham und Willmanstrand (wenn sie ja Vestungen heißen können) seine Stellung zu nehmen, damit er im Stande wäre, sie zu dekken, und derjenigen von beiden, die es am nöthigsten haben möchte, zu Hülfe zu kommen.

Bald erhielten wir die Nachricht, daß die Russen, gleich nach dem Empfang unserer Kriegserklärung, sich funfzehntausend Mann stark, unter Anführung des Marschall von Lasey, gegen unsre Gränzen in Bewegung gesetzt hätten. Herr von Buddenbrock folgte dem Herrn von Wrangel mit dem übrigen Theil seines Heeres, wovon die unglüklicher Weise sehr zerstreuten Regimenter nur nach und nach äußerst langsam zu ihm fließen: dasjenige, bei welchem ich diente, war eines der ersten.

Wir lagerten uns in den Gegenden von Friedrichsham, und anstatt den Feind anzugreifen, was man natürlich erwarten konnte, da wir ihm den Krieg ankündigten, dachten wir bloß darauf uns in Vertheidigungsstand zu sezzen.

B 2

Der Marschall von Lascy wußte sehr wohl, daß unsre Völker nicht allein noch sehr entfernt von den Gränzen, sondern auch weit von einander standen. Er benuzte geschikt diesen Umstand, und eilte auf uns zu, um uns theilweise zu schlagen, ehe wir unser Heer völlig vereinigt hätten. Er ging gerade auf Willmanstrand los, welches nur einen schwachen Wall hatte und dessen ganze Besazzung aus einem einzigen Bataillon bestand.

Wrangel, durch seine Dragoner von diesen Bewegungen benachrichtigt, verließ sein Lager, welches vier Meilen von diesem Ort entlegen war, und schikte sich an, ihn mit den fünf Bataillons zu deffen, welche er anführte. Zugleich berichtete er den Vorgang an den General von Busdenbrock, in der Hofnung, daß er eilends zu ihm stoßen würde, damit sie den Marschall von Lascy am weitern Vorrükken hindern könnten; und in Erwartung dieser Vereinigung, nahm er seine Stellung unter dem Geschüz der Vestung und auf einer Anhöhe so vortheilhaft, als die steile Lage dieses Orts es ihm erlauben wollte. Er ließ zur Verstärkung seiner fünf Bataillons noch das, welches die Besazzung ausmachte, mit sechs Kanonen herauskommen und stellte sie in eine Linie: die dreihundert Dragoner standen an den beiden Flügeln seines Fußvolks, und alles Geschüz wurde oben auf der Anhöhe aufgepflanzt.

So bald der General von Buddenbrock den Cou-
rier erhalten hatte; so befehligte er die sieben zu ihm ge-
stoßenen Bataillons zum Marsch, denn der übrige
Theil des Heers war noch weit entfernt; aber es herrschte ein unglaubliches Schrekken unter uns: man ergrif
lauter falsche Maaßregeln, und wir verloren vierund=
zwanzig Stunden.

Herr von Lasey durch seine Patrullen und Spionen davon benachrichtiget, daß es uns unmöglich sey,
dem General Wrangel bei Zeiten zu Hülfe zu kommen,
entschloß sich sogleich, ihn mit seiner ganzen Macht anzugreifen. Die Schweden vertheidigten sich mit einer
Tapferkeit und einer Unerschrokkenheit, wodurch sie sich
sogar das Lob ihrer Feinde erwarben. Lange Zeit behaupteten sie das Schlachtfeld: aber endlich wichen sie
der Uebermacht. Alles wurde gefangen genommen oder
zerstreut. Wrangel, schwer verwundet, gab sich gefangen, so wie eine Menge anderer Offiziere: das Geschüz wurde weggeführt und die Vestung eingenommen.

Ich will diesen schrekklichen Tag nicht weitläuftiger
beschreiben, weil ich nicht unter der Zahl der Streiter
war: wer ihn aber genauer kennen lernen will, darf nur
die Denkwürdigkeiten des General von Mannstein nach-
sehen, welcher damals in russischen Deinsten war und
sich in diesem Gefechte an der Spizze des Regiments
Fußvolk hervorthat, welches er anführte.

In der folgenden Nacht erhielten wir die traurige Nachricht durch einige Flüchtlinge. Wir waren nur noch um eine gute Tagereise von Willmanstrand entfernt; und hatten Stillstand gemacht, um die Truppen bis an den folgenden Tag ruhen zu lassen. Herr von Buddenbrock hatte nichts angelegentlichers, als den Rükzug zu befehlen, und wieder unser voriges Lager zu beziehen.

Der Marschall von Lascy seiner seits zog sich ebenfalls zurük, vertheilte sein Heer in die Winterquartiere hinter Wiburg und ließ, um uns zu beobachten, bloß einen Haufen Kosaken zurük, die, ihrer Gewohnheit und ihren Sitten gemäß, das ganze Land verheerten und die unerhörtesten Grausamkeiten gegen die unglüklichen Einwohner verübten.

Der General Graf von Löwenhaupt war endlich in unserm Lager angelangt, und wir fanden ihn dort bei unserer Rükkunft. Die übrigen Truppen kamen ebenfalls dort an: allein der erste Streich war uns versezt und es hing nicht mehr von uns ab, ihm zuvorzukommen.

Solch ein Anfang im Kriege ermangelt selten, den wichtigsten Einfluß auf die Zukunft zu haben. Er schlägt den Muth eines Heers nieder durch die üble Meinung, die es dadurch von seinen Anführern faßt, und durch die Furcht, die er ihm einflößt, daß ihre fernern Unternehmungen eben so schlecht überdacht werden möch-

ten; und in der Folge sahen wir dies nur allzusehr bestätigt.

Wir blieben in unserm Lager, einer gleichsam auf
den andern gepakt, da Finnland kein bequemes Land
ist, viele Truppen zusammen zu fassen: allein die Lage
der Oerter hat wenigstens den Vortheil, daß man wenige Leute braucht, wenn man es nur will: und wofern
man nicht, wie wir im folgenden Feldzuge, nach einander alle seine Lagerörter aus Mangel an Erfahrung, an
Geschiklichkeit, oder an gutem Willen verläßt, so darf
man sich gar nicht fürchten, darinn über den Haufen geworfen zu werden.

Der Graf von Löwenhaupt ließ uns keine Bewegung machen. Indessen hatten sich unsere Feinde weiter, als zwanzig Meilen von uns zurükgezogen. Ihre
Generale waren nach Petersburg abgereiset, und hatten
vor ihrer Abreise befohlen, den Herrn von Wrangel und
alle andere Gefangenen von dem unglüklichen Gefecht
von Willmanstrand ebenfalls dahin zu führen; der General Keith, welcher hernach als Feldmarschall in preussische Dienste ging, war allein in Wiburg zurükgeblie-
ben, um in der Abwesenheit des Herrn von Lascy ihr
Heer anzuführen.

Da es schon sehr spät im Jahr war, so waren wir
gezwungen, unsre Zelte abzubrechen, um uns in der
Erde Baraken zu machen, und uns also, so gut als

möglich gegen die Strenge der Kälte zu schützen, bis unsre Winterquartiere angeordnet wären.

Die Krankheiten fingen darauf unter uns die größte Verheerung an. Ein eben so starkes Sterben herrschte auf unsern Galeeren und auf unsern Schiffen; und ohne mir eine Uebertreibung zu Schulden kommen zu lassen, glaube ich versichern zu können, daß wir vor dem Verlauf dieses Jahres das Unglük hatten, über den dritten Theil so wol unsrer Seemacht, als unsrer Landmacht zu verlieren.

Ich wurde krank, wie so viele andere in der engen und traurigen Höle, die ich bewohnte. Glüklicherweise kam das Regiment der Leibwache an, und mein Bruder, der Offizier dabei war, führte mir einen Arzt zu, welcher durch seine Sorgfalt und seine Geschiklichkeit mich wiederherstellte: ihnen beiden verdanke ich meine Erhaltung.

Im Monat November wurden die Winterquartiere angewiesen, und man suchte die Regimenter wieder vollzählig zu machen, die in dem Treffen bei Willmanstrand so viel gelitten hatten. Dieserhalb nahm man aus den übrigen Regimentern des Heers, die Offiziere, welche nothwendig waren, um die bei jenen fehlenden zu ersezzen; und ich befand mich gleichfalls unter dieser Anzahl. Man sezte mich, als Lieutenant bei dem Regimente von Dalekarlien an. Zum Hauptquartier ward die Stadt Friedrichsham bestimmt: man vertheilte das

Fußvolk und die Artillerie, bald gut bald schlecht, in die umliegenden Gegenden, und die Reiterei ward ziemlich weit in die Provinz zurükgeschikt, weil man an den Gränzen kaum alles Fußvolk unterbringen konnte.

Die Kompagnie zum Beispiel, bei welcher ich war, und die aus vier Offizieren, sechs Unteroffizieren, und hundert und funfzig Gemeinen bestand, hatte zu ihrer ganzen Wohnung nicht mehr, als zehn erbärmliche Bauerhütten. Die Lebensmittel waren sehr selten; denn das Land, welches sehr unfruchtbar und folglich wenig bevölkert ist, war nicht im Stande, uns reichlich damit zu versorgen: allein, nach unserm etwas langwierigem Aufenthalt im Lager, wo wir in dem geringen Umfange unsrer Hölen und mitten unter Schneehaufen gewisser-maaßen vergraben waren, hatten wir wenigstens den Trost, nicht mehr einer ausnehmend strengen Kälte aus-gesezt zu sein, und die Ruhe zu genießen.

Diese Ruhe ward aber bald unterbrochen. Der Marquis von Chetardie, französischer Gesandter am russischen Hofe, fand Mittel, uns zu benachrichtigen, daß die zu Gunsten der Fürstin Elisabeth entworfene Empörung wieder im Begrif wäre, auszubrechen, und daß es Zeit wäre, daß unser Heer sich in Bewegung sezze, und auf die Russen losgehe, um den glüklichen Erfolg derselben zu erleichtern.

Wir hatten damals überhaupt nur vier Generale, nemlich den kommandierenden General, einen General-

lieutenant, und zwei Generalmajors. Die drei ältsten
wollten gleichmäßig die Gefahren einer Unternehmung
theilen, bei welcher sie großen Ruhm zu erwerben hof-
ten, indem sie ihrem Vaterlande die größten Vortheile
vergewisserten. An der Spizze von sechstausend Mann,
welche den Feinden am nächsten waren, bahnten sie sich
einen Weg quer durch den Schnee, unter dem Vorwande, daß sie den Russen einige Magazine wegnehmen
wollten, die sie bei ihrem Zurükzuge nach dem Gefecht
bei Willmanstrand hinter sich gelassen hatten.

Das Regiment, bei dem ich diente, war unter be-
nen, die man zu diesem Unternehmen auswählte. Bei
unserer Ankunft an den Gränzen, vertheilten wir uns
in drei Dörfer; und vier Tage nachher sahen wir in unserm Hauptquartier einen von unsern gefangen genom-
menen Hauptleuten in Begleitung von einem Trompeter,
einem Offizier und von dreißig Dragonern, mit der
wichtigen Nachricht ankommen, daß die Prinzeßinn
Elisabeth den kaiserlichen Thron bestiegen habe, daß der
junge Fürst Iwan nebst seiner Amme und allen seinen
Verwandten eingezogen sey, daß den Marschall von
Münnich, so wie verschiedene andere Großen von seiner
Parthei eben dieß Schiksal betroffen habe.

Dieser zurükgeschikte schwedische Hauptmann hatte
ein Geschenk von fünfhundert Dukaten bekommen, um
die Kosten seiner Rükkehr zum Heere zu bestreiten: und
hatte den Auftrag von dort, eben diese Neuigkeit un-

serm Hofe zu melben und von Seiten der Kaiserinn zu
erklären, daß während ihrer Regierung ihr immerwäh-
rendes Verlangen und Bestreben dahin abzwekken werde, die Vergießung alles Menschenbluts zu hindern,
daß zufolge der friedliebenden Neigungen dieser Regen-
tinn unsre vorgerükten Truppen sich zurükziehen könnten;
daß endlich Ihro Kaiserliche Majestät uns eine gänzliche
Genugthuung geben würden. Nach so bestimmten Versicherungen schloß man auf drei Monate einen Waffenstillstand; und wir gingen mit der lebhaftesten Freude
und den schmeichelhaftesten Hofnungen, nach unserm
Winterquartieren zurük.

Der General von Wrangel, geheilt von seinen
Wunden, aber sein übriges Leben hindurch ein Krüppel,
kam ebenfalls bald hernach an; wiederholte uns von
Seiten der neuen Kaiserinn die stärksten Versicherungen
von der engen und aufrichtigen Freundschaft, welche sie
zwischen ihrem Reich und zwischen Schweden zu knü-
pfen wünschte, und sezte seinen Weg nach Stockholm
fort.

Wir blieben ruhig, die Unterhandlungen fingen
an; und unser befehlshabende General hatte Vollmacht
mit dem Petersburger Hofe zu unterhandeln.

Alles ging durch die Hände des französischen Gesandten. Die Kaiserinn erbot sich, die Kriegskosten zu
ersezzen. Wir verlangten, daß Wiburg und der ganze
Strich zwischen dieser Vestung und unserm Gebiete, an

uns sollte abgetreten werden. Zwei ganze Monate wurden mit Konferenzen zugebracht, ohne etwas abzuschliessen.

Wie groß war unser Erstaunen, als wir im Monat März an den Thoren von Friedrichsham einen russischen Offizier, von einem Trompeter begleitet, erscheinen sahn, der mit dem Grafen von Löwenhaupt zu sprechen begehrte. Der Waffenstillstand war noch nicht verlaufen, also ließ man ihn ins Lager kommen. Er kündigte im Namen des Marschalls von Lascy an, da die vestgesezte Zeit des Waffenstillstands verlaufen sey, und sein Hof ihm noch keinen Befehl zur Verlängerung desselben gegeben hätte, so benachrichtige er uns hiemit, daß die Feindseeligkeiten mit diesem Tage wieder angehen würden.

Wir vernahmen wirklich zu gleicher Zeit, daß die Russen durch Wiburg defilirten um sich kantonnirungsweise gegen unsre Gränzen auszubreiten. Der rußische Offizier ging zurük; und unser ganzes Heer erhielt Befehl, sich wieder Friedrichsham zu nähern. Die Bestürzung war allgemein; und die Uebereilung, womit wir unsre Maaßregeln nahmen, veranlaßte die entsezlichste Verwirrung. Schon glaubte man den Feind unter den Stadtmauren zu sehn, ob er gleich noch ziemlich weit von uns stand, und ihn sogar die Strenge der Jahrszeit hinderte, mit einer so ansehnlichen Macht auf uns loszugehn, um etwas wichtiges unternehmen zu können.

Es wurde beschlossen, daß wir, im Fall er sich uns zeigen würde, die Stadt verlassen, zuvor aber die Wälle sprengen und die Vorrathshäuser zerstören wollten. Man eilte sogar diesen übereilten Entschluß großentheils in Ansehung unserer Vorrathshäuser auszuführen.

Bald nachher wurden wir unterrichtet, daß das rußische Heer noch um sechs Meilen von uns entfernt wäre, und daß bis dahin blos einige Kosaken einen Ausfall gethan hätten. Unsere Verwirrung zerstreute sich; und wir kehrten zum dritten mahl in unsre Quartiere zurük, doch mit dem eingeschärften Befehl, uns bereit zu halten, den Feldzug früh zu eröfnen.

Diese Ruhe dauerte bis ans Ende des May; denn nur damals erst endigte sich der Winter in dieser Gegend. Die Unterhandlungen zwischen beiden Höfen gingen unterdessen immer ihren Gang und wir sahen sehr häufig Couriers durchgehn, welche sie sich wechselseitig zuschikten: da aber der unsere sich weigerte, seine Forderungen in Ansehung der Provinzen die wir unter Karl XII verloren hatten, oder in Ansehung eines Theils derselben, aufzugeben, und da der Petersburger Hof sich zu nichts weiter verstehen wollte als zu einer Schadloshaltung an Gelde wegen der Kriegskosten; so wurden die Unterhandlungen abgebrochen ungeachtet aller Bemü-

hungen der beiden französischen Gesandten, und wir eröfneten wirklich den Feldzug mit dem Maimonat.

Seit meiner Jugend, wo ich in den Soldatenstand
trat, bis zu diesem Augenblik, habe ich zwölf Feldzügen beigewohnt, deren Erfolg mehr oder weniger glüklich oder unglüklich war; denn das Glük, vorzüglich das
Kriegsglük, ist unbeständig, und die Unfälle halten fast
stets dem glüklichen Erfolge die Waage: aber in dieser
langwierigen und beschwerlichen Laufbahn erinnere ich
mich nicht, je einen Feldzug angesehn zu haben, wo
man sich mit weniger Klugheit betragen und mehr Fehler gemacht hätte.

Gleich anfangs, hätten wir, als der angreifende
Theil unwidersprechlich den Angrif thun müssen, und
wir schränkten uns auf die bloße Vertheidigung ein. Ein
Fehler, dessen sämmtliche Folgen nur erfahrne Krieger
gehörig einsehen können. Wenn man wenigstens weise
Maaßregeln ergriffen hätte, um sich vor dem Ueberfall
des Feindes zu sichern, und um sich in den Stand zu
sezzen, ihn mit Nachdruk zurükzutreiben; aber man
that gar nichts von dem, was man hätte thun sollen.
Das Betragen unsers Anführers war in jeder Rüksicht
sonderbar, und seine Verfügungen sind ohne alle Vergleichung.

Finnland gehört unter diejenigen Länder Europens
die am meisten von Flüssen, Gebirgen, Wäldern und
Morästen durchschnitten sind. Man findet sehr wenige

Ebenen daſelbſt, und einige Keſſel, wo man kaum ein
Lager von zwölf bis funfzehntauſend Mann aufſchlagen
kann. Es beſteht aus Bergketten, deren Päſſe ſo eng
ſind, daß eine kleine Armee nur mit der größten Schwierigkeit hindurch kommen kann. Die Küſten ſind mit einer Menge von Inſeln und Felſen umgeben, wodurch
höchſtens vier Galeeren zu gleicher Zeit gehen können;
und die Hafen, welche von den Mündungen gebildet
werden, ſezzen eine Flotte gegen jeden Anfall in Sicherheit; daß alſo die Galeeren, b⁻ ſie nicht von der Seite
angegriffen und geſchlagen werden können, zu gleicher
Zeit die Seite der Landtruppen deffen.

Unſre Flotte war ſchon in See, um den Feldzug
zu eröfnen. Sie war in ſehr gutem Stande und der
rußiſchen überlegen, welche ſeit Peters des Großen Tode
ſehr vernachläßigt war. Unſere Galeeren kamen an der
Zahl nicht den feindlichen gleich; allein ſie waren unendlich beſſer. Unſer Proviant war auf Kauffartheiſchif-
fen, die unſern Galeeren folgten; und unſer Heer beſtand, troz aller Unfälle, die es im vorigen Jahr erlitten hatte, aus zwanzigtauſend Mann, wovon der vierte
Theil Reiterei war. Unſere Artillerie war mit funfzig
guten Feldſtükken verſehn, welche Dreipfünder, Sechs-
pfünder und einige Zwölfpfünder waren.

So eröfneten wir dieſen Feldzug, indem wir uns
Friedrichsham näherten. Der Feind konnte nicht anders zu uns kommen, als durch einen engen Paß, wel-

cher nur eine Meile jenseits der Stadt war. Unser Ge=
neral ließ einen Obristen mit tausend Mann zu Fuß da=
hin rükken. Man machte daselbst von beiden Seiten ei=
nen großen Verhak von Bäumen. Es war also den
Russen schlechterdings unmöglich, den Posten über den
Haufen zu werfen, oder ihn anders als in dem engen Paß
mit einer Fronte von zwanzig Mann anzugreifen; und
selbst an diesem Ort hatte man einen Verhak von Bäu=
men gemacht, der mehr als zwanzig Schuh tief war:
allein, so bald der Feind erschien, wurde dieser Posten
verlassen, der fast gar nicht hätte können angegriffen
werden. Der Obrist brachte seine Leute ins Lager zurük,
ohne ein einziges Gewehr abschießen zu lassen, unter
dem Vorwande, daß er Befehl gehabt habe, sich bei
der Annäherung der Russen zurükzuziehn. Der Gene=
ral läugnete dieses bloß, und dieser schändliche Rükzug
blieb ungestraft.

Man sandte hernach einen Obristlieutenant mit
dreihundert Mann dahin: da aber dieser den Posten
schon vom Feinde besezt fand, so kam er eilends wieder
zurük; und ob ihn gleich die Kosaken und Husaren etwas
beunruhigt hatten; so stieß er doch wieder zu uns, ohne
daß ein einziger von seinen Leuten getödtet oder verwun=
det wäre, worüber er außerordentlich gelobt wurde:
denn so führten sich damals unsre Schweden auf, daß
der geringste Widerstand, den sie machten, etwas ganz
außerordentliches war, worüber man Wunder rief.

Indeſſen erſchien am folgenden Tage der Feind vor der Stadt, hinter welcher wir uns gelagert hatten, und ſogleich wurde beſchloſſen, ſie zu verlaſſen, die Beſazzung daraus an uns zu ziehn, das Pulvermagazin, das anſehnlich war, zu ſprengen, und die Maſaziné mit Mundvorrath zu verbrennen; was wir auch in der folgenden Nacht thaten.

Unſer Heer lagerte ſich diſſeits des Fluſſes Kimiene der an dieſer Stelle beinahe dreihundert Schritt breit iſt, nachdem wir die Brükke abgebrannt hatten; und die Reiterei, einige Schaaren von der Leibwache ausgenommen, die man zurükbehielt, wurde weiter vorwärts geſchikt. Wir blieben einige Tage in dieſer Stellung.

Der Feind nuzte dieſe Zeit, um ſich der Stadt zu bemächtigen, die wir nicht vertheidigten. Er ließ das Feuer auslöſchen, die Werke ein wenig ausbeſſern, und warf ſich hinein.

Wir hatten zu unſrer Linken im Innern des Landes einen zweiten Paß, der für ein anſehnliches Heer geräumig genug war. Ein Obriſt wurde mit tauſend Dragonern befehligt, den Eingang deſſelben zu beſezzen: und dieſe Anzahl war hinreichend, in Rükſicht auf die Lage des Orts.

Die Ruſſen, von unſrer Stellung unterrichtet, gingen aus Friedrichsham, und lagerten ſich uns gegenüber jenſeits des Fluſſes; und hier wurde zum erſten mahl ſeit der Eröfnung des Feldzuges von beiden Seiten

C

einige Tage hindurch aus dem groben Geſchüz gefeuert:
aber bald verließ unſer General ſeinen Poſten, da er die
Nachricht erhielt, daß unſre Flotte und unſre Galeeren
ſich zurükzögen, damit die feindlichen ſie nicht abſchnei-
den könnten. Er glaubte ſich ſicherer hinter dem zweiten Arm des Fluſſes Kimiene der eben ſo breit, eben ſo
ſehr mit Bergen beſezt war, als der erſte, den wir verlaſſen hatten; und da ſchlug er ſein neues Lager auf.

Der Feind dachte ernſtlich darauf, uns zu verfolgen; weil er aber Zeit brauchte, um eine Brükke zu
bauen, oder die von uns verbrannte wiederherzuſtellen;
ſo blieben wir einige Tage in Ruhe.

Die Lebensmittel fingen an, uns auszugehn. Deshalb erhielt ich Befehl, mit funzig Mann und der gehörigen Anzahl von Booten, neuen Vorrath von den
Transportſchiffen zu holen, welche nebſt den Galeeren
an der Küſte kreuzten. Nur nach zwei Tagen konnte ich
zurükkehren; aber wie groß war nicht mein Erſtaunen,
da ich, bei meiner Ankunft an dem Ort, wo ich unſer
Heer verlaſſen hatte, nichts als Koſaken ſah, die über
den Fluß geſchwommen und mit Plündern bei dem
Trümmern unſers Lagers und in den umliegenden Dörfern ſich beſchäftigten! Ich ſtieg aus, und mit dreißig
von meinen Leuten ging ich aufs nächſte Dorf zu, um
Nachrichten von unſerm Heer einzuziehn. Ich fand keine
Seele. Die armen Einwohner waren alle in die Wälder
geflüchtet. Ich entſchloß mich zu meinen Booten zu-

rükzukehren. Unterdessen beunruhigten mich etwa hundert Kosaken, die am Ufer des Flusses flankirten, ohne mich aus den Augen zu lassen; aber von beiden Seiten wurden nur einige Schüsse gewechselt.

Ich ging zu Schiffe und seegelte mit meiner Flotte ab, ohne zu wissen, wo ich hin sollte, und meine Bootsknechte wußten eben so wenig, wie ich, welchen Weg wir zu nehmen hätten. Wir durchstrichen auf gut Glük die verschiedenen kleinen Inseln, die an den Küsten liegen; und wir entdekten von fern die Flotte und die Galeeren des Feindes; glüklicherweise fiel die Nacht ein, und eine gänzliche Windstille hinderte die Russen, sich zu nähern. Ein Fischer, den ich in einer dieser Inseln aufgrif, führte mich zu unsern Galeeren, die sich ebenfalls zurükgezogen hatten.

Den folgenden Tag stieß ich zu unserm Heer, welches, seitdem ich es verlassen hatte, mehr als sechs Meilen zurükgewichen war. Meine Ankunft verursachte das größte Vergnügen, und ich ward im Lager sehr wohl aufgenommen; kaum aber waren die Lebensmittel vertheilt, die ich mitgebracht hatte; so erhielten wir Befehl, die folgende Nacht aufzubrechen.

Es ist wahr, unsre Stellung war nichts weniger als vortheilhaft. Höchstens konnte sie uns dazu dienen, die nöthigen Verbindungen zu unterhalten; dagegen war unsre neue höchst günstig; außer daß die Reiterei zur linken eine halbe Meile weit vom Fußvolk entfernt war,

C 2

da zwischen ihnen ein Morast und ein großer Wald lag. Dieser Wald dekte unser Fußvolk von vorn und von beiden Seiten, und ein Verhak funfzig Schuh tief machte unser Lager fast unzugänglich.

Man hofte, daß wir uns in dieser Stellung halten würden, wenn unsre Feinde es auch wagten uns daraus zu vertreiben, obgleich unsre Flotte in so üblem Stande war, daß zwei Drittheile der Matrosen und Soldaten gestorben, oder krankheitshalber außer Dienst waren. Die Galeeren indessen, die unser bewegliches Magazin dekten, behielten dieselbe Stellung, um uns nicht gänzlich den Feinden Preis zu geben.

Sie wagten einen Anfall auf unsre Reiterei, aber ohne einigen Erfolg; denn diese trieb den Feind lebhaft und mit jener Tapferkeit zurük, durch welche sie fast immer sich ausgezeichnet hat. Vier Bataillons, welche unser General sogleich zu ihrem Beistande abgehn ließ, und welche zu rechter Zeit ankamen, nöthigten sie, ihr Unternehmen aufzugeben. Ich war unter der Anzahl der Offiziere, welche dieses Detachement ausmachten.

Wir hatten zwei Märsche zu thun. Der erste ging ziemlich ruhig ab; aber am zweiten Tage nuzten die Russen unser Versehen, daß wir nicht, um unsern Marsch zu dekken, auf den Höhen abgeschikte Posten hingestellt hatten, und errichteten daselbst in der Nacht eine Batterie, von wo sie auf unsern Zug ein unaufgeseztes Feuer gaben. Glüklicher Weise war die Reiterei vorauf, daß also nur das Fußvolk darunter litt. Wir verloren auf diesem Wege etwa funfzig Mann.

Unsere Generale, denjenigen ausgenommen, welcher den hintern Theil des Zuges anführte, wußten von diesem Vorgange nichts, da sie bei dem Baron von Hollken, gewesenem Minister unsers Hofes in Petersburg, zu Mittage speisten. Er kam zu Wasser bei uns auf einer Jacht an, die man ihm gegeben hatte, damit er immer im Stande sey, nöthigen Falls die Unterhandlungen wieder anzufangen.

Wir lagerten uns ganz nahe bei der Stadt Hellsingfort. Sonderbar wars, daß wir gerade in dieselben Fehler wieder verfielen, die uns zum Vorwande gedient hatten, so oft wir uns vorher zurükzogen. Hellsingfort liegt auf einer Erdzunge, welche sich in die Ostsee hinein erstrekt. Diese Stadt hat nur den einen Zugang, durch welchen wir kamen, und einen zweiten an der andern Seite vermittelst einer gebahnten Strasse, die längst dem Meer nach Abo führt. Wir befanden uns hier also gleichsam in einem Sakke. Der Feind, welcher sich der engen Pässe, durch welche wir ins Lager gegangen waren, bemächtigt hatte, schikte von seiner Rechten eine hinlängliche Anzahl ab, welche uns hindern konnte, nach der andern Seite zu entwischen; so daß unser ganzes Heer, Reiterei, Fußvolk, und Artillerie sich bald von beiden Seiten eingeschlossen befand. Es

C 3

blieb uns kein anderer Weg übrig, als zu Wasser nach
Schweden zurückzukehren.

Wir waren nur zwei oder drei Tage im Lager, so
fing es schon an, uns an Proviant, vorzüglich an Heu
und Stroh zu mangeln. Die Reiterei litt außerordentlich durch diesen Mangel. Man entledigte sich der
Pferde die den Offizieren, zur Artillerie und zum Fußvolk gehörten. Man tödtete einen Theil, und die andern wurden fortgejagt und den Kosaken zur Beute überlassen. Indessen hatten wir noch immer Ueberfluß an
Lebensmitteln, da unser schwimmendes Magazin nebst
unsern Galeeren im Hafen lag. Einige Tage vergingen
in dieser Stellung. Wir erblikten von unserm Feinden
nichts als die Feldwachen, der unsrigen gegenüber, und
ihre Generale, welche sich oft auf den Höhen zeigten,
um die Gegend zu rekognosziren.

In einer Nacht indessen wollte uns Crasnaschock,
ein Kosaken Brigadier überfallen, und wagte es, durch
den Morast zu gehn, der die Vorderseite unsers Lagers
dekte; unsre Patrullen entdekten ihn. Unsre Pikets
drangen vor, feuerten auf die Kosaken, und nöthigten
sie zum plötzlichen Zurückzuge; Crasnaschock, dem sein
Pferd stürzte, bekam einen Schuß, an welchem er auf
der Stelle blieb.

Den folgenden Tag schikte der Feldmarschall von
Lascy einen Trompeter zu unsrer Hauptwache, um Nachricht von diesem Offizier einzuholen, von welchem er ohne

Zweifel glaubte, daß wir ihn gefangen genommen hät=
ten, als man ihm aber antwortete, daß alles auf dem
Plazze geblieben sei, so kam am dritten Tage ein zwei=
ter Trompeter, um sich die Erlaubniß zu erbitten, daß
man den Leichnam des Crasnaschock suchen könnte. Un=
ser General hatte ihn in ein Haus bringen lassen. Man
bewilligte ohne Schwierigkeit das Gesuch des Herrn von
Lascy. Ein Kosakenoffizier kam also den folgenden Tag
von Bedienten begleitet, und brachte auf einem Dru=
medarius schickliche Kleider zur Bedekkung des Leichnams.
Sie legten ihm einen Kafftan von Brokat an; und nach
Endigung der bei solchen Gelegenheiten üblichen Gebete
und Zerimonien, brachten sie die Leiche auf dem Dru=
medar fort, und bedekten diesen mit einem großen Tep=
pich, dessen vier Zipfel von vier Bedienten getragen
wurden; so begab sich dieser Leichenzug zum rußischen
Heer zurük.

Der Tod dieses Offiziers sezte seinen Sohn in den
Besiz von sechsmahlhunderttausend Dukaten. Crasna=
schock hatte sie in dem Kriege gegen die Türken und die
Tatarn gesammlet. Ich habe hernach von verschiede=
nen rußischen Offizieren gehört, daß dieser Mann im
höchsten Grade dem Trunk ergeben, und von Natur so
wild gewesen sei, daß er sich zuweilen Duzende von Ge=
fangenen vorführen ließ, denen er zu seinem Vergnü=
gen mit seinem Säbel den Kopf abhieb, um seine Ge=
schikklichkeit zu zeigen.

Wenige Tage nachher, da der Leichnam dieses Un=
geheuers in menschlicher Gestalt weggebracht war, kam
ein neuer Trompeter zu unsrer Hauptwache, von einem
Adjutanten des Marschalls von Lascy begleitet, welcher
mit unserm General von Seiten des Feldmarschalls zu
sprechen verlangte. Von der Feldwache aus wurde Be=
richt erstattet und sogleich ward befohlen, daß man sie
mit den bei solchen Umständen gewöhnlichen Vorsichtig=
keitsregeln nach der Stadt führen sollte, wo unsre Ge=
nerale ihre Quartire hatten. Der Adjutant stellte vor,
da unser Heer von allen Seiten eingeschlossen, und es
schon tief im Jahr sei; so würden wir es nicht vermeiden
können, uns auf Gnade und Ungnade zu ergeben; da
aber die Kaiserinn diesen Krieg nur gezwungen und wi=
der ihren Willen führe, so biete uns der Feldmarschall,
um uns einen Beweis von dem Wohlwollen seiner Be=
herrscherinn zu geben, eine gute Kapitulation an, wenn
wir einen von unsern Offizieren zu ihm schicken wollten,
um dieselbe zu verabreden. Die erste Antwort war,
daß man entschlossen sei, sich bis aufs äußerste zu ver=
theidigen, allein dieser Adjutant, der nach zwei Tagen
wieder erschien, erklärte, daß, wenn man länger darauf
bestände seine Anerbietungen zu verwerfen, so werde
der Marschall nicht weiter sich zu einer Kapitulation ver=
stehen, und wir alle würden über die Klinge springen
müssen.

Während dieſer Verhandlung hatte unſer Hof von Stockholm einen Obriſten mit einer Jacht abgeſchikt, um unſer Heer aufzuſuchen; und wenn er es fände, war er mit den nöthigen Befehlen verſehn, unſre Generale in Verhaft zu nehmen und ſie gerade in die Hauptſtadt zu führen; und alles übrige unter der Obhut und dem Schuz der Vorſehung zu laſſen.

Der Generalmajor von Bousguet war allein davon ausgenommen: man trug ihm die Anführung des Heers auf.

Niemals hat ſich ein General in einer traurigern Lage befunden. Ich muß zu ſeinem Lobe ſagen, daß er unter allen Offizieren des Generalſtabes immer die meiſte Empfindlichkeit bei Gelegenheit unſrer Zurükzüge äußerte, und daß ſeine Tapferkeit nie zweifelhaft war.

Auch bei dieſen unglüklichen Umſtänden war ſein erſter Entſchluß, ſich an der Spizze ſeines Heers gegen Abo Luft zu ſchaffen; in der Hofnung, daß die Annäherung des Winters den Feind hindern würde uns zu verfolgen; allein da der Kriegsrath dieſerhalb verſammlet ward; ſo ſtellten alle unſre Offiziere ihm einmüthig vor, daß das Heer außer Stand ſei, einen ſo langen und mühſamen Rükzug zu wagen, und daß wir, wenn wir gerade durch das feindliche Lager dringen wollten, augenſcheinlich Gefahr liefen, alleſammt umzukommen.

C 5

Das Resultat dieses Kriegsraths war also, an den Feldmarschall von Lascy einen Offizier von Rang abzuschiffen, um ihm die Veränderung zu berichten, die in Ansehung der Befehlhaberstelle bei unserm Heer vorgefallen war, und um ihm den Vorschlag zu thun, daß er die vorläufigen Artikel der Kapitulation anordnen möchte.

Endlich erhielten zwei Obristen von beiden Seiten den Auftrag, die Bedingungen festzusezzen; und am dritten Tage ihrer Berathschlagungen wurde alles zu Stande gebracht: man kann sich wohl vorstellen, daß der Sieger Gesezze gab; und folgendes waren die Hauptartikel der Kapitulation.

Man vereinigte sich dahin, daß das Heer sich nach Schweden zurükbegeben sollte; daß das Fußvolk sollte auf den Galeeren eingeschift werden; und die Reiterei, welche zu Lande zurükkehren mußte, von dem Feldmarschall von Lascy bis nach Torno der Grenzstadt des westlichen Vothniens, welches Schweden von Finnland trennt, und beinahe um hundert Meilen von unserm Lagerplaz entfernt war, einen Paß erhalten sollte; daß die finnländischen Regimenter, nemlich zwei Dragonerregimenter, jedes zu tausend Pferden, und sechs Regimenter Fußvolk zu zwölfhundert Mann die Waffen niederlegen und die Pferde an den Feind liefern sollten; daß alle diejenigen, woraus diese verschiedenen Haufen bestünden, sich zu Hause begeben und ruhig in

der Provinz leben sollten, die in Zukunft der Botmäßig=
keit der Kaiserinn unterworfen sein sollte; endlich daß
all unser Geschüz, welches damals im Verhältniß zu un=
srer Armee so schön und zahlreich als möglich war,
nebst allem Zubehör, den Feinden übergeben werden
sollte.

Der Tag zur Ausführung dieser schimpflichen und
erniedrigenden Kapitulation wurde festgesezt: bis zum
Frühlinge wurde Waffenstillstand gemacht. Alles ward
von beiden Seiten unterzeichnet und ratificirt; und wir
rüsteten uns, abzuziehn.

Unterdessen benuzten wir aus einer natürlichen
Neugierde die Einstellung der Feindseeligkeiten, um das
feindliche Heer zu durchlaufen; und die Russen ihrer=
seits besahn das unsrige.

Bei dieser Gelegenheit sah ich den Feldmarschall
von Lasey, diesen höchst verehrungswerthen Greis, und
alle die übrigen Generale, welche unter ihm dienten;
den Herrn von Keith, welcher nachher Feldmarschall des
preußischen Heers ward, und den Herrn von Löwendahl,
der einige Zeit nachher in französische Dienste trat und
den Marschallstab daselbst erhielt. Alle diese Offiziere,
betrugen sich gegen uns mit einer Höflichkeit die wir
kaum erwarten konnten.

Die Verfassung ihres Lagers sezte uns in Erstau=
nen; so sehr war sie von der unsern verschieden. Mann=
schaft und Pferde waren im besten Stande; die Lebens=

mittel waren im Ueberfluß vorhanden, und selbst die
Krämerbuden, welche wir rund um das Hauptquartier
in diesem fast wüsten Lande, wohin man uns verfolgt
hatte, antrafen, zogen unsre Aufmerksamkeit auf sich,
und sezten uns in nicht geringe Verwunderung.

Drei Tage nach Unterzeichnung der Kapitulation,
schiften wir das Fußvolk auf die Galeeren ein. Zugleich
ging die Reiterei durch das feindliche Lager, um sich an
den Ort ihrer Bestimmung zu begeben.   Die finnländischen Truppen legten die Waffen nieder; und unser Geschüz, das vor der Vorderseite unsers Lagers aufgepflanzt
war, wurde an ein rußisches Bataillon überliefert, wel=
ches herankam, um dasselbe in Besiz zu nehmen.

Zum erstenmal war ich hier Zeuge eines so traurigen, so schmerzhaften Schauspiels; und Dank sei dem
Himmel, nie hab' ich wieder ein ähnliches gesehn, nie
werd' ich jemals es sehn; aber ich begreife nicht, wie
Leute von Ehre, deren Geist nicht alle Spannkraft verlohren hat, bei dergleichen Gelegenheiten nicht lieber
den Eingebungen der Verzweifelung folgen, als sich
durch eine so entehrende Kapitulation beschimpfen, dazu
wenigstens werde ich stets meinen Sohn ermahnen, wenn
er sich je in diese schrekliche Nothwendigkeit versezt
sieht.

Zu Boden gedrükt durch Unruhe und Schmerz
über unsre Lage, verglich ich die damaligen Schweden
mit den Schweden im Anfang dieses Jahrhunderts;

und ach! wie sehr fand ich sie von einander verschieden! Vierzig Jahre waren es, daß Karl XII mit achttausend Schweden achtzigtausend Rußen schlug; so wahr ists, daß die Regierung den wirksamsten Einfluß auf den Geist, und die Sitten der Völker hat, und daß es moralisch = unmöglich ist, große Thaten in einem Staate zu verrichten, der ein Raub verschiedener Partheien ist, und worinn jedes einzelne Mitglied nur seinen Eigensinn und seinen Eigennuz zu Rathe zieht.

So endigte sich dieser Feldzug. Wir dachten auf nichts weiter, als diesen Schauplaz des Schrekkens schnell zu verlaßen. Ich befand mich unter denen, die auf den Galeeren eingeschift, nach Stockholm abreisen sollten. Die Ueberfahrt war über achtzig Meilen lang, und wir waren gleichsam einer auf den andern gepakt. Auch verlohren wir unterwegs mehr, als die Hälfte unsrer Leute, und ich weiß gewiß, wenn man, statt der Annahme jener erniedrigenden Bedingung, welche die Rußen uns aufgedrungen hatten, sich muthig entschloßen hätte, den Plaz bei so viel vortheilhaften Stellungen zu vertheidigen, oder selbst sich mitten durch den Feind einen Weg zu bahnen, als man sich einmal in Hellsingfort von allen Seiten hatte einschließen laßen; so hätte nie der Verlust unsers Heers so beträchtlich sein können.

Meine beiden Bedienten wurden krank: ich selbst fürchtete, angestekt zu werden; und da es doch nur dar=

auf ankam, daß wir nach Stockholm gehn sollten; so
erhielt ich Erlaubniß auf der Post vorauf zu reisen. Ich
erreichte ohne Unfall die Küsten von Schweden; aber
kaum war ich gelandet; so fiel ich in ein hizziges Fieber.
Noch hatte ich zehn Meilen zu Lande nach Stockholm.
Allein, und ohne meine Bedienten, sezte ich meinen
Weg auf einem Postwagen fort; und ich kam endlich in
dieser Hauptstadt mitten in der Nacht an, ohne zu wissen, wo ich absteigen sollte; denn damals gab es noch
keine Gasthöfe daselbst.

Mein Bruder war vor mir angekommen, allein
ich wußte nicht, wo er wohnte. Glüklicherweise traf
ich auf einen Freund, welcher mir sehr artig seine Stube und sein Bett bei seinen Eltern anbot, deren Haus
ich kannte; und da ich den folgenden Tag meines Bruders Aufenthalt erfuhr, so meldete ich ihm meine Ankunft und meine Lage. Er besuchte mich sogleich, und
machte die nöthigen Veranstaltungen, mich nach seiner
Wohnung bringen zu lassen.

Mein Freund und seine Eltern überhäuften mich
mit Höflichkeiten; und ihre Sorgfalt für mich hätte nicht
größer sein können, wenn ich das Glük gehabt hätte,
zu ihrer Familie zu gehören. Sie wollten sogar nicht
zugeben, daß ich ihr Haus verlassen sollte, so lange ich
mein hizziges Fieber hätte; allein ungeachtet der Erkenntlichkeit gegen ihre Güte, von der ich durchdrungen war,
gab ich den Bitten meines Bruders nach, und wurde

ju ihm gebracht, wo ich, durch meine gute Natur, vielleicht auch durch die Geschicklichkeit meines Arztes, so gut und so vollkommen hergestellt ward, daß in weniger als drei Wochen keine Spur von Krankheit sich weiter an mir wahrnehmen ließ. Das Fieber hatte alle meine gallichten Feuchtigkeiten verzehrt, und alles böse Blut verbessert, was ich während des Feldzugs gesammlet hatte.

Die Reichsstände waren damals versammlet. Der König und der Senat hatten es gleich rathsam gefunden, einen außerordentlichen Reichstag zusammen zu berufen, um allen weitern traurigen Folgen von unsern Unfällen in Finnland Einhalt zu thun. Man hörte nur eine Stimme gegen die Regierung und unsre Generale. Man machte diesen den Proceß und die beiden vornehmsten wurden enthauptet. Die übrigen kamen mit einigen Monaten Stubenverhaft davon, wobei ihnen eine Schildwache vor die Thür gestellt ward.

So bald unsre Galeeren mit den Trümmern des Heers ankamen, schikte man die Regimenter in ihre Provinzen zurük, um sich auszuruhn. Einige andre Regimenter mußten der Reiterei nach Torno entgegen gehn, und bis zu den weitern im Frühlinge zu ergreifenden Maaßregeln daselbst bleiben.

Der Reichstag blieb immerfort sehr unruhig. Alle Gemüther waren in der heftigsten Gährung. Man zankte sich: man brach in Murren gegen die Regierung

aus, und es hatte allen Anschein zu einer Empörung.
Um also die Nation zu beschäftigen, und das Uebel zu
verhüten, welches ihr drohte, mußte man neue Mate=
rien auf die Bahn bringen. Friederich 1, der damals
regierte, war in hohem Alter. Die Königinn war seit
einem Jahr todt, und da sie keinen Erben erzeugt hat=
ten; so gab es Leute, welche die Geschiklichkeit hatten,
die öffentliche Aufmerksamkeit auf die Thronfolge zu
lenken.

Anfänglich warf man die Augen auf den Prinzen
von Holstein Gottorp, ob er gleich noch sehr jung war:
allein, da die Kaiserinn von Rußland diesen Prinzen zu
sich nach Petersburg gerufen hatte, damit er einst ihr
Nachfolger sein sollte, so schlug derselbe das Anerbieten
des schwedischen Throns aus, oder man verwarf es viel=
mehr in seinem Namen, welches ihm hernach, da er es
vernahm, sehr unangenehm war. Das hat er mir
selbst nachher in Petersburg gestanden.

Da diese Antwort durch den Baron von Peckin
den Sohn des holsteinschen Ministers von unserm Hofe,
der bei uns Dienste genommen hatte, nach Stockholm
gebracht wurde: so entstanden sogleich zwei Partheien,
wovon die eine sich für den regierenden Herzog von Zwei=
brük, die andere für den Erbprinzen von Dännemark
erklärte. Der erste ward von Frankreich unterstüzt;
aber das Volk war dem zweiten geneigt; so daß dieser
auch den Sieg davon getragen hätte, wenn nicht hernach

in dem zu Abo mit Rußland geschlossenen Frieden die
Bedingung festgesezt wäre, daß der Prinz von Holstein
Adolph Friederich, Bischof von Lübek, zum Thronfolger
ernannt werden sollte.

Während aller dieser Unterhandlungen, welche
nicht nur den ganzen Winter, sondern noch den Frühling, und selbst einen Theil des Sommers hindurch
währten, unterdessen daß die Bevollmächtigten der beiden kriegführenden Höfe, die sich in Abo versammlet
hatten, mit der lebhaftesten Thätigkeit am großen Frie-
denswerke arbeiteten, machte man doch alle mögliche Zurüstungen zum Kriege. Die Reiterei, die uns in Finnland verlassen hatte, war zu Torno angekommen, und
erhielt Befehl, nebst dem Fußvolk, das man ihr entgegengeschikt hatte, daselbst zu bleiben.

Unsre Galeeren liefen aus, so bald es die Jahrszeit erlaubte. Sie trafen auf die rußischen bei der Insel Aland, in deren Besiz sich der General von Keith
schon gesezt hatte. Die Unsrigen thaten den Angrif,
der General aber, der schon auf dem festen Lande gute
Batterien errichtet hatte, um seine Galeeren zu dekken,
grif uns von der Seite an, und beschoß uns einige
Stunden hindurch mit vieler Lebhaftigkeit. Wir sahn
uns also zum Rükzuge genöthigt und ankerten bei den
schwedischen Küsten.

Die Landtruppen gingen zu ihrer Bestimmung ab;
unter diesen auch das Regiment von Dalekarlien, bei

D

dem ich diene. Ich eilte, um mich zu demselben in der
Provinz zu verfügen. Aber wie groß war mein Erstaunen, da ich bei meiner Ankunft die Fahne des Aufruhrs
wehen sah, und an eben dem Tage, als das Regiment
sich in Fahlun der Hauptstadt der Provinz, und bestimmten Sammelplaz einfinden sollte, um hernach seinen Weg gegen die Grenze fortzusezzen, kamen zu gleicher Zeit mit dem Regiment zwölftausend Bauern an,
die sich mit Hellebarden und allen Arten von Waffen
versehn hatten, die sie noch, wenn ich nicht irre, von
den Zeiten des Gustav Wasa her erhalten hatten. Sie
bemächtigten sich des Statthalters und gingen auf Stockholm zu. Einige Offiziere folgten ihnen, einige mit
Gewalt, andere freiwillig: sie wurden hernach dafür
nach Verdienst gestraft, aber die meisten, wozu auch ich
gehörte, bedachten sich gar nicht, sich so gut sie konnten,
zurükzuziehn. Unser Obriste schikte einen Kourier ab,
der glüklicherweise durch die Bauern hindurch gelangte,
ob sie gleich alle Wege besezt hatten, und vor den Em-
pörern in Stockholm ankam. Wir verbargen uns im
Lande, so gut wir konnten, und hielten uns ruhig, um
das Ende der Empörung zu erwarten: zwei oder drei
Offiziere von eben dem Regimente hatten mit mir diese
Parthei ergriffen. Es war uns unmöglich fortzukom-
men, und noch unmöglicher einigen Widerstand zu
thun, da wir über keinen einzigen Mann zu befehlen
hatten.

Die zwölftausend Bauern drangen bis vor Stockholm, unter Anführung der Soldaten vom Regiment,
die sie zu ihren Offizieren gemacht hatten. Vor der
Hauptstadt fanden sie in Begleitung einiger weniger Personen den König, der ihnen entgegen gegangen war,
um einen Versuch zu machen, sie zu ihrer Pflicht zurük-
zuführen, und sie zur Zurükkehr in ihre Heimath zu bereden: allein sie erklärten Seiner Majestät, daß sie bei
der Wahl seines Thronfolgers zugegen sein, und sich
nach den Ursachen dieses unglüklichen Kriegs erkundigen
wollten.

Der König ging nach Stockholm zurük, und die
Aufrührer folgten ihm dahin. Sie gingen ruhig, mit
klingenden Trommeln, mitten durch die Truppen hindurch, die man vor die Stadt gestellt hatte, und wovon ein Theil, ohne sich weiter Mühe um Verhinderung
ihrer Vorschritte zu geben, sich in guter Ordnung zurükzog.

So groß war die Unschlüßigkeit, die bei diesen ge-
fährlichen Umständen herrschte. Zum Glük zerstreueten
sich die Aufrührer nach ihrem Eingang in die Stadt unordentlich in alle Quartiere, begaben sich in voller Verwirrung in die Häuser, ließen sich zu essen und zu trinken geben; brauchten indessen die Vorsicht einige Wachen auf die Hauptpläzze zu vertheilen. Hernach schikten sie einige Abgesandte aufs Schloß, um ihre Vorschläge zu thun, oder vielmehr, um ihre Forderungen

anzubringen: aber ein einziger Kanonenschuß, welchen ein Offizier von der Artillerie aus eigener Bewegung auf ihre Hauptwache zu thun beliebte, erregte so viel Unruhe bei diesen Bauern, daß sie sich nach allen Seiten zerstreueten. Sie wollten sich wieder sammlen. Sie feuerten auf ein Regiment Fußvolk, welches sich ihnen gegenüber befand; aber kaum hatte dieses Regiment bei seinem Vordringen einige Kanonen abgefeuert; so ergriffen sie die Flucht. Zwei Schwadronen Reiterei, die zugegen waren, fielen über sie her und zerstreueten sie. Man nahm alles gefangen, was sich nicht retten konnte, und zu gleicher Zeit nahm man die Abgesandten im Schloße in Verhaft, von denen ich schon geredet habe. Man machte ihnen sogleich den Proceß. Ihre vornehmsten Anführer wurden zum Rade verdammt, andre zum Staupbesen, und alle übrigen wurden nach ihrer Heimath, unter sicherer Begleitung zurükgeschikt.

Der Reichsrath Baron von Adlerfeld, welchem der König, nebst dem Grafen von Rosen die Anführung der Truppen gegen diese Empörer aufgetragen hatte, war so unglüklich, einen Schuß zu empfangen, an welchem er nach einigen Tagen starb. Der Obriste, welcher sie mit seinem Regiment angegriffen hatte, bekam eine leichte Kopfwunde. Ein Duzzend Bauern verloren ihr Leben in der Hizze des Gefechts; und um neun Uhr des Abends war die Ruhe vollkommen wieder in der Stadt hergestellt.

Dieser Aufruhr hätte die ernsthaftesten Folgen haben können, wenn die Dalekarlier damals einen Gustav Wasa an ihrer Spizze gehabt hätten: aber dergleichen Männer trift man nicht in allen Jahrhunderten. So rettete damals noch der Zufall diejenigen, welche leichtsinnig diesen Krieg ohne rechtmäßige Beweggründe, oder, um mich freimüthiger auszudrükken, aus Gefälligkeit für Frankreich angezündet hatten, ohne an die Lage zu denken, worinn sich noch Schweden seit der unglüklichen Regierung Karls XII befand, und welche es vielleicht nie verbessern wird, vorzüglich seit der Vergrößerung des rußischen Reichs.

Indem dieß in Stockholm vorging, kam der Kongreß zu Abo mit dem Friedensschluß zu Ende, unter der Bedingung, daß der Prinz von Holstein Eutin zum Thronfolger erklärt werden, und daß Finnland uns bis an den Fluß Kimiene wiedergegeben werden sollte, so, daß wir demungeachtet einen guten Theil dieses Herzogthums nebst den drei Städten Friedrichsham, Willmanstrand und Nyslott verloren. An die Kriegskosten war nicht weiter zu denken; und da die Hülfsgelder von Frankreich nicht die Hälfte der dabei aufgewandten Kosten betrugen, so mußten die armen Einwohner des Reichs das noch fehlende tragen.

Da der Prinz von Holstein zum Thronfolger erklärt war; so wurden sogleich zwei Reichsräthe nach Hamburg, wo er sich damals aufhielt, abgeschikt, um

D 3

es ihm bekannt zu machen. Sein ganzer Hof begab
sich zu gleicher Zeit zu ihm; und von diesem glänzenden
Gefolge begleitet, wurde er über Stralsund nach Stockholm gebracht. Da man von Seiten Dännemarks einige Feindseligkeiten befürchtete, welches auch außer
den etwanigen Ansprüchen des Erbprinzen, einen Prinzen von Holstein nicht gleichgültig als schwedischen Thron-
erben sehn konnte; so hatte der Kongreß von Abo zugleich ausgemacht, daß zehntausend rußische Hülfsvölker sich im Nothfall mit unsern Truppen verbinden sollten: und wirklich kam der General Keith bald nachher
an, und brachte auf den Galeeren die bestimmte Anzahl
mit sich. Er schlug sein Hauptquartier in Stockholm
auf, und seine Truppen wurden in die benachbarten
Städte vertheilt.

Was möchte wohl Karl XII gedacht haben, wenn
er bei diesen unglücklichen Umständen wiederaufgelebt
wäre, und die traurigen Folgen seiner Regierung und
seines Ehrgeizes hätte sehen können! Was würde er zu
diesen zehntausend Russen gesagt haben, die den Schweden gegen die Dänen beistehen sollten; dieser tapfere und
unerschrockene Fürst, der mit einer Hand voll von seinen Unterthanen so oft diese beide Nationen geschlagen
hatte? Endlich da der Friede mit den Russen geschlossen,
die Thronfolge festgesezt, die Dalekarlier für ihren Aufruhr gestraft und in ihre Provinz zurükgeschikt waren;
so endigte der Reichstag seine Sizzungen; und man be-

schäftigte sich bloß mit den Maaßregeln gegen Dännemark.

Der Reichsrath Graf von Teßin, wurde als Gesandter dahin geschikt, um eine gütliche Beilegung der
Streitigkeiten zu Stande zu bringen, welche ausgebro-
chen waren: da aber die Dänen zwischen Koppenhagen
und Hellsingör ein Lager von ohngefähr zwölftausend
Mann, und noch ein anderes in Norwegen aufschlugen,
so sezte man verschiedene Regimenter, welche Befehl
hatten, sich in Schonen zu vereinigen, und andere gegen die Grenzen von Norwegen, in Bewegung.

Das Regiment von Dalekarlien, wobei ich war,
gehörte zu denen, welche die Armee in Schonen ausmachen sollten, und sein Winterquartier wurde ihm in
den Städten Kalmar und Karlskron angewiesen. Meine
Eltern hatten ein Gut in Schonen; und da ich sie seit
einigen Jahren nicht gesehn hatte; so erhielt ich sogleich
nach Endigung der Unordnungen in Dalekarlien, die
Erlaubniß, sie zu besuchen. Ich blieb also bei ihnen,
mit dem Vorsaz mich zu meinem Regiment zu begeben,
so bald es den Ort seiner Bestimmung erreicht hätte.

Um eben diese Zeit hatte ich das Unglük meinen
Vater im siebzigsten Jahr seines Alters zu verlieren. Er
war gegen seine Kinder stets mehr Freund als Vater gewesen, und um desto tiefer empfanden wir seinen Verlust.

D 4

Das Hauptquartier dieses Heers wurde in Chri-
stianestadt aufgeschlagen, wohin sich also die Generale
begaben.

Der Generalmajor Graf von Dohna machte mich
zu seinem Adjutanten; aber den Winter hindurch wurden alle Zwistigkeiten beigelegt, daß also im Frühlinge
alle Regimenter Befehl erhielten, sich jedes in seine
Provinz zurückzugeben. Die rußischen Hülfsvölker,
welche den Winter in der Gegend von Stockholm zugebracht hatten, schiften sich auf den Galeeren ein, und
seegelten nach Petersburg.

Ich begab mich nach Karlskron zu meinem Regimente; und da es sich noch vierzehn Tage dort aufhielt,
ehe es aufbrechen und nach Dalekarlien zurückkehren konnte, so nuzte ich diese Zeit, um die Einrichtung der Flotte zu besehn, die damals in diesem Hafen lag.

Da machte ich Bekanntschaft mit der Tochter des
Admirals Grafen von W * * *, welche sich daselbst mit
ihrer Mutter, damals als Wittwe, befand. Der Eindruk, welchen sie auf mich machte, war eben so lebhafe
als tief. Ich wurde sterblich in sie verliebt: aber ich
dachte damals noch nicht daran, sie zu meiner Gattinn
zu nehmen. Endlich reisten wir von dieser Stadt ab,
und meine Liebe verdoppelte sich nur durch die Abwesenheit und Entfernung, welche gewöhnlich die heftigsten
Leidenschaften schwächen. Ich erfuhr, daß Frau von
W * * * mit ihrer Tochter den Brunnen in Lolla brau-

chen und einen Theil des Sommers dort zubringen würden. Dieser Umstand war viel zu vortheilhaft für meine Neigung, als daß ich ihn hätte aus der Acht lassen
sollen; und nichts stand mir im Wege, weil unser Regiment, so wie alle übrige, dieses Jahr hindurch, von
den Waffenübungen frei war. Ich schrieb also an meinen Befehlshaber, meine Gesundheit sei so sehr erschüt-
tert, daß ich den Brunnen gebrauchen müßte, und bat
ihn um Erlaubniß dazu. Ich erhielt sie. Ich flog
hin an den Ort, wo ich den Gegenstand wiedersehn sollte, der mich gänzlich beschäftigte. Ich fand Fräulein
von W*** immer liebenswürdiger. Meine Liebe zu
ihr stieg bis auf den höchsten Grad, und ich faßte den
Entschluß, ihr meine Empfindungen zu bekennen, und
ihr die Erklärung zu thun, daß ich mich für glüklich halten würde, wenn sie mir ihre Einwilligung gäbe, ihre
übrigen Tage an meiner Seite zu verleben. Ihre Antwort, obgleich etwas unbestimmt, gab mir zu verstehn,
daß ich das Glük hoffen könne, nach welchem ich strebte,
daß ich aber zuvor mich der Einwilligung ihrer Mutter
vergewissern müßte. Ich hatte nur auf einen Monat
Urlaub, und nach Verlauf dieser vier Wochen, die ich
sehr angenehm zubrachte, mußte ich mich wieder zu meinem
Regimente begeben, aber mit dem festen Entschluß, unter
irgend einem Vorwande bald wieder in Karlskron zu erscheinen, wohin Mutter und Tochter zurükkehren wollten, so
bald sie mit dem Gebrauch des Wassers zu Ende wären.

58

Ich habe schon gesagt, daß der Thronfolger, der Herzog von Holstein in Schweden angekommen war. Es kam darauf an, ihm eine Prinzeßinn zur Gemalinn auszusuchen; und man warf die Augen auf eine von den Schwestern des Königs von Preußen. Der Graf von Teßin, der seine Gesandtschaft nach Dännemark glücklich geendigt hatte, reiste also nach Berlin ab. Seine Majestät der König von Preußen genehmigte den Vorschlag des schwedischen Hofes; und die Prinzeßinn Louise Ulrike wurde zu dieser Verbindung gewählt. Gegen Ende des Sommers kam sie in Stockholm an. Die Vermählung wurde mit dem größten Gepränge auf dem Lustschloß Drottningholm, welches um eine Meile von dieser Hauptstadt entfernt ist, vollzogen. Man erlaubte mir dahin zu gehen, um allen Festen beizuwohnen. Ihre Königlichen Hoheiten hielten hernach ihren Einzug in Stockholm, in Begleitung eines höchst glänzenden Gefolgs, und mit aller Pracht, die man nur bei dergleichen Gelegenheiten anbringen kann.

Zu gleicher Zeit hörte ich, daß der Krieg in Deutschland zwischen Frankreich und England fortdauern würde, und ich faßte den Vorsatz bei einer oder der andern dieser beiden Nationen Dienste zu nehmen, um mich in der Kriegskunst zu vervollkommnen.

Einerseits riß mich mein Ehrgeiz dahin, da mich auf der andern Seite meine Liebe zurückhielt. Ich war sehr beliebt bei meinem Befehlshaber: er erhielt für mich

des Königs Erlaubniß zur Abreise; und nach Erfüllung
der Pflichten, welche die Erkenntlichkeit mir auflegte,
machte ich die nöthigen Zurüstungen zu meiner Reise.

Ich ging über Karlskron, und stets voll von meiner Leidenschaft, hielt ich bei der Frau von W * * * um
ihre Tochter an; allein beide wunderten sich nicht wenig,
da ich ihnen die Nachricht gab, daß ich in auswärtige
Dienste treten wollte und dazu vom Könige Erlaubniß
hatte. Dieß vertrug sich nicht gar zu gut mit meiner
eben angebrachten Bitte; indessen nahm die Tochter
mein Erbieten an; und die Mutter verschob ihre Einwilligung und Entscheidung bis dahin, daß ich nach
Schweden zurükkehren würde. Hernach begab ich mich
zu meiner Mutter, die seit ihrer Wittwenschaft ruhig
auf ihren Gütern lebte. Sie erstaunte nicht minder, als
ich ihr meine Verbindung und zugleich die eben erhalte-
ne Erlaubniß des Königs meldete, außer Landes einen
Feldzug mitzumachen. Sie misbilligte mein Verhalten
nicht, und so schmerzhaft eine so unerwartete Trennung
auch für ihre mütterliche Zärtlichkeit war; so hielt sie
mich doch nicht allein gar nicht zurük, sondern gab mir
auch das wenige Geld, was sie vorräthig hatte. Meinen Bruder hatte ich in Stockholm gelassen, wo sein
Regiment in Garnison lag; aber meine Schwester hielt
sich bei meiner Mutter auf. Nach der zärtlichsten Um-
armung reiste ich ab. Es war im Winter. Noch mußte
ich nicht, unter welchem Heer ich Dienste nehmen wollt

re: aber ich wollte ankommen, ehe die Heere ins Feld rükken konnten.

Ich fand in Helsingburg, der lezten schwedischen Stadt, beim Sunde, den Fürst Casimir von Ysenburg, der von Rußland, wo er einige Jahre gedient hatte, zurükkehrte, um in hessische Dienste zu treten. Friedrich I, König von Schweden und zugleich Landgraf von Hessen-Kassel hatte ihm ein Regiment gegeben; ich kannte ihn von Stockholm her, da er als Offizier bei den Hülfsvölkern stand, die der Feldmarschall von Keith nach Schweden gebracht hatte. Wir entschlossen uns, zusammen bis Koppenhagen zu gehn. Das Eis hielt uns ein Paar Tage auf, worüber wir sehr in Ungeduld waren; und wir beredeten die Bootsknechte, uns über den Sund zwischen Helsingburg und Helsingör zu bringen. Obgleich diese Ueberfahrt nur eine Meile beträgt; so wurden wir doch vom Eise so viel umhergeworfen, daß wir einige Stunden brauchten, um an den dänischen Küsten zu landen, und in der größten Lebensgefahr waren: Wir schliefen in Helsingör und sezten den folgenden Tag unsre Reise nach Koppenhagen fort. Ich ward durch unsren Gesandten den Freiherrn von Hopken, der mir sehr viel Höflichkeiten erwies, dem Hofe und nachher dem ganzen Adel dieser Hauptstadt vorgestellt. Der Herzog von Würtemberg-Oels, General bei der Reiterei und Obrister bei der Leibwache zu Pferde, spielte damals eine große Rolle daselbst."

Gleich am Tage unsrer Ankunft speiste ich mit meinem Reisegefährten bei ihm zu Abend. Wir machten die Spielparthie der Herzoginn. Diese Fürstinn war eben so schön als liebenswürdig. Man spielte sehr hoch, und das war gar nicht meine Sache: denn theils liebe ich überhaupt das Spiel nicht; theils ist es mir nur höchst selten günstig. Indessen als Fremder konnte ich keine Entschuldigungen vorbringen, um mich dem Spiel zu entziehn; und ich verlor mein Geld.

Ich besah alle Merkwürdigkeiten dieser Stadt; die Anordnung beim Seewesen, welches keinem in Europa etwas nachgiebt; das sehr schöne Schloß, die Hofkapelle, die Ställe und die Reitbahn, wo ich eine Menge von schönen und so wohlzugerittenen Pferden fand, daß bei einem Lustrennen, welches während meines Aufenthalts gehalten ward, Friedrich V damaliger Kronprinz, der Herzog von Würtemberg und zwei andre dänische Große, ein Ballet aufführten, das man allgemein bewunderte. Man zeigte mir dort auch jene berühmte Maschine, von der Erfindung des Tycho-Brahe, welche vermittelst eines Rades das Planetensystem vorstellt, so wie es von ihm entworfen war.

Einige Offiziere kamen aus den Niederlanden zurük, wo sie den vorigen Feldzug in dem Heer der Verbündeten mitgemacht hatten: sie machten bei mir die Lust rege, bei diesem Heer Dienste zu suchen.

Von Koppenhagen ging ich nach Hamburg, wo ich mich einige Tage aufhielt, um die nöthigen Veranstaltungen in Ansehung der Summen zu treffen, deren ich zum Feldzuge benöthigt war. Die Herzoginn von Holstein, Mutter des schwedischen Kronprinzen, hielt sich in dieser Stadt auf. Ich machte ihr meine Aufwartung. Sie bat mich zum Abendessen. Die Gesellschaft war sehr zahlreich; denn diese Prinzeßinn lebte sehr prächtig. Ich ward bezaubert von der Artigkeit, womit sie jedermann begegnete. Ich fand bei ihr unter andern den Residenten von Frankreich, der schon ziemlich bei Jahren war, und dessen Geist schon die gewöhnliche Schwachheit des Alters ein wenig empfand. Da er erfuhr, daß ich ein junger schwedischer Offizier sei, der nach den Niederlanden ginge, um ein Paar Feldzüge mitzumachen, so bot er mir sehr artig Empfehlungsschreiben an, wenn ich unter die französische Armee gehn wollte. Ich dankte ihm für seine Höflichkeit und fügte hinzu, daß ich Willens sei, in der Armee der Verbündeten zu dienen. Der gute Greis gerieth in Hizze, und konnte gar nicht begreifen, wie ein Schwede diesen Vorsaz fassen könnte. Ich antwortete ihm, daß Trojaner oder Rutuler mir alles gleich wäre, und daß ich in dem Dienst treten würde, der mir am zuträglichsten schiene, und so trennten wir uns.

Ich reiste nach Haag. Die vereinigten Provinzen schikten dem Wiener und Londner Hofe zu dem jezt zu

eröfnenden Feldzuge vierzigtausend Mann Hülfsvölker;
und vertraueten dieselben dem Befehle des regierenden
Fürsten von Walldeck an, der zu gleicher Zeit in den
Diensten der Königinn von Ungarn General war. Bei
meiner Ankunft in Haag war dieser Fürst schon nach
Brüssel gereist, wo das Heer der Verbündeten sich ver=
sammlen sollte. Ich versah mich mit verschiedenen
Empfehlungsbriefen an ihn; und reiste sogleich nach den
österreichischen Niederlanden, um ihm meine Dienste als
Volontär anzubieten. Er nahm sie mit vieler Artigkeit
an; er forderte von mir, daß ich an seinem Tisch spei=
sen sollte, und erlaubte mir, meine Equipage mit der
seinigen zu verbinden.

Dieser Prinz war im höchsten Grade höflich und
leutseelig. Er war für den Krieg geboren; und, was
seine Talente als General unendlich erhebt, er besaß sehr
viel Menschenfreundlichkeit und Seelengröße.

Der Herzog von Cumberland, welcher als Ober=
befehlshaber die Verbündeten in diesem Feldzuge anfüh=
ren sollte, kam einige Tage darauf nach Brüssel, und
zugleich der Marschall von Königseck, welcher als Un=
terbefehlshaber oder vielmehr, zur Leitung dieses Für=
sten, welcher noch sehr jung und ohne Erfahrung war,
von Wien geschikt ward.

Das Heer bestand aus englischen, österreichischen,
holländischen, hannovrischen und heßischen Völkern,
welche leztere im englischen Sold standen.

Da den erſten May alle verſchiedenen Haufen ſich vereinigt hatten, ſo rükte man, ſiebzigtauſend Mann ſtark ins Feld. Das franzöſiſche Heer unter Anführung des Marſchalls von Sachſen rükte gegen Turnai an, mit allem verſehn, was zu einer Belagerung dieſer Stadt nöthig war. Nach zwei Tagen erfuhr man, daß die Belagerung dieſes Orts eröfnet war; und faßte den Entſchluß dem Feinde entgegen zu rükken, um ihn zum Zurükzuge zu nöthigen, oder ihm eine Schlacht zu liefern.

Die drei erſten Märſche thaten wir in Ruhe; erfuhren aber, daß der Marſchall von Sachſen hatte die Laufgräben eröfnen laſſen, und die Belagerung ſehr nachdrücklich fortſezte. Tournal iſt eine der beſten Veſtungen in den Niederlanden, und hatte damals eine zahlreiche Beſazzung: war alſo im Stande eine langwierige Belagerung auszuhalten. In der Entfernung von zwei Tagereiſen machten wir Halt, um das Benehmen des Feindes wahrzunehmen. Er ſezte nicht nur die Belagerung mit eben der Lebhaftigkeit als vor unſrer Annäherung, fort; ſondern ſchikte ſich auch dazu an, uns wohl zu empfangen. Der König von Frankreich und der Dauphin befanden ſich damals ſelbſt im Heer.

Den 10ten May ſezten wir uns wieder in vier Kolonnen in Marſch. Ich war bei der Avantgarde, welche das Land von den franzöſiſchen Vorpoſten reinigte; und an eben dem Abende kamen die beiden Heere noch

einander zu Gesicht. Das feindliche, welches bis dahin
in der Belagerung ununterbrochen fortgefahren war,
ließ dort bloß eine Bedekkung der Laufgräben, und
wandte die Nacht dazu an, sich in Schlachtordnung zu
stellen. Dazu suchte es die Höhen aus, die uns gegenüber lagen, der rechte Flügel stand an der Burg Anto-
nig, der Linke am Walde von Barris, und der Mittelpunkt im Dorfe Fontenoi. Der rechte Flügel war durch
einen guten Graben gedekt, das Dorf Fontenoi war mit
Pallisaden und bis zum Ueberfluß mit Mannschaft und
Geschüz versehn; und der linke Flügel wurde durch gute
Schanzen gedekt.

Den 11ten mit Anbruch des Tages rükte unser
Heer an und stellte sich in Schlachtordnung. Das gro-
be Geschüz fing von beiden Seiten an zu spielen; und
um acht Uhr des Morgens näherten wir uns zum Angrif. Diese Schlacht ist so oft beschrieben, daß es unnüz wäre, sie hier genau zu erzählen. Nur das will
ich hinzusezzen, daß wir unstreitig den Sieg davon getragen hätten, wenn wir, anstatt gerade auf den Feind
loszugehn, uns bloß an unsrer rechten Seite ausgedehnt
hätten und das Gehölz von Barris umgangen wären,
und wenn wir mit unserm rechten Flügel den linken des
französischen Heers angegriffen, und unsern linken ihnen
ganz entzogen hätten.

Der Herzog von Cumberland warf mit seinem rechten Flügel sogleich den ganzen linken Flügel der Franzo-

E

fen über den Haufen; da er aber weder durch den Mittelpunkt noch durch den linken Flügel unsers Heers unterstützt ward, so drang er mit so viel Lebhaftigkeit vorwärts, daß er gänzlich die Linie zerrüttete. Der Feldmarschall von Sachsen benuzte diesen Umstand. Er ließ
einige Brigaden seines Mittelpunks linksum machen,
und von der Seite fiel er die Schaar des Herzogs von
Cumberland, die schon zu weit vorgedrungen war, mit
einer solchen Lebhaftigkeit an, daß er genöthigt ward,
sich in einem großem Vierek mit vielem Verlust zurükzuziehn.

Unser Mittelpunkt unter Anführung des Fürsten
von Wallbeck grif das Dorf Fontenoi an, welches sich
lebhaft vertheidigte und uns viele Leute kostete, ohne
daß wir es doch einnehmen konnten. Unser linke Flügel, der den schon erwähnten großen Graben vor sich
hatte, konnte nichts unternehmen, als das Feuer des
Feindes auszuhalten.

Ich ward vom Prinzen abgeschikt, um die Generale, welche den linken Flügel anführten, zu befehligen,
daß sie sich rechts ziehn und dem Mittelpunkt verstärken
sollten, der beim Angrif des Dorfs ungeheuer gelitten
hatte. Ich fand, daß verschiedene holländische Regimenter schon die Flucht ergriffen und dadurch eine große
Lükke in der Linie verursacht hatten; und daß ein Regiment Reiterei ebenfalls sieben Meilen vom Schlachtfelde
bis nach Brüssel geflohen war; wie wir hernach erfuhren

und daselbst die größte Bestürzung durch die Nachricht
verbreitet hatte, es sei alles verloren und die Generale
wären gefährlich verwundet oder geblieben *).

Die übrige Reiterei, einige Regimenter Fußvolk
und vorzüglich die holländische Leibwache, welche stets
ihren Ruhm zu erhalten gewußt hat, hielten gegen alle
Angriffe der Franzosen aus: allein indem man sich anschikte, die von mir gebrachten Befehle zu vollziehn, erhielt man schon Nachricht, daß man bloß auf den Rükzug zu denken hätte.

Der Herzog von Cumberland hatte das große Gehölz hinter uns gewonnen; und die französischen Völker,
die ihn dahin verfolgt hatten, kamen in guter Ordnung
zurük, um unsre rechte Seite anzugreifen. Man zog
sich also eilends unter das Geschüz der Stadt Ath, an-
derthalb Meilen vom Schlachtfelde.

Dieser merkwürdige Tag kostete auf beiden Seiten
viel Blut; den größten Verlust aber hatten die Enlän-
der. Man muß ihnen die Gerechtigkeit wiederfahren
lassen, daß man unmöglich dem Feinde mit mehr Festig-
keit, Zuversicht und Tapferkeit entgegen gehn kann.
Sie ließen sich zerhakken; und der Kampfplaz war mit
ihren verstümmelten Leichnamen bestreut. Sie verloren

E 2

*) Der Obriste dieses Regiments wurde für seine Feigheit be-
straft: er wurde nebst einem großen Theil der übrigen Offiziere kassiret.

viele von ihren Offiziren, und diese blutige Schlacht veranlaßte faſt in allen großen Häuſern der britanniſchen
Inſeln Trauer.

Ich ward während der Schlacht zwei oder drei mal
zum Herzoge von Cumberland geſchift, um ihm etwas
im Namen des Prinzen von Wallbeck zu ſagen: ich fand
ihn ſtets im ſtärkſten Feuer, an der Spitze ſeines Fußvolks. Weder er, noch die von ihm angeführte Schaar
dachte an uns. Sie fochten, als wenn ſie allein geweſen wären; und eben ſo zogen ſie ſich zurük: eben das
bemerkte ich wieder zwei Jahr nachher in der Schlacht
bei Lafeldt.

Dieſe Nation hat in der That etwas ſonderbares,
das ſie vor allen andern auszeichnet; die Weiber ſelbſt
behalten ihr ganzes kaltes Blut in den größten Gefahren,
und mitten unter den Greueln des Blutbads. Ich ſah
ein auffallendes Beiſpiel davon, welches wohl des Er-
zählens werth iſt.

Eine Engländerinn war damit beſchäftigt, auf dem
Schlachtfelde die Treſſen von der Uniform eines eben getödteten Offiziers zu trennen. Ich ritt nahe bei ihr vorbei; und in dem Augenblik nahm eine Kanonenkugel ihr
den Kopf fort. Eine andere Engländerinn, die ihr Kind
auf dem Arm hatte, ward dieſen Zufall gewahr. Sie
legte das Kind an die Erde, nahm das Meſſer, was
jene gebraucht hatte, und vielleicht in ihren Händen
noch feſt hielt; und ohne Zweifel trennte ſie die Treſſen

vollends mit völliger Gleichgültigkeit ab, wenn nicht (welches ich nicht weiß, da ich meinen Weg fortsezte) eine neue Kanonenkugel sie, eben so wie die vorige, tödtete.

Unser Heer hielt sich zwei Tage in Ath auf, um unsern Flüchtlingen Zeit zu lassen, daß sie sich wieder sammlen konnten, und um sich wieder zu erholen.

Die schweizerischen und deutschen Regimenter, welche im Dienst der Republik Holland waren, zeichneten sich auch sehr in dieser Schlacht aus, und verloren viel Leute. Der allgemeine Verlust in beiden Armeen betrug überhaupt über zwanzigtausend Mann.

Der Herzog von Cumberland blieb unverlezt, aber der Marschall von Königseck, der alt, von Podagra geplagt, und also nothwendig ein schlechter Reiter war, hatte das Unglük vom Pferde zu stürzen und sich zu verwunden, da er das Regiment Reiterei, von dem ich eben erzählt habe, auf der Flucht wieder sammlen wollte.

Dem Prinzen von Wallbeck wurden zwei Pferde unter dem Leibe erschossen, er nahm aber keinen weitern Schaden. Unter den Offizieren seines Gefolgs war ich noch einer der glüklichsten: mir wurde bloß ein Pferd unterm Leibe erschossen: aber ich hatte einen schwedischen Bedienten, der mich nicht verließ und meine Pferde führte; und da ich nicht viele zu verlieren hatte; so befahl ich ihm, sich von den Orten zu entfernen, wo das Feuer am lebhaftesten war. Er bestand darauf zu

bleiben, um eine Schlacht in der Nähe zu sehn. Einige Augenblikke nachher sah ich ihn zu Fuß und in Verzweifelung darüber, daß er noch zwei von meinen Pferden hatte todt schiessen lassen. Da ich dicht neben ihm
vorbei ritt; so machte ich ihm viel Vorwürfe wegen
seiner Unbesonnenheit. Demungeachtet drang er nicht
weniger, auf die Erlaubniß bleiben zu dürfen; und bald
sah ich ihn auf einem sehr guten Pferde zu mir reiten,
stolzer, als wenn er die Schlacht gewonnen hätte, indem er mir zwei gute Reitpferde mit Sattel und Zeug
zuführte. Er hatte sie auf den Schlachtfelde erbeutet.
Ich freute mich über seinen Eifer und verzieh ihm.

Nur zufälliger Weise hatten wir unsern Standort
unter dem Geschüz von Ath genommen. Wir wählten
uns also einen andern Lagerort bei der Stadt Lessina.
Dieser war für uns vortheilhafter, theils in Ansehung
seiner Größe, theils, weil er von einem Fluß gedekt war.
Wir blieben hier in Ruhe, acht Meilen weit von der französischen Armee entfernt, welche die Belagerung von Tournai fortsezte und den Ort eroberte.

Indessen wurde von beiden Seiten der kleine Krieg
wieder angefangen. Herr von Cornabe ein schweizeri-
scher Offizier und erster Adjutant beim Fürsten von Wallbeck, zog von Zeit zu Zeit mit mehr oder weniger Leuten
Erkundigung von den Stellungen des feindlichen Heers
ein. Ich ersuchte ihn um die Erlaubniß, ihm als Adjutant folgen zu dürfen. Aus seiner Antwort merkte

ich, daß er es nicht gerne fähe, wenn ihn jemand begleitete und feinen Ruhm theilte: da er mir aber die Erlaubniß nicht förmlich abgeschlagen hatte; so hielt ichs
für rathfam, fie mir zu nehmen; und da ich in der folgenden Nacht den Augenblik hatte ausforschen laffen,
wo er ausging, fo ftieg ich zu Pferde und schloß mich
hinten an feinen Haufen an, um fehn zu können, was
vorginge. Man machte Halt. Ich ging zu ihm, um
mich wegen der Freiheit zu entschuldigen, mit der ich
ihm folgte: ich fagte ihm, es fei für mein Alter natürlich, daß ich die Gelegenheiten zum Unterricht in meinem Berufe auffuche, ich hofte alfo, er werde meine
Aufführung nicht misbilligen; und übrigens könne er
mich ganz nach Belieben zur Verfendung feiner Befehle
brauchen. Er antwortete mir fehr artig, daß meine
Abfichten fehr lobenswerth wären, und daß es ihm fehr
angenehm fei, an mir einen Gefellschafter zu haben.
Nach der Zeit wurden wir vertraute Freunde; und nie
werde ich alle die Beweife der Achtung und der Zuneigung vergeffen, die er mir unaufhörlich bei jeder Gelegenheit gab.

Unterdeffen wir uns unterhielten, benachrichtigten
uns die vorgedrungenen Patrullen, daß man einige hundert Mann Fußvolk gewahr geworden fei. Wir hatten
nicht mehr bei uns als zweihundert Dragoner und hundert Mann zu Fuß. Herr von Cornabe rekognofcirte
den Feind, der beim Anblik unfrer Reiterei fich ftets im

E 4

Gehölz hielt. Wir griffen ihn in demselben an. Ein panisches Schrekken überfiel sie alle; und sie warfen sich in ein Dorf, das sie erreichten, ehe unser kleine Haufen Fußvolk zu uns stoßen konnte. Ich bat mir hundert Dragoner aus, um sie abzuschneiden; stieg mit der Hälfte meiner Mannschaft vom Pferde, und überfiel sie so plözlich, daß sie das Dorf verließen, nachdem sie dreißig Mann an Getödteten und Gefangenen verloren hatten. Durch diese erhielten wir eine genaue Kenntniß von der Lage des Feindes und von den Fortschritten der Belagerung von Tournai.

Wir kehrten ins Lager zurük, und der Kommendant war so zufrieden mit meinem Betragen bei dieser Gelegenheit, daß er mich nicht nur mit seiner Achtung und Freundschaft beehrte, sondern auch einen so vortheilhaften Bericht an den Fürsten von Wallbeck erstattete, daß mich dieser seitdem mit seinem ganzen Zutrauen, und mit seiner Gewogenheit beschenkte.

Wir hatten mehr dergleichen kleine Vorfälle: aber bald erfuhren wir, daß die belagerte Stadt eingenommen und das französische Heer gegen uns auf dem Wege sei. Es war uns unmöglich, das Lager zu vertheidigen, worinn wir standen; und wir zogen uns in drei Tagereisen bis Brüssel zurük, stellten unsern rechten Flügel gegen diese Stadt, und den linken gegen Vilvorden, vor uns aber behielten wir den Kanal, der diese beiden Städte mit einander verbindet.

Der Feldmarschall von Sachsen glaubte dieses Lager nicht angreifen zu können. Er schränkte sich darauf ein, den ganzen Strich Landes in Besitz zu nehmen,
den wir verlassen hatten, Lebensmittel und starke Kontributionen daraus zu ziehn, die Vestungen zu belagern,
die sich darinn befanden, und die sich zu schlecht vertheidigten, um ihn lange aufzuhalten.

Während dessen erhielten wir die angenehme Nachricht, daß die Engländer in Amerika sich zu Herrn des
Kap Breton gemacht hatten. Die Offiziere dieser Nation, welche in unserm Heere standen, behaupteten,
durch diese einzige Eroberung würden sie reichlich für
alle ihre Kriegskosten entschädigt.

Eine zweite Neuigkeit vermehrte noch unsre Freude,
oder, um mich genau auszudrükken, brachte den Kummer aus unserm Gedächtniß, den wir über den schlechten Erfolg dieses Feldzugs empfanden. Das war die
Nachricht von der Wahl Franz I zum römischen
Kaiser.

Man glaubte damals, diese Begebenheiten durch
Feste und Ergötzlichkeiten, so wohl im Heer als in Brüssel feiern zu müssen, obgleich die Feinde uns zwei Drittheile der Niederlande abgenommen, und die Oesterreicher unter dem Prinzen Karl, des Kaisers Bruder,
zwei Schlachten gegen den König von Preußen verloren
hatten.

E 5

Wir blieben in unserm Lager bis zu Ende des Feldzugs ruhig, und vorzüglich deswegen in unsrer Unthätigkeit, weil der Herzog von Cumberland durch einen
Courier, welchen der König sein Vater an ihn sandte,
die Nachricht erhielt, daß der Prätendent in Schott-
land mit einigen französischen Truppen gelandet sei, daß
die Einwohner dieses Königreichs sich großentheils für
ihn erklärt hatten; und daß er auf London zuginge. Zugleich ward der Herzog von Cumberland befehligt, sich
eilends mit den englischen und heßischen Truppen auf die
Transportschiffe, die Seine Majestät zu diesen Behuf
schon geschikt hatte einzuschiffen, und schnell zur Rettung
des Vaterlandes herbei zu eilen.

Er ging mit seiner Schaar ab, kam glüklich nach
England, ging sogleich dem Prätendenten entgegen, schlug
ihn bei Collvedert, und zertrümmerte alle die schönen
Hofnungen, die man auf dieß Unternehmen gebauet
hatte.

Unser Heer blieb in seiner vormaligen Ruhe. Man
schränkte sich auf den kleinen Krieg ein. Der Fürst von
Wallbeck erhielt von den Generalstaaten, daß man so
viel leichte Truppen ausheben wollte, als nöthig wären,
um die Vorposten zu besezzen, und die regelmäßigen
Truppen wieder vollständig zu machen, welche bei den
Scharmüzeln und immerwährenden Märschen viel gelitten hatten.

Man zog aus Baiern ein ganzes Regiment Husaren; denn der Kurfürst hatte mit dem Wiener Hofe Frieden gemacht, und um seine Einkünfte und sein Land zu verbessern, das unter der Regierung seines Vaters, Kaiser Karl VII gänzlich erschöpft war, faßte er den Entschluß einen Theil seiner Kriegsvölker eingehn zu lassen.

Zu diesem Regiment, das aus Baiern zu uns kam, und sich schon auf dem Wege befand, gab man noch zwei Freikompagnien von hundert und funfzig Mann zu Fuß, funfzig Dragoner und eben so viel Husaren. Diese kleinen Schaaren nahm man aus den französischen Ueberläufern, die in großer Anzahl ankamen und sogar hinreichten, um noch zwei neue Kompagnien daraus zu machen.

Der Fürst von Walldeck bot mir die erste derselben an. Ungeachtet ich damals gar keinen Begrif von dieser Art von Kriegsvölkern hatte, nahm ich sie, jedoch erst nach vielen Weigerungen, an. In der Folge verdankte ichs dem Fürsten gar sehr, daß er mich dazu beredet hatte, denn meine Besoldung stieg bald auf achthundert Dukaten, und diese ward mit viel Genauigkeit ausgezahlt, welches ich, die Wahrheit zu gestehen, eben nicht erwartet hatte: man weiß, daß die Republik Holland in Kriegszeiten ihre Soldaten sehr gut bezahlt. Dagegen bezahlt sie dieselben in Friedenszeiten sehr schlecht.

Die erste dieser Kompagnien ward mir also, er=
wähnter Maaßen, zu Theil; aber so wie die andern aus=
gehoben und einigermaaßen in den Waffen geübt waren,
gab sie der Fürst ebenfalls unter meine Anführung; und
ich sparte weder Mühe noch Sorgfalt, um sie immer=
bar in Thätigkeit zu erhalten.

Der erste mir angewiesene Posten war die Vor=
stadt von Brüssel von der Seite des Feindes, welcher
eine Tagereise von da, nahe bei der Stadt Alost im
Lager stand, wo Ludwig XV und der Feldmarschall von
Sachsen ihr Hauptquartier errichtet hatten. Diese
Nähe beider Armeen veranlaßte häufige Scharmützel;
und da die Generale von beiden Seiten oft die Stellun=
gen und die Gegend rekognoscirten; so waren wir alle
Tage handgemein. Dennoch fiel eben nichts merkwür=
diges vor, und ich erinnere mich nur einer einzigen son=
derbaren Begebenheit, die ich, zu verschweigen, mich
nicht entschließen kann.

Ein Haufe von dreihundert Franzosen war hervor=
gerükt, und hatte einen Offizier mit funfzig Mann vor=
ausgeschikt, um meinen Posten anzufallen. Ich ging
sogleich mit meiner ganzen Mannschaft hinaus, um sie
zurükzutreiben. Sie stellten sich bei meiner Annäherung,
als ob sie zurükwichen. Ihre Absicht war, mich in
einen Hinterhalt zu loken. Ich gab an einen Offizier
funfzig Mann ab, mit dem Befehl sie zu verfolgen;
und ging zur Rechten und zur Linken (bekanntlich ist die

Gegend von Brüssel voller Kanäle) mit zwei andern kleinen Haufen von eben dieser Stärke vorwärts. Meine übrige Mannschaft zu Fuß und zu Pferde sollte mir langsam folgen, um mich im Nothfall unterstüzzen zu können.

Von ohngefähr erkannte der Offizier, welcher die funfzig Mann anführte, die ich zur Verfolgung der erwähnten funfzig Franzosen abgeschikt hatte, denjenigen, der an ihrer Spizze war, da er in Frankreich mit ihm unter einem Regimente gedient hatte; und in der Hizze des Gefechts ruft er ihn ganz laut bei Namen. Dieser erkannte ebenfalls seinen ehemaligen Mitgenossen: die beiden jungen Thoren halten im Feuern an und umarmen sich. Ich erstaunte sehr über diese Unterbrechung und eilte hinzu, um zu sehn, was es gäbe. Ich fand sie beide im Wortwechsel, da hingegen ihre Soldaten mit dem Gewehr auf der Schulter, sich begnügten, bei diesem warlich komischen Auftritt bloß Zuschauer zu sein. Es kam ihnen darauf an zu wissen, wer von beiden Kriegsgefangener sei. Das schien mir höchst sonderbar. Ich sagte zum französischen Offizier, er solle den Befehlshaber ihres ganzen Haufens rufen lassen; und dadurch entdekte ich, daß noch andre Mannschaft im Hinterhalt sei. Ich schikte sogleich einen Unteroffizier ab. Einen Augenblik darauf kam der Anführer, ein Obristlieutenant, nebst allen Offizieren des Haufens, die aus Neugierde ihm folgten. Ich behauptete, er müsse die

sem Offizier und seinen funfzig Mann befehlen, sich uns
zu Kriegsgefangenen zu ergeben: und er dagegen, daß
ich den meinigen eben diesen Befehl geben müße. Ich
ward im Ernst böse, erklärte ihm, daß er nur zu seiner
ganzen Mannschaft zurükkehren sollte, und daß wir
dann bald sehn würden, wer von uns beiden dem andern
Geseze vorschreiben sollte.

Während dieses heftigen Wortwechsels kam der
Fürst von Wallbeck mit verschiedenen andren Generalen die
das Musketenfeuer gehört hatten, gleichfalls an. Beim
Anblik aller französischen Offiziere, erkundigte sich der
Fürst, was vorging. Einer von meinen Lieutenants
erzählte es ihm. Ich war nicht mehr da; und hatte
eben meine Veranstaltungen gemacht, um den Feind zu
umzingeln. Der Fürst ließ sogleich alle Offiziere gefangen nehmen. Ich lief herbei, um ihm vorzustellen,
daß sie nur auf mein Wort gekommen wären, und bat
ihn inständigst, sie zu ihrer Schaar zurükzuschikken. Ich
versprach ihm zugleich, sie ihm, nach der kurzen Zwischenzeit von einer halben Stunde, als Gefangene wie-
derzubringen, da ich ungezweifelt den Ort wußte, wohin sich der ganze Haufe in Hinterhalt gelegt hatte. Er
fand es, so wie auch die andern Generale, sehr sonderbar von mir, daß ich das Gefecht wieder anfangen wolle. Ich mochte ihm immerhin sagen, daß ich nicht umhin könnte, so zu handeln, da ich mein Wort von mir
gegeben hätte; er antwortete mir, da diese Offiziere die

Thorheit begangen hätten, sich von ihrer Mannschaft zu entfernen, so hätten sie alles sich selbst zu verdanken; überdem gewinne die Sache durch seine Gegenwart ein anderes Ansehn, da er sein Wort nicht gegeben habe; und er befahl mir, bloß einen Offizier nebst einem Trommelschläger abzuschitten, um den ganzen im Hinterhalt liegenden Haufen zur Uebergabe aufzufordern. Ich gehorchte: die feindliche Mannschaft, ihrer Anführer beraubt, streckte gutwillig die Waffen; und wir kehrten zu unsern Posten zurük und ließen unsre Gefangene dreihundert Gemeine und elf Offiziere in die Stadt führen.

' Der Feldmarschall von Sachsen, welcher wegen unsrer Stellung sich außer Stand sah, während der übrigen Zeit dieses Feldzugs, etwas von Wichtigkeit zu unternehmen, schitte nach allen Seiten Haufen ab, um Kontributionen zu heben. Ein Regiment, daß er von Ulanen und Dragonern errichtet hatte, und das seinen Namen führte, bakam diesen Auftrag: allein die Soldaten wagten sich zuweilen so weit, daß die unsrigen eine große Menge von ihnen nebst den Summen in die Hände bekamen, die sie den armen Einwohnern abgefordert hatten.

Wir gebrauchten Repressalien. Man befahl mir, inen Einfall in Frankreich zu thun und so viel Kontribution zu heben, als möglich. Ich nahm zweihundert Mann zu Pferde und eben so viel zu Fuß; ließ meine übrige Mannschaft in den Vorstädten von Brüssel um

ben feindlichen Angriffen zu widerſtehn, und
mich auf den Weg. Ich ging Tag und Nach
wenn meine Leute der Ruhe bedurften, ſo verk
mich im Gehölz. So durchſtrich ich den ganzen
gau, wo ich anſehnliche Kontributionen eintrieb;
nach drei Wochen kam ich wieder, um von meinem
trage Rechenſchaft zu geben.

Es kann kein Geſchäft geben, das unangene
und peinlicher für ein empfindbares Herz wäre als t
Wie ſollte man nicht leiden, wenn man in der gr
men Notwendigkeit iſt, Unglükliche zu machen!
war meine erſte Verrichtung dieſer Art, und glük
weiſe für mich auch meine lezte.

Als ich zur Armee zurükkehrte, war man et
Begrif, die Winterquartiere zu beziehn. Die F
ſen hatten eben die ihrigen bezogen; und der Fel
ſchall von Sachſen war wegen ſeiner Unpäßlichkeiten
Paris gereiſt. Er ward bald wieder hergeſtellt.
kehrte er noch im Winter zurük, um uns einen z
ſchlimmen Streich zu ſpielen, wie man hernac
wird.

Ich erhielt Befehl mit der mir untergebenen
ſchaft in der Vorſtadt von Brüſſel zu bleiben, u
die Bewegungen des Feindes zu wachen, und ſein
ſche und Stellung zu beobachten. Ich hatte ver
ne Scharmüzel mit ihrem Nachtrab; und oft h
Vortheil in denſelben; denn ich nahm ihnen

hundert Gefangene ab, worunter sich auch verschiedene
Offiziere befanden.

Endlich bezog man von beiden Seiten die Win=
terquartiere; und ich begab mich wieder auf meinen Po=
sten, von wo ich Bericht wegen meiner Unternehmung
an den Fürsten von Walldeck abstattete, der mit dem
größten Theil des holländischen Fußvolks und zwei Regi=
mentern Reiterei, eins von Dragonern, das andere von
Husaren, sich in der Stadt befand. Der übrige Theil,
wurde weiter hinten hingestellt, so wie die hannöveri=
schen Truppen.

Von Oesterreichern hatten wir nur zwei Regimen=
ter Husaren und zwei von Fußvolk. Der König von
Preußen gab der Kaiserlichen Armee in Böhmen und in
Sachsen so viel zu thun, daß es unmöglich gewesen war,
uns nur einige Verstärkung zu schicken, ob wir gleich
durch den Abzug der Engländer, die des Prätendenten
wegen zurückgerufen wurden, ansehnlich geschwächt
waren.

Der Anfang des Winters ging sehr ruhig hin.
Auf die Kriegszüge und Waffenübungen folgten Feste,
welche dadurch veranlaßt waren, daß der Großherzog
von Toskana zum kaiserlichen Thron gelangte. Der
Fürst von Walldeck, der seine Gemahlinn nach Brüssel
kommen ließ, machte ein glänzendes Haus, so wie eben=
falls der Fürst Kaunitz, der damals unter dem Titel
eines bevollmächtigten Ministers an der Spizze der

F

niederländischen Regierung stand. Außerdem war noch
eine Menge großer Herren da, die mit eben so großer
Pracht Haus hielten: so daß man sich sehr angenehm ver=
gnügte und fast vergessen konnte, daß man Krieg führte.

Ich war nur fünfundzwanzig Jahr alt; und folg=
lich nicht wenig eifrig, alle Vergnügen zu genießen. Ich
bedauerte weiter nichts, als daß sie für mich besonders
nicht lange währen würden, da ich auf dem mir ange=
wiesenen Posten mehr als irgend jemand immer auf
meiner Hut seyn mußte. Eines Abends befand ich
mich in einer Gesellschaft an dem Spieltisch einer sehr lie=
benswürdigen Dame, die mir nichts weniger als gleich=
gültig war. Der Fürst von Wallbeck kam sehr spät,
rief mich, so bald er mich gewahr ward, und sagte mir
ins Ohr, er habe so eben durch seine Spione Nachricht
erhalten, daß ein Haufen Franzosen von der Besazzung
in Ath die Stadt verlassen habe, um Kontributionen ein=
zutreiben, und bis zwei Meilen von Brüssel vorgedrun=
gen sei. Er nannte mir die Abtey, in die man sie hat=
te hineingehn sehn, und befahl mir sogleich abzugehn, um
sie zu verfolgen und das Land von ihnen zu säubern.
Ich verließ den Spieltisch, obgleich nicht gern; und
damit niemand merken könne, was vorgehe; so bat ich
jemand, meine Karten zu nehmen.

Ich sammelte sogleich meine Leute: allein ich hatte
vergessen, den Prinzen um die Stärke des feindlichen
Haufens zu befragen. Auf gut Glük nahm ich also

zweihundert Mann zu Fuß und hundert Dragoner und Husaren. Es war Mitternacht. Ich ging auf die genannte Abtey los: aber bey meiner Ankunft erfuhr ich, daß die Franzosen gerade um Mitternacht weggezogen wären. Die armen Mönche waren höchst betrübt über den Verlust ihrer ganzen Baarschaft. Sie wußten nichts von dem Wege, den der Feind genommen hatte.

Ich ließ meine Mannschaft ungefähr zwei Stunden in einer Scheune ausruhn und die Pferde füttern. Unterdessen forschte ich nach, ob man in den benachbarten Dörfern nicht Hunde bellen gehört habe; kein Mensch aber konnte mir die geringste Nachricht von dem Feinde geben: er war so vorsichtig gewesen, bei der Rückkehr alles seitwärts liegen zu lassen, ohne einzukehren, um desto besser seinen Weg zu verheimlichen.

Ich nahm also den Weg, von dem ich voraussetzen zu müssen glaubte, daß ihn der Feind genommen habe; und mit Tagesanbruch schickte ich zur Rechten und zur linken Patrullen auf Kundschaft aus.

Endlich brachte mir einer von meinen Leuten eine Frau, die den Feinden den Weg hatte zeigen müssen, und ohne Zweifel schlecht dafür belohnt war, denn sie bezeigte eben so viel Eifer mir den Ort zu bezeichnen, wo sie sich aufhielten, als ich fühlte, sie zu treffen. Ich erfuhr von ihr, daß es lauter Fußvolk sei.

Ich zog meine Patrullen wieder an mich; und ging auf den Ort zu, wo die Frau sie verlassen hatte. Nach-

dem

dem ich eine Viertelmeile gemacht hatte, erzählte mir
ein Bauer, daß der feindliche Haufe in dem Dorf, wo
ich mich jezt befand, sich habe zu essen und zu trinken
geben lassen, und sich in das Schloß begeben habe, was
ich vor mir hatte, um sich auszuruhn. Ich schloß, daß
er mir an der Zahl nicht sehr überlegen sein könne, da
ein einziges kleines Dorf Lebensmittel genug für ihn gehabt hätte.

Ich sandte ganz stille und so heimlich als möglich
meine hundert Reiter ans andere Ende des Dorfs und
befahl ihnen sich im Hinterhalt zu legen, bis der Feind
auf sie zukäme, oder sie von mir neue Befehle erhalten
würden.

Ich rükte mit meinem Fußvolk ins Dorf, in der
Absicht sie zu überfallen. Es gelang mir, ob es gleich
heller Tag war. Sie warfen sich sogleich in das alte
Schloß, verrammelten alle Thüren desselben und feuerten auf uns aus den Fenstern. Ich umgab das Schloß:
stellte an den Eingang einen Offizier mit funfzig Mann,
um sie zu hindern, daß sie nicht mit Gewalt herausbre-
chen sollten. Ich zog meine Reiterei an mich. Die
Husaren mußten etwas vorwärts gehn, damit sie mich
sogleich benachrichtigen konnten, wenn etwa Hülfsvölker
für sie ankämen. Die Dragoner mußten absizzen, um
sie besser bei einem etwanigen Ausfall zurükzutreiben;
und hernach ließ ich sie durch einen Offizier und einen
Trommelschläger zur Uebergabe auffordern. Sie wei-

gerten ſich, ohne Zweifel in der Hofnung mir im Dunkel der Nacht zu entwiſchen. Ich ließ alſo Feuer ans
Schloß legen, und ſie zogen ſich in einen alten Thurm.

Herr von Cornabe, mein Freund, erſter Adjutant
des Fürſten von Walldeck war mir den folgenden Tag
mit dreihundert Dragonern gefolgt, um mich im Nothfall zu unterſtützen. In der Entfernung einer Meile
hatte er unſern Angrif gehört, und ließ mir ſeine Annäherung und zugleich die Verſtärkung, die er mir bräch-
te, melden.

Ich antwortete ihm, der feindliche Haufe ſei ſchon
eingeſchloſſen; er könne ſeine Mannſchaft ruhen laſſen,
und habe nicht nöthig ſie weiter abzumatten; allein
wenn er ſelbſt zu mir kommen wolle, ſo werde es mir
ausnehmend angenehm ſein.

Er eilte zu mir, und wir überlegten zuſammen,
was zu thun ſei. Um Mitternacht forderten wir ſie
nochmals zur Uebergabe auf: aber ſie blieben feſt in ihrem Thurm.

Gegen Tagesanbruch war ich im Garten unter einem Baum eingeſchlafen, überwältigt von den Strapazen und äußerſt geſchwächt durch ein viertägiges Fieber,
das ich ſchon über zwei Monate hatte. Mein Freund,
der mich nicht im Schlaf ſtören wollte, ſandte eine neue
Aufforderung an ſie mit der Drohung, daß er einige
Fäſſer Pulver herbeiſchaffen würde, um ſie in die Luft
zu ſprengen, und unter den Trümmern ihrer Freiſtabt

zu begraben, wenn sie länger in ihrer Hartnäckigkeit beharrten. Diese Drohung bestimmte sie zur Uebergabe: und ich ward sehr angenehm von meinem Freunde geweckt, der mir die neun gefangenen Offiziere, unter welchen auch der Obristlieutenant, ihr Anführer, war, vorstellte. Der Haufe war nur zweihundert Mann stark.

Auf meiner Seite waren bei diesem Vorfall ein Offizier und vier Soldaten getödtet, und ein Offizier und vierzehn Soldaten verwundet. So kehrten wir nach Brüssel zurük: ich legte meine Leute wieder in ihre Quartiere; und nach dem Genuß einiger Ruhe ging ich wieder in die Stadt, um mich zu ergözzen und die Lebensart, die auf drei Tage unterbrochen war, fortzusezzen, und zu gleicher Zeit die Aerzte um Rath zu fragen, wie ich mein viertägiges Fieber los werden könnte.

Der Fürst fand es rathsam, Besazzung in Nivelle zu legen, das sechs Meilen von Brüssel entfernt ist, um dadurch in Zukunft das Umherschweifen des Feindes im Lande zu hindern, und ihn mehr in Furcht zu halten. Zu dem Ende nahm er aus der Stadt einen Major mit zweihundert Schweizern; und ich erhielt ebenfalls Befehl, mich mit meiner Mannschaft dahin zu verfügen.

Ich mußte also mit Bedauren Brüssel verlassen, wo ich einige Bekanntschaften gemacht hatte, die mir nicht

wenig am Herzen lagen. Wir nahmen unfre Stand-
quartiere in Nivelle.

Diese kleine Stadt war mit einer ziemlichen Mauer
und einem trofnen Graben umgeben. Es ist daselbst
ein Fräuleinstift, worinn vierzig Stiftsfräulein aus den
ersten Familien des Landes sich befanden, und wir hof-
ten, unsre Winterquartiere da recht schön zu finden.
Gewöhnlich ist eine Prinzeßinn Aebtißinn dieses Stifts.
Wir fanden darinn verschiedene überaus liebenswürdige
Stiftsfräulein. Selbst in der Stadt waren eine Menge Standesperfonen, die nicht bemittelt genug, um die
Kosten tragen zu können, die mit dem Aufenthalt in
großen Städten verbunden sind, sich hier aufhielten,
um wohlfeiler zu leben.

Sobald wir die nöthigen Anordnungen getroffen
und alles veranstaltet hatten, was mit dem Dienst in
Beziehung und zu unsrer Sicherheit nothwendig war;
so machten wir der Aebtißinn unsre Aufwartung: sie
nahm uns sehr gnädig auf, lud uns auf den folgenden
Tag zum Abendessen ein, und bat uns hernach, die Assembleen zu besuchen, welche sie gewöhnlich zweimahl
wöchentlich hielte. Die Pröbstinn folgte ihrem Beispiel; und auch bei ihr war zweimal wöchentlich Assem-
blee. Man erlaubte uns zu gleicher Zeit, einen Ball
zu geben, um die Ergözlichkeiten vollständig zu machen,
so daß wir unsern Winter sehr angenehm zubrachten.
Jeder Offizier sorgte dafür, sich zu einem von diesen

F 4

Stiftsfräulein zu halten, und ich vergaß mich selbst auch
nicht. Ich machte Cour bei einer jungen Dame, mit
welcher ich schon in Brüssel bekannt geworden war. Sie
war zu ihren Anverwandtinnen gekommen, die sie im
Stifte hatte, und welche sie fleißig, und gewöhnlich auf
lange Zeit, besuchte. Sie war schön, liebenswürdig
und von einem sehr anziehenden Betragen: sie liebte
die Tonkunst und ihre Stimme war sehr angenehm. Ich
verabsäumte nichts, um mich in ihrer Gunst festzuse-
zen: da ich Klavier spielte; so machte ich mir das Vergnügen, ihren Gesang so oft damit zu begleiten, als es
ihr zu singen beliebte; und in solchen Augenblikken unterließ ich nicht, ihre Reize und alle ihre schönen Eigenschaften zu preisen: sie aber, von Natur lebhaft, reizend, aufgeräumt, warf mir dagegen eine Dame vor,
bei welcher sie mich in Brüssel sehr geschäftig gesehn hatte. Alle meine Versicherungen, daß mich nie eine andere gefesselt habe, waren vergeblich, und ich konnte sie
nicht abhalten, sich darüber Aufklärung zu verschaffen,
und mir einen eben so sonderbaren als unerwarteten
Streich zu spielen. Ich gestand ihr, daß die Dame,
von welcher sie mit mir sprach, ohne Zweifel viel Verdienste habe, und daß man sie mit Recht sehr liebenswürdig finde: allein, ungeachtet ich sie stets sehr hoch
geschäzt habe, so hätte ich sie doch nie mit ihr zu verglei-
chen gewagt. Sie antwortete, meine ganze Beredsamkeit könne sie nicht überzeugen; und es werde ihr

schon noch einst gelingen, von mir das Geständniß der zärtlichen Empfindungen gegen dieselbe zu erpressen, die ich ihr jezt verheelte. Diese kleine Eifersucht behagte mir gar sehr. Ich fuhr in meinen Aufwartungen bei ihr fort, und wiederholte ihr immer dieselben Versicherungen; und sie ihrerseits hörte nicht auf, mir ihre Vorwürfe zu machen. Unterdessen erhielt ich einst aus Brüssel einen Brief von der gedachten Dame folgendes Inhalts:

„Mein Herr!

„Ich sehe mich genöthigt, eine Tante in Mons „zu besuchen; und werde ziemlich nahe bei ihrem Be- „sazzungsort verbeireisen. Wollen Sie wohl die „Gefälligkeit haben, übermorgen in G.... zu mir „zu kommen, ich bin begierig, Sie zu sprechen, und „Ihnen eine sonderbare Begebenheit zu erzählen, die „mir neulich begegnet ist, und die Ihnen viel Ver- „gnügen machen wird. Ich schmeichle mir damit „nach allen den von Ihnen erhaltnen Freundschafts- „beweisen.

Brüssel, den 14ten Jänner 1746.

Ich war ganz entzükt über diesen Brief; und mir war nichts angelegentlicher, als meine Veranstaltungen zu treffen, um mich am bestellten Ort einfinden zu können. Die Feinde zeigten sich täglich in der Gegend von

F 5

Nivelle. Ich beorderte zum folgenden Tage funfzig Husaren und Dragoner unter dem Vorwande auf Kundschaft auszugehn.

Den Abend war ich mit jener Dame in Gesellschaft. Sie schlug mir für den folgenden Tag eine Landparthie zu ihren Eltern vor, die nicht weit von der Stadt wohnten. Ich bat sie, dieselbe auf einen andern Tag zu verschieben. „Was haben Sie denn morgen so „wichtiges zu thun, um es auszuschlagen?" Ich antwortete voll Zuversicht und Heiterkeit, daß ich nach dem Feinde zu das Land rekognosciren müsse. Sie hörte meine Antwort und schien sich damit zu beruhigen; und unser gewöhnliche Streit erneuerte sich. Den folgenden Tag war die befehligte Mannschaft mit Tagesanbruch vor meiner Thür, und da ich eben zu Pferde steigen wollte, brachte man mir folgendes Billet:

„Geben Sie sich nicht die Mühe, mein Herr, der „Frau von * * * * * entgegen zu reiten. Sie ist ganz „ruhig in Brüssel und ich habe Ihnen diesen kleinen „Streich gespielt. Werden Sie nun noch gegen „mich behaupten, daß sie Ihnen gleichgültig ist? „Ich erwarte Sie heute Abend in der Gesellschaft, „um mit meinem Triumph zu prangen."

„Nivelle den 16ten Jänner 1746, bei Tages„anbruch.

Man kann sich leicht vorstellen, wie bestürzt ich war, als ich das Billet las; um aber meine Verwir-

rung nicht merken zu laffen, feste ich mich zu Pferde und
zog mit meinen Leuten aus, als wollte ich die Patrulle
machen, die meiner Zufammenkunft zum Vorwande
dienen follte.

Nach Verlauf einiger Stunden kehrte ich in meine
Befaßung zurük. Je mehr ich über meine Unbedacht=
famkeit nachdachte, um defto mehr fchämte ich mich,
Ich konnte nicht begreifen, wie ich ohne weitere Ueber=
legung diefen Brief für ächt genommen hatte, da ich
die Hand jener Dame in Brüffel gar nicht kannte: aber
was war zu thun?

Voll Schaam befchwört der Fuchs, ein wenig nur
zu fpät,
Daß man ihn fo nicht wieder hintergeht.

Ich ging den Abend zur Gefellfchaft, feft ent=
fchloffen, fo gut als möglich in Faffung zu bleiben.

Man empfing mich mit felbftgenügfamen Lächeln
und triumphirender Mine; indeffen war man fo diskret,
daß niemanden in der Gefellfchaft einfallen konnte, was
vorging. Wir endigten diefen ftummen Auftritt durch
einen Friedensfchluß.

Ich kam wieder in meinen alten Zug; und ich ge=
ftehe aufrichtig, daß mich diefe Dame gewiß gefeffelt
haben würde, wenn ich mich nicht vor meiner Abreife
aus Schweden mit dem Fräulein von W * * * verfpro=
chen gehabt hätte. Sie hat hernach einen franzöfifchen

Offizier geheirathet, der seinen Abschied nahm und sehr glüklich mit ihr in der Gegend von Nivelle lebt.

Das vier:ägige Fieber, das ich wieder bekam, und wovon mich keine Arznei befreien konnte, bestimmte mich zu einer Reise nach Brüssel, um die Aerzte zu befragen, damit ich vor Eröfnung des Feldzugs davon befreit sein möchte.

Der Fürst von Wallbeck war nach Haag gereißt und alle andere Generale waren in vollkommenster Ruhe. Ich hielt mich nur einige Tage in Brüssel auf, und kehrte in meine Besazzung zurück, wo ich alles eben so still und sicher fand. Wie groß war aber mein Erstaunen, als man mich den Tag nach meiner Ankunft mit Anbruch des Tages wekte und mir die Nachricht brachte, daß der Feind auf uns los gehe. Ich warf mich auf mein Pferd, um rekognosciren zu reiten, und ich merkte bald daß es kein blinder Lärm sei. Ich ward eine ganze Colonne gewahr, die mit beschleunigten Schritten sich uns näherte. Ich ritt augenbliklich zur Stadt zurük. Man schloß sogleich alle Thore, und verrammelte sie, und wir rüsteten uns, unsern Posten aufs beste zu vertheidigen. Kurz darauf hatten fünftausend Mann so wol Fußvolk als Reiterei die Stadt umgeben.

Wir wußten nicht, was wir von diesem Unternehmen denken sollten; denn ein Ueberfall mitten im Tage ist nicht gut möglich; und die Belagerung eines Orts wie

Nivelle, verlohnte sich nicht zu unternehmen: aber bald sahen wir, was unsre Feinde zur Absicht hatten.

Der Generallieutenant Marquis von Armentieres, führte diese Schaar an. So bald er seine Mannschaft um die Stadt vertheilt und seine Anordnungen getroffen hatte; schikte er uns einen Dragoneroffizier nebst einem Trommelschläger, die an ein Stadtthor kamen und mit dem Kommendanten zu sprechen verlangten. Man frug ihn um die Absicht seiner Sendung, er antworte, sein General verlange, daß man ihm einen Offizier von der Besazzung zuschikke; und er erbot sich, unterdessen in unsern Mauern als Geisel zu bleiben. Dieser Dragoneroffizier war Obristlieutenant.

Man schikte also einen von unsern Hauptleuten ab, jedoch mit dem Befehl, ohne Verzug zurükzukommen, wenn der französische General uns einen Vorschlag zur Uebergabe thun liesse.

Kaum war eine Stunde verflossen, so kehrte dieser Hauptmann zurük. Er berichtete uns, daß ihm der General gezeigt hätte, wie stark er wäre; wenn wir uns ihm übergäben, habe er gesagt, so würde er uns vortheilhafte Bedingungen bewilligen; wenn wir aber Widerstand versuchten; so würde er den Ort mit bewafneter Hand einnehmen; wir würden wol wissen, welchem Schiksal dann die Besazzung und die Einwohner ausgesezt wären, und besonders möchten wir an das Schiksal der Stifsfräulein benfen; wenn seine Grenadier durch Sturm in die Stadt brängen.

Wir wollten von keiner Kapitulazion hören; und schikten den Obristlieutenant zurük, den wir als Geisel erhalten hatten.

Eine halbe Stunde drauf fing eine Batterie an zu spielen, die der Feind auf einer Höhe angebracht hatte: sie that uns aber keinen weitern Schaden, als daß sie das Dach einiger Häuser zerschmetterte. Da wir kein grobes Geschüz hatten; so blieben wir ruhig auf unserm Posten. Das Fußvolk zog eine Linie um den Wall und unsre Husaren und Dragoner befanden sich auf dem Plaz versammlet, um hineilen zu können, wo es nöthig wäre.

Gegen die Nacht that man von einer Seite der Stadt einigemal einen verstellten Angrif, um dahin unsre Aufmerksamkeit zu richten, und auf der entgegengesezten bevestigte man Leitern, um die Mauer zu ersteigen. Da ich von einem Posten zum andern eilte, so befand ich mich von ohngefähr gerade an dem Orte, wo der Feind hinanstieg. Da die Schildwache Feuer gab; so eilte ich mit der Patrulle, die ich anführte, hinzu. Die nächste Wache kam in eben dem Augenblik herbei. Wir feuerten auf die Stürmenden so lebhaft, daß sie in der größten Verwirrung einer über dem andern zurükfielen, und daß sie bei ihrem Zurükzuge ihre Leitern, an der Mauer bevestigt im Stich ließen.

Dieser Lärm machte uns den übrigen Theil der Nacht
hindurch desto wachsamer; allein mit Tagsanbruch kam ein
Bauer unten an die Mauer und schrie uns zu, daß er
einen sehr wichtigen Brief habe. Wir zogen ihn mit einem Seil herauf. Der Brief war von einem benachbarten Edelmann, der mir meldete, daß der Feldmarschall
von Sachsen mit seinem Heer Brüssel belagert und daß
ein bei ihm durchgegangenen französischer Offizier dem
Marquis von Armentieres Befehl gebracht habe, seinen
Marsch zu beschleunigen und so schnell als möglich mit
seiner Mannschaft zu ihm zu stoßen.

Diese Nachricht so unangenehm sie sonst auch war,
stärkte unsern Muth. Da wir Proviantmangel und zu
unsrer Vertheidigung nur eine schlechte Mauer gegen eine so grosse Anzahl des Feindes zu vertheidigen hatten;
so konnten wir jeden Augenblick zur Uebergabe gezwungen
werden.

So bald der Tag anbrach, sahen wir die Franzosen vor uns vorbey, den Weg nach Brüssel nehmen.
Ich schikte meine Dragoner und Husaren aus, um sie zu
verfolgen. Sie brachten mir verschiedne von ihrem
Nachtrapp, von denen ich die Bestätigung der mir ge-
meldeten Nachricht erfuhr.

Der Marsch des Marschalls von Sachsen bei dieser Gelegenheit ist ein Meisterstük der Kriegskunst. Ob
gleich sein Heer vierzigtausend Mann stark war, so rükte
er doch so heimlich und so geschikt vorwärts, daß niemand

weder in Brüssel noch sonst wo daran dachte, bis auf den
Augenblik, wo er die Stadt belagerte und die Laufgräben eröfnete. Es war mitten im Winter. Wir glaubten, der Marschall von Sachsen sey in Versailles, wohin er sich beim Schluß des vorigen Feldzugs begab, und
sein Heer sei fern genug von uns in seinen Quartieren.
Man muß gestehn, sein Unternehmen war äusserst gewagt. Die Besazzung von Brüssel bestand aus siebzehn Bataillonen Fußvolk, einem Regiment Dragoner
und noch einem Regiment Husaren. Der übrige Theil
unsers Heers, nemlich Holländer und Hannoveraner (der
Herzog von Cumberland und seine Engländer und Hessen
hatten uns, wie ich schon erzählt habe, verlassen) konnte dem Ort in zehn oder zwölf Tagen zu Hülfe kommen.
Aber der Marschall von Sachsen wußte besser, was bei
uns vorging als wir selbst. Ihm war bekannt, daß Uneinigkeit, mehr oder minder, stets in einer verbündeten
Armee herrscht; daß alles dabei nur sehr langsam von stat-
ten geht; und auf diese seine Kenntniß bauete er ein Unternehmen, das man sonst als höchst gewagt ansehn kon-
te, und gänzlich hätte scheitern können.

Der Fürst von Waldeck, der sein Winterquartier
in Brüssel hatte, war seit vierzehn Tagen nach dem Haag
gereist, um dort die Entwürfe zum nächsten Feldzuge
zu verabreden. Ihm wurde durch einen Courier vom
Marsch des Feindes Nachricht ertheilt.

Sogleich reiste er aus Haag ab, um sich nach
Brüssel zu verfügen, aber er konnte nicht weiter als bis
Mecheln kommen, das vier Meilen weit davon liegt.
Er befahl dem ganzen Heer, sogleich zu ihm zu stoßen,
und wollte, so viel es ihn auch kosten möchte, die Be-
lagerer angreifen, zugleich sollte die Besazzung der Stadt
einen Ausfall thun, um alles, was sich ihnen in den
Weg stellte über den Haufen zu werfen.

Unser kleines Nivelle schien uns in viel zu grosser
Gefahr, seitdem das französische Heer vor Brüssel stand,
und zu gleicher Zeit von zu geringem Nuzzen, als daß
wir uns Mühe um seine Erhaltung hätten geben sollen;
wir überliessen es also seinem unglüklichen Schiksal und
beschlossen, zu unserm Heer zu stoßen, von dem wir
glaubten, daß es der Stadt Brüssel zu Hülfe eilen würde. Wir liessen unsre Sachen da und alles was unserm
Marsch hinderlich seyn könnte, vorzüglich wenn der Feind,
bei welchem wir nahe vorbey mußten, ohne einen zu grossen Umweg zu nehmen, uns unterwegs angreifen sollte.

Meine Sachen vertrauete ich jener liebenswürdigen
Dame an, die mir den schon erzählten Streich gespielt
hatte. Sie hatte die Güte, sie so sorgfältig aufzube-
wahren, daß sie mir hernach wohlbehalten zugestellt wurden, troz der Drohungen der Franzosen, die nach unsrer
Abreise die Stadt besezten und den Einwohnern befahlen, unsern etwanigen Nachlaß, den sie unter Händen
hätten, ihnen auszuliefern.

Da wir eine Tagereise weit von Nivelle entfernt
waren, geriethen wir mitten unter die feindlichen Pa-
truſſen; weshalb wir unſern Weg änderten und uns nach
Namur zu wandten, um hinter dieſer Veſtung zu unſerm
Beſtimmungsort zu gelangen; und da dieſer Umweg,
vorzüglich in der ſtrengen Jahrszeit unſre Mannſchaft
ſehr angrif, ſo hielten wir daſelbſt einen Ruhetag.

Ich meldete mich, wie es Sitte iſt, nebſt den andern Offiziers, beim Gouverneur. Er erzählte uns,
man ſei mit der Belagerung von Brüſſel ſchon weit vor-
gerükt und es ſei zu beſorgen, daß durch den übeln Zuſtand der Wälle, da der Marſchall von Sachſen ver-
mittelſt ſeiner zahlreichen Artillerie ſchon Breſche ge-
ſchoſſen habe, die Beſazzung bald zur Uebergabe genöthigt ſein würde, wenn nicht der Fürſt von Waldeck
ſchleunig dem Orte zu Hülfe eile.

Er behielt uns zu Mittage. Es war ein ſehr ehrwürdiger neunzigjähriger Greis. Er hatte der Republik
zu Zeiten des Königs Wilhelm gedient. Nachdem er
ſeine Befehle in Anſehung unſers weiteren Marſches,
der auf den morgenden Tag feſtgeſezt wurde, gegeben
hatte, ſo ſezte er ſich mit uns zu Tiſche; ob er gleich vom
Podagra und Chiragra ſo entſezlich geplagt war, daß
zwei Bediente ihn tragen und ihm aufwarten mußten.
Eine Aeuſſerung dieſes guten Greiſes gegen uns machte
auf mich den lebhafteſten Eindruk. „Meine Herren,
„ſagte er, Sie ſehn hier einen neunzigjährigen Mann,

„der seines Leibens müde ist. Er wünscht nicht den Tod;
„aber, Gott sei Dank! er fürchtet ihn auch nicht."

Das ganze Tischgespräch betraf, wie man leicht
denken kann, das Unternehmen des Grafen von Sachsen. So groß war die Meinung, die man von diesem
General hegte, daß jedermann zu glauben geneigt war,
es werde ihm glükken und er müsse doch seiner Sache gewiß sein. Indessen behielt man einige schwache Hofnung, daß es ihm mißglükken könne, da die alliirte
Armee so in ihren Quartieren vertheilt war, daß sie
schneller dem Ort zu Hülfe kommen konnte, als die
französische sich zur Belagerung desselben hatte versamm-
len können: allein die Erfahrung überzeugte uns bald,
wie weise seine Maaßregeln, und um wie viel vortrefli-
cher seine Anordnungen wären, als die unsrigen.

Kaum standen wir von Tische auf; so meldete man
unserm guten alten Gouverneur, es sei ein Regiment
Husaren angekommen, daß im Dienste der Republik
stehe, seine Quartiere in den Vorstädten von Brüssel gehabt und sich dort bei Annäherung der Franzosen davon
gemacht habe, um sich nicht einschließen zu lassen. Obgleich die Belagerer sich schon rund um die Stadt vertheilt hatten; so war es doch im Dunkel der Nacht entwischt, ohne wahrgenommen zu werden. Diese Begebenheit bewies, daß die Franzosen bei weitem nicht so
wachsam und vorsichtig waren, als sie es hätten sein
sollen, und zugleich, daß sie um diese große Stadt

herum so weit von einander standen, daß man durch
einen plözlichen Ueberfall mit einer ansehnlichen Macht
sie sehr wohl zur Aufhebung der Belagerung nöthigen
könne.

Der Gouverneur befahl dem Regiment Husaren,
sich mit uns zu verbinden, und nach Mecheln zu gehn, wo
der Fürst von Waldeck die ganze Armee zusammenzog.

Unsre Ankunft war dem Fürsten äusserst angenehm.
Er gab mir den Auftrag, mich mit unserm Haufen vor
die Stadt zu stellen, um den Feind zu beobachten, und
seinen Marsch zu decken. Er hofte von seinem entwor-
fenen Plan so zuverläßig einen glüklichen Erfolg, daß
er mir den Auftrag gab, dem Kommandanten von
Brüssel zu melden, daß wir an einem bestimmten Tage
die Belagerer angreifen würden, und daß folglich die
Besazzung um uns zu unterstüzzen den lebhaftesten Ausfall thun müsse.

Zu diesem Auftrage wählte ich aus meinem Haufen zwei Schweizer, ohne daß einer etwas vom andern
wußte, und jedem versprach ich besonders hundert Dukaten, wenn es ihm glükte, dem Kommandanten von
Brüssel den Zeddel zuzustellen, den ich ihm an denselben geben wollte.

Dieser Zeddel enthielt nichts weiter, als: „den
„funfzehnten thun wir von der Seite des Thors nach Wil-
„vorden einen Angrif: wagen Sie zu gleicher Zeit einen
„Ausfall und unterstüzzen Sie uns aufs beste." Ich

ließ das Stük Papier, das ich dazu gebrauchte, zwischen das gelbe Leder und das Holz eines Knopfs stekken und meine beiden Boten gingen ab. Da die Belagerer einige Regimenter von ihrer Nation hatten, so baten sie, unter dieselben aufgenommen zu werden. Vier Tage nach ihrer Abreise kam der eine zurük. Er war kühn und klug genug gewesen, um den Knopf an seinen Bestimmungsort zu bringen; von dem andern aber erhielten wir weiter keine Nachricht.

Eine eben so sonderbare als unerwartete Begebenheit machte unsern Entwurf zu nichte. Die hannövrischen Truppen, die funfzehntausend Mann, und folglich über die Hälfte unsers Heers ausmachten, weigerten sich, zu marschiren. Ihr General erklärte dem Fürsten von Waldeck, daß er vom Könige von England Befehl erhalten habe, den Winter hindurch alle mögliche Sorgfalt für seine Leute zu hegen, damit sie im nächsten Frühlinge zur Eröfnung des Feldzugs in gutem Stande wären; und daß er also, ohne neue Befehle von seinem Hofe, in der strengsten Jahrszeit seine Mannschaft nicht könne aufbrechen lassen. Nichts war im Stande, ihn wankend zu machen: er blieb unerschütterlich.

Dieser General ward hernach zurükgerufen: und die Anführung seiner Mannschaft einem andern gegeben; aber der Streich war nun verunglükt und Brüssel ward eingenommen, weil man der Stadt nicht zu Hülfe kam.

Der Kommandant blieb standhaft bis zum bestimmten Tage, so mißlich auch seine Lage in einer großen schlecht befestigten Stadt war; und nur, als er gänzlich daran verzweifelte, Hülfe zu erhalten, entschloß er sich, zu kapituliren.

Die ganze Besaßung, die aus siebzehn Batail= lon und einem Regiment Dragoner bestand, ergab sich zu Kriegsgefangnen. Der Graf von Sachsen ließ sie nach Frankreich führen und zwar bis in die entlegensten Provinzen, von wo diese Truppen nicht eher als nach dem Schluß des Friedens von Aachen zurückkehrten.

Der erste, der uns von den Umständen der Kapi= tulation Nachricht gab, war der Graf, jezziger Fürst, von Kauniß, der damals bevollmächtigter Minister des Kaisers in Brüssel war. Er hatte vom Marschall von Sachsen einen Reisepaß erhalten und ging nach Wien.

Während der Belagerung glaubte er sich durch den Rang, den er in der Stadt behauptete, hinreichend be= rechtigt, an den Marschall von Sachsen einen Trompe= ter zu schikken, und an ihn zu schreiben, um ihm die Uebergabe der Stadt auf Kapitulation vorzuschlagen; aber der Marschall antwortete ihm sogleich mit vieler Artigkeit, „daß es ihm sehr unangenehm wäre, mit „ihm in dieser Absicht in keine Unterhandlung treten zu „können; daß eine dergleichen Angelegenheit nur zwi= „schen Soldaten von beiden Seiten verhandelt werde; „daß er aber nicht ermangeln werde, darauf zu antwor=

„ten, wenn es dem Kommandanten der Garnison in
„Brüssel gefiele, ihm thunliche Vorschläge zu machen."

Ich erinnere mich noch einer Anekdote von ganz
andrer Art, welche dem Marschall von Sachsen sehr zur
Ehre gereichte, und sehr schön die so bekannte Artigkeit der französischen Nation schildert.

Der Fürst von Wallbeck hatte bei seiner Abreise
nach Haag kurz vor dem Anfang der Belagerung von
Brüssel, alle seine Sachen, Bediente, Pferde und Geräthschaften daselbst gelassen; so daß er genöthigt war,
in Mecheln, wo er bei seiner Rükkehr anhalten mußte,
alles von andern zu borgen, was er brauchte, da es
schlechterdings unmöglich war, quer durch die Belagerer zu seiner Besazzung zu gelangen.

Der Marschall von Sachsen erfuhr das; denn er
ward so wohl bedient, daß selbst die kleinsten Umstände
ihm bekannt waren. Sogleich schikte er an den Kommandanten in Brüssel einen Trompeter, meldete ihm die
Verlegenheit des Fürsten in Mecheln, und ließ ihn bitten, alle Sachen desselben an ihn zu schikken, er werde
mit Vergnügen sie sogleich demselben zusenden. Der
Kommandant trug kein Bedenken, sie ihm zuzuschikken;
und der Marschall ließ sie, so wie er sie erhielt, nach
Mecheln bringen. Der Fürst von Wallbeck konnte nicht
begreifen, wie er dazu käme, bis er den artigen Brief
erbrach, den der französische General durch einen Trompeter ihm schikte.

G 4

Dergleichen Züge sind unendlich ehrenvoll, und es ist eine Schande für den Soldatenstand, daß sie so selten sind. Gegen feindliche Mannschaft und gegen Festungen muß man seine Waffen wenden, nicht aber gegen die Geräthschaften. Welcher Kontrast zwischen dem edeln und großmüthigen Betragen des Marschalls von Sachsen bei diesem Vorfall und zwischen dem Verhalten des Nadastischen Haufens in der Schlacht bei Soor 1745.

Die Franzosen nahmen Brüssel in Besiz, und ihr General schikte die Manschaft wieder zurük, die er, zur Besazzung der Stadt nicht nöthig zu haben glaubte. Darauf reiste er wieder nach Paris, wo man ihn mit dem lebhaftsten Freudengeschrei empfing. Ohne Zweifel verdiente er eine so glänzende und schmeichelhafte Aufnahme: allein, wenn ich die Umstände dieser Belagerung überdenke; so kann ich nicht umhin, hier im Vorbeigehn anzumerken, daß Schiksal und Glük unter allen Hülfsmitteln, vorzüglich bei Kriegsunternehmen, die wirksamsten sind.

Der Generallieutenant von Löwendal ward in Abwesenheit des Grafen von Sachsen zum Befehlshaber über Brüssel bestellt. Er ließ durch fünfhundert Mann die kleine Stadt Vilvorden wegnehmen, die zwischen Brüssel und Mecheln, von beiden fast gleich entfernt, liegt.

Unser Heer blieb in Mecheln und der umliegenden
Gegend. Wir warteten geduldig auf Hülfsvölker aus
Oesterreich. Der Wiener Hof hatte so eben mit dem
Könige von Preussen Frieden gemacht; und sah sich dadurch im Stande, seine bisherige böhmische Armee zu
vertheilen. Ein Theil derselben ward nach Italien geschikt, der andre zu unsrer Verstärkung in den Niederlanden bestimmt. Vor Ankunft dieser Verstärkung wäre es verwegen gewesen, etwas zu unternehmen; indessen beschäftigten wir uns mit dem kleinen Kriege.

Ich kannte vom vorigen Feldzuge her die Stadt
Vilvorden, die an dem nach Brüssel gehenden Kanal
liegt. Ich machte also den Entwurf, die Stadt zu
überrumpeln und die Besazzung gefangen zu nehmen;
und das Glük begünstigte meine Unternehmung.

Von zwei Ueberläufern erfuhr ich, daß die Franzosen aus Nachläßigkeit eine Lükke in den Wällen offen
gelassen hätten, daß sie dadurch entwischt wären, daß
die Besazzung aus fünfhundert Mann bestände, wovon
vierhundert die Stadt und hundert das Schloß besezt
hätten; daß aber in Ansehung der leztern kein Ueberfall
möglich sei.

Der Fürst von Walbeck, der an meinem Plan
viel Geschmak fand, gab mir zur Ausführung desselben,
außer den mir untergebenen Truppen, noch sechs Kompagnien Grenadier, unter dem Befehl meines vertrauten Freundes, des Herrn von Cornabe, seines Adjutanten,

Gegen die Nacht sezten wir uns in Bewegung, um den folgenden Morgen mit Tagesanbruch an den Mauern von Vilvorden zu sein. Jedem der beiden Ue=berläufer versprach ich zwanzig Dukaten, wenn sie mich ganz gerade vor die Lükke im Wall führten, durch wel=che sie entwischt wären; und sie verdienten diese Beloh=nung. Ich ließ einen Offizier mit dreißig Soldaten vorangehn: dicht hinter ihm ging ein zweiter Offizier mit vierzig Musketieren, um jenen zu unterstüzzen, und dann kam die ganze übrige Mannschaft. So gelang=ten wir in die Stadt, fanden nur sehr schwachen Wi=derstand und hatten nur einige Büchsenschüsse nöthig. Alle Mannschaft in der Stadt ward zu Kriegsgefangnen gemacht; aber das Schloß hielt sich besser und wir konn=ten es nicht erobern. Meine Reiterei, die dem Fußvolk folgte, ward nach der Seite von Brüssel abgeschikt, um alle Bewegungen des Feindes zu beobachten. Wir früh=stükten bloß in Vilvorden; und begaben uns dann in guter Ordnung mit unsern Gefangenen zurük: wir hat=ten bei dieser Unternehmung vier Todte, worunter auch der Graf von Rechtern, Adjutant des Fürsten. war, und ungefähr zwölf Verwundete.

Indessen stießen aus Böhmen zehntausend Oester=reicher zu uns unter Anführung des Generals von Grun; und gleich darauf kam der Marschall von Ba=thiani um die Befehlshaberschaft über das Heer der Verbündeten zu übernehmen; allein, dieser Verstärkung ungeachtet waren wir noch nicht im Stande, uns mit dem französischen Heere zu messen, so daß der Marschall von Bathiani sich nur hinter die Vestung Benda zog und sich dort verschanzte, bis wir vom Wiener Hofe neue Hülfsvölker bekommen würden; vorher aber legte er in das Schloß Anvers eine gute Besazzung.

Der Marschall von Sachsen folgte uns von weiten, bloß um uns zu beobachten. So bald er sah, daß wir uns bei Benda in die Linien begaben, ließ er das Schloß Anvers angreifen. Der befehlende General, Graf von Wrid hielt sich sehr gut: aber nach einer Belagerung von drei Wochen mußte er sich auf Kapitulation ergeben.

Endlich erhielten wir die angenehme Nachricht, daß der Prinz Karl von Lothringen mit neuen zehntausend Mann aufgebrochen sei, um zu uns zu stoßen, und die Anführung unsers Heers zu übernehmen. Seit sechs Wochen hatten wir uns in unsre Linien verschlossen: wir eilten aus dem Lager unserm neuen Befehlshaber entgegen. Er kam durchs Luxemburgische und wir vereinigten uns in der Gegend von Namur.

Der Graf von Sachsen beobachtete uns mit einem Observationskorps; und zugleich schikte er einen andern Haufen ab, der Charleroi belagerte und einnahm, ob es gleich eine der besten Vestungen in den Niederlanden war: allein seine Unternehmungen waren so geschikt entworfen und so schnell ausgeführt, daß wir täglich von belagerten oder eingenommenen Oertern hörten.

Der Prinz Karl schränkte sich darauf ein, Namur zu decken; und der französische General machte verschiedene Bewegungen, um uns davon zu trennen. — Bei dieser Gelegenheit fielen verschiedne kleine Gefechte vor, aber nie kam es zwischen beiden Heeren zu einer Hauptschlacht.

Doch glaubten wir einmal, daß das feindliche Heer uns eine Schlacht liefern wolle. Der General Tripps, der mit unsern Husaren und vier Regimentern Dragoner vor unsern Linien bei dem bekannten Dorf Ramilli stand, ward ganz früh mit großer Lebhaftigkeit angegriffen. Die Holländer machten den linken Flügel unsers Heers aus, der Fürst von Waldek hatte mich auch vorn hingestellt, damit ich im Fall der Noth unsre Leute unterstützen könnte.

Da das Gefecht fortdauerte und ernsthaft zu werden schien, so ging ich vorwärts mit meinen Dragonern und Husaren, und mein Fußvolk eilte mir nach. Ich ging allein auf eine Anhöhe, um desto besser zu beobachten, was vorginge; und da erblikte ich, daß die Reiterei des General Tripps schon von der feindlichen in Unordnung gebracht und verfolgt ward. Ich fiel mit der meinigen den Franzosen so ganz zur rechten Zeit in die Flanke, daß ich sie aufhielt. Der General Tripps sammelte die seine und wandte sich wieder gegen den

Feind; aber ich bekam zwei Säbelhiebe, worüber ich vom Pferde stürzte und gefangen genommen ward. Wir hatten es mit der französischen Gensdarmerie zu thun, die Offiziere ließen mich aufheben und erboten sich sehr artig zu allen Dienstleistungen, die ich nöthig haben möchte: da aber das Gefecht noch sehr hizzig war, so gaben sie mir einen von ihren Leuten um mich fortzuführen. Dieser war so neugierig, das Ende des Gefechts absehn zu wollen, anstatt daß er hätte eilen müssen, um mich in Sicherheit zu bringen. Als Gefangner war ich zu Fuß und dicht bei meinem Führer: aber kaum hatten wir einige Minuten angehalten, so eilte die feindliche Reiterei mit gestrektem Jagen zurük, von der unsern wieder verfolgt. Mein Begleiter entschloß sich mich zu verlassen, und indem er seinem Pferde die Spornen gab, schoß er ein Pistol auf mich ab, das aber nicht traf.

Die Vorsehung wachte über mich. Die ganze Reiterei, feindliche und freundliche ritt, so zu sagen, über mich fort. Zum Glük erkannte mich endlich einer von unsern Husarenoffiziren, und gab mir ein Pferd, worauf ich zurükritt, um meine Wunden verbinden zu lassen.

Unterwegs traf ich einen von unsern Dragonern mit meinem Pferde, und für einige Dukaten kaufte ichs wieder. So war ich innerhalb der kurzen Zeit von einer halben Stunde verwundet, gefangen, geplündert, wieder befreit, und wieder im Besitz meines vorigen Pferdes.

Der Feind zog sich zurük und nahm einige Gefangne mit sich; wir brachten in unser Lager einen Brigadier, einen Obersten, einige andere Offiziere und achtzig Gemeine von der Gensd'armerie.

Meine Wunden waren nicht gefährlich: nach acht Tagen konnte ich schon wieder meinen Dienst versehn und nach vier Wochen war ich völlig wiederhergestellt.

Unsre gefangnen Offiziere kamen auf ihr Ehrenwort nach drei Tagen zurük; und da ich am vordersten stand; so kamen sie zu mir und fragten mich, ob wir nicht aufbrächen. Der Marschall von Sachsen, bei dem sie gleich am Tage jenes Gefechts zu Mittage gespeist hatten, hatte ihnen beim Abschiede gesagt, daß sie bei ihrer Rükkehr uns beim Aufbruch finden würden. Wir waren damals noch in Ruhe, aber wir erhielten wirklich gegen acht Uhr Abends, den Befehl aufzubrechen; woraus man sieht, daß man unmöglich besser, als dieser französische General, von seinen Spionen bedient werden kann.

Wir verließen Namur; ich weiß nicht warum, und gingen über die Maas nach Lüttich zu. Bei Mastricht gingen wir über die Maas zurük und lagerten uns zwischen diesen beiden Städten.

Der Marschall von Sachſen ließ ſogleich Namur belagern, und blieb indeſſen uns gegenüber mit einem Beobachtungsheer.

Der kleine Krieg ward wieder angefangen. Wir hatten damals viele leichte Truppen, und der General Tripps, Befehlshaber derſelben, ſtellte ſich immer ſo nahe an den Feind, daß alle Tage bald mehr bald minder lebhafte Scharmüzel vorfallen mußten.

Ich ſtand unter ſeinen Befehlen; und dadurch ward ich Zuſchauer eines wahrhaftig ſcheuslichen Schauſpiels.

Der Graf von Sachſen hatte in dieſen Feldzuge ein Regiment zu Fuß unter dem Namen eines Königlichen Kroatenregiments errichten laſſen, das faſt gänzlich aus öſterreichiſchen Panduren beſtand. Man weiß, daß dieſe Soldaten ſonſt wenig davonlaufen: als aber dieß Regiment errichtet ward; ſo ſorgten die Franzoſen für die Verbreitung dieſer Nachricht durch ihre Emiſſarien; und da der beſtimmte Sold deſſelben anſehnlich war, ſo gingen die öſterreichiſchen Panduren haufenweiſe davon, um ſich darunter anſtellen zu laſſen.

Da dieſes Regiment vollſtändig geworden war, rükte es einſt ſehr ſtolz hervor und ganz nahe an uns, um uns zu höhnen. Das Fußvolk, das unter meinen Befehlen ſtand, fünfhundert Mann an der Zahl, war das einzige, was wir ihm ſogleich entgegen ſtellen konnten. Der General Tripps kam zu mir, und befehligte

mich, auf die neuen Kroaten anzurükken. Ich grif sie
so hizzig an, daß sie nach einigen Salven die Flucht ergriffen. Der General Tripps folgte mir mit einem Hu-
sarenregiment und schnitt sie von hinten ab. Da warfen sie sich in einen Hohlweg zwischen mein Fußvolk
und die Husaren, wobei ihnen diese so heftig in die
Seite fielen, daß sie unmöglich davon kommen konnten.

Da dies Regiment blos aus den uns Entlaufenen
bestand, so verbot der General irgend einem Pardon zu
geben; und ehe noch eine Viertelstunde verfloß, war
alles, Offiziere und Soldaten ohne Erbarmen niedergemacht. Man sah in den hohlen Wege lauter Leichname.

Nach Vollendung dieses blutigen und grausamen
Unternehmens, begaben wir uns in unser Lager zurük:
und bald sahn wir eine Menge Generale und andre Offiziere des französischen Heers zum Schauplaz dieses Auf-
tritts hineilen, um zu sehn, was vorgegangen sei. Ich
verlor bei diesem Gefecht drei Offiziere; und achtzig
Mann von meinem Fußvolk waren theils getödtet,
theils verwundet.

Ich bekam Befehl, zu unserm linken Flügel zurükzukehren, wo, wie gewöhnlich, die Holländer gelagert waren. Der Prinz Karl hatte den Obrist, Grafen, jezzigen Fürsten von Esterhasi mit zwei Husaren-
regimentern dahin geschikt. Ich stand unter seinem Befehl und hatte den Auftrag die linke Seite unsers Heers
zu dekken.

Unſre Vorpoſten ſtanden kaum eine halbe Meile
weit von den franzöſiſchen; der Morgen ging daher ſel-
ten ohne Scharmüzel vorüber, doch erinnere ich mich dabei keiner wichtigen erzählungswerthen Begebenheit.
Die übrige Tageszeit widmeten wir unſerm Vergnügen:
mein neuer Befehlshaber liebte die Ergözlichkeiten eben
ſo ſehr, als ich: und wir trennten uns gar nicht von
einander, als in der Zeit, die wir zur Ruhe anwenden
mußten.

Wir ließen ſogar von Lüttich eine franzöſiſche
Schauſpielergeſellſchaft kommen, die wir für den noch
übrigen Theil des Feldzugs verdungen, und der eine
Scheure in dem Dorf, wo wir ſtanden, zum Theater
dienen mußte. Der Graf von Eſterhaſi hatte im vorigen
Feldzuge in der Schlacht bei Soor unter Nadaſti's Corps
geſtanden, welches ſich das Vergnügen gemacht hatte,
die Geräthſchaften des preuſſiſchen Heers zu plündern,
da unterdeſſen der König die Oeſterreicher aufs Haupt
ſchlug, und da hatte er wahrſcheinlich um einen ſehr billi-
gen Preis verſchiedene himmelblaue reich geſtikte Sammt-
deken erhandelt, die ohne Zweifel einige Huſaren den
Maulthieren Seiner preuſſiſchen Majeſtät abgenommen
hatten. Dieſe prächtigen Deken dienten zur Verzie-
rung der Kuliſſen: die Hautboiſten bei meinem Fußvolk
und die Trompeter bei den Huſaren machten das Orcheſter
aus; und dieſe Muſik war nicht das ſchlechteſte bei dieſem
ſonderbaren Schauſpiel. Nach und nach kam man auf

H

dem Heer zu unſern Vorpoſten, um bei uns Schauſpie-
le zu ſehn. Die Fürſtinn von Waldek ſelbſt, die ihren
Gemahl in dieſem Feldzuge nicht verlaſſen wollte, geruhte, ſich nebſt verſchiedenen andern Damen dahin zu begeben.

Auf die Art brachten wir über vier Wochen zu.
Faſt jeden Morgen waren wir im Gefecht, und jeden
Abend vergaß man Strapazen und Gefahren im Schauſpiel; allein dieſe Zerſtreuung, die allemahl beim Heer
ſehr gefährlich und dem Beſten des Dienſts zuwieder iſt,
zog mancherlei Unbeſonnenheiten nach ſich, und unter andern eine, deren Erinnerung noch ſchmerzhaft an meinem Herzen nagt.

Der Feind hatte uns einige Morgen, gegen ſeine
Gewohnheit in Ruhe gelaſſen. Der Graf Eſterhaſi und
ich ritten aus, um zu ſehn, was vorginge; und da wir
zu unſrer Hauptwache kamen, die aus einem Hauptmann
und hundert Huſaren beſtand, hatten wir den Einfall,
die feindliche anzugreifen. Der junge Offizier, unter
deſſen Befehlen die Huſaren ſtanden, war ein Ungar,
aus einem der anſehnlichſten Geſchlechter dieſes Reichs;
er war höchſt liebenswürdig, ſehr tapfer, aber eben ſo
unbeſonnen wie wir. Er warf ſogleich alle Vorpoſten
übern Haufen, zum Unglück aber traf er auf Fußvolk,
das uns zum Weichen brachte, und ein Schuß, der ſeinen Kopf traf, brachte ihn auf der Stelle ums Leben.
Dieſe Geſchichte breitete ſich ſogleich in unſerm Heer aus;

und bei unsrer Rükkehr baten uns unsre Generale sehr
dringend, uns auf andere Weise zu vergnügen.   Dieser
wolverdiente Vorwurf, verbunden mit unsern eignen Ueberlegungen über den Unfall dieses bedauernswürdigen
jungen Manns, machte uns beiderseits hernach behut-
samer.

Unsre Stellung blieb sich immer gleich bis zur
Schlacht bei Rocoux, wo ich die Unannehmlichkeit hatte,
mich vom Graf Esterhasi trennen zu müssen.   Es ward
mir äusserst schmerzhaft, seiner Gesellschaft beraubt zu
seyn: seine schäzbaren Eigenschaften hatten ihm eines jeden Achtung und Freundschaft erworben; er war liebenswürdig, von herlicher Laune, eifrig in der Freundschaft,
voll Großmuth und voll Neigung zum Aufwande.

Vier Wochen stand unser Heer in dieser Lage: da
es aber schon im Oktober war; so mußte man auf die
Winterquartiere bedacht seyn.   Ausserdem ziehn die De-
sterreicher bekanntlich nach den Anordnungen, die sie
schon länger, als ein Jahrhundert, befolgen, aus ihren Quartieren beträchtliche Lebensmittel, daher suchen
sie, dieselben so weit als möglich auszudehnen; und oft
sezzen sie sich dadurch vielen Unfällen aus, die sie vermeiden könnten, wenn sie näher zusammenrükten.   So
betrugen sie sich auch unter diesen Umständen.   Sie wollten für sich allein die Stadt und das Land Lüttich haben;
allein desphalb mußten sie das vortheilhafte Lager verlassen,
worinn wir hinter einem Fluß standen.

Wir gingen also links über den Fluß, um unser
neues Lager zu beziehn, so daß unser linke Flügel sich an
Lüttich stüzte. Ich ward mit dem mir untergebnen Hau-
sen in die Vorstadt gelegt.

Der Graf von Sachsen, der uns nicht aus den
Augen verlohr, ward eben nicht böse darüber, daß er
uns ein so vortheilhaftes Lager verlassen sah. Er verstärkte sogleich sein Beobachtungsheer durch das, was er
zur Belagerung von Namur gebraucht hatte, da dieser
Ort schon übergegangen war. Hernach ging er rechts,
versagte uns seinen linken Flügel und grif uns an.

Er warf sechstausend Oestereicher übern Haufen,
welche der Prinz Karl, auf erhaltne Nachricht von den
Bewegungen des französischen Heers, vor unsern linken
Flügel geschikt hatte. Auf mich fiel eine ganze Kolonne
Fußvolk; ich ward zum Weichen gebracht und mußte
mich an die Seite unsrer Linie ziehn. Eine zweite Kolonne rükte zum Angrif des Dorfs Rocour heran, das vor
unserm Mittelpunkt lag, und worinn vier Bataillon
Hannoveraner lagen. Nach der Einnahme dieses Dorfs
sezte sich das ganze französische Heer in Bewegung um
uns eine Schlacht zu liefern.

Der Angrif begann mit der fürchterlichsten Kannonade, wodurch unser Flügel gezwungen ward, eine neue
Stellung zu nehmen, um unsre linke Seite besser zu unterstüzzen. Ich ritt eben vorbei; und ich bewunderte
die holländische reitende Wache, die auf der Ebene zwi-

chen unserm Fußvolk stand, und diese Kannonade mit be-
wundernswerther Standhaftigkeit und Unerschrockenheit
aushielt.

Ein vertrauter Freund von mir, der bei diesem Regiment stand, und der Obristlieutenant und Anführer
der Schwadronen war, sah mich vorbeireiten und rief
mich zu sich; er erinnerte sich an einen Scherz, den ich
in der Schlacht bey Fontenoy ihm sagte, wo das Pfei-
fen einer Kannonenkugel ihn genöthigt hatte, sich zu
bücken — eine unwillkührliche Bewegung, die bei solchen
Umständen sehr natürlich ist! — Er sprach zu mir:
„lieber Freund, heute sollen sie nicht wieder sehn, daß
„ich vor einer Kugel den Kopf niederbücke.„ Kaum
war ich ein Paar Schritte von dem Orte entfernt, wo
ich ihn verließ, so höre ich mich zum zweitenmahl rufen:
ich kehre um, und die Offizier des Regiments zeigen mir
meinen unglüklichen Freund zur Erde gestreckt: eine Kanonenkugel hatte ihm den Kopf fortgenommen. Damals war es nicht Zeit, mich den Ueberlegungen zu überlassen, welche dieser Unglüksfall in meiner Seele veran-
lassen mußte; aber hernach empfand ich lebhaft den Verlust eines so schäzbaren Freundes. Er war aus einem
der ersten Geschlechter in Holland, und besaß einen unendlich liebenswerthen und anziehenden Karakter.

Der Fürst von Waldek, der unsern linken Flügel
anführte, schikte einen Adjutanten an den Prinzen Karl,
um ihm zu melden, daß der Feind gewaltig vordringe;

H 3

und daß er ihm unmöglich ohne Hülfsvölker widerstehn könne. Dieser Prinz, obgleich Oberanführer des Heers, war den ganzen Morgen nicht zum Vorschein gekommen, ungeachtet alles dessen, was bei diesem Flügel vorging; und der Adjutant traf ihn bei seiner Ankunft bei Tafel, wo er nebst verschiedenen seiner Generale speiste. Er antwortete weiter nichts als, der rechte Flügel sollte sich zurückziehn, der Fürst von Waldek sollte demselben mit dem linken folgen, und er würde dafür sorgen, den Marsch durch einen starken Nachtrupp zu decken.

Indessen war der Fürst von Waldek abgestiegen, und stand auf einer Höhe von wo unsre große Batterie auf den heranrückenden Feind ein lebhaftes Feuer machte, als der Adjutant mit den ebenerwehnten Befehlen ankam. Ich war eben bei ihm: er ließ durch mich sogleich dem General, der sechs baiersche Bataillons anführte, die im Solde der Republik standen, den Befehl geben, daß er den Nachtrupp ausmachen und daß ich mit meinem Haufen hinter ihm gehn sollte.

Alles setzte sich zum Rückzuge in Bewegung. Ich kam an den Ort, wo die Baiern standen, aber ich fand ihren General nicht mehr, sondern er war verschwunden. Ich brachte also die Befehle des Fürsten den Offizieren, die unter ihm dienten; und diese thaten ihre Schuldigkeit mit einem Muth und einer Unerschrockenheit, wie man sie nur verlangen konnte.

Den Tag nach der Schlacht erhielt der Fürst von Waldek einen Brief von diesem baierschen General, der von Lüttich aus datirt und folgendergestalt abgefaßt war: „die Uebermacht der Feinde war so groß, daß wir ihr „unmöglich länger widerstehn konnten; ich glaubte auf „die Sicherheit meiner Person bedacht seyn zu müssen. „Ich habe mich also verkleidet und bin nach Lüttich gegan„gen, wo ich die Ehre habe, die fernern Befehle von „Ihro Durchlauchten zu erwarten.„ Wir erfuhren hernach alle Umstände dieser feigen Entweichung und unter andern, daß er, um nicht entdekt zu werden, gar weislich seinen Rock umgekehrt hatte. Ihn traf bald sein verdientes Schiksahl. Der Kurfürst von Baiern, dessen Günstling er sonst gewesen war, rief ihn zurük und wir hörten nichts weiter von ihm.

Der Fürst von Waldek erwarb sich viel Ehre bei diesem Zurükzuge. Er wandte sich so treflich, daß ihn der Feind nicht erreichen konnte. Bloß der Nachtrupp wurde sehr übel zugerichtet, und würde es noch mehr geworden seyn, wenn nicht zu unserm Glück die Nacht eingebrochen wäre.

Unser ganzes Heer ging über Maftricht weg, und von dort über die Maas: so verloren wir das ganze Lüttichsche nebst allem Lande vor der Maas; und die Franzosen nahmen es in Besiz.

Der Marschall von Sachsen wies seinem siegreichen Heer die Winterquartiere an, vertheilte die verschiednen

Haufen deffelben, in dem ganzen Strich, den er in die
fein Feldzuge erobert hatte, und dann reifete er nach Paris.

Unfre Quartiere wurden hinter der Maas genom=
men und bis nach Aachen ausgedehnt, wo das Haupt=
quartier war.   Der Prinz Karl reifte mit dem Marfchall
von Bathiani nach Wien, und der Prinz von Waldek
nach dem Haag.

So endigte fich diefer unglükliche Feldzug.   Da
die Oefterreicher mit dem Könige von Preuffen Frieden
gefchloffen hatten, fo hätte fie nichts davon abhalten kön=
nen, wirkfamere Maaßregeln gegen die weitern Fort=
fchritte der Franzofen zu ergreifen, die, einige Gegenden
hinter Maftricht ausgenommen, im Befiß der ganzen
Niederlande blieben.

Der Feldzug war in Italien für den Wiener Hof
vortheilhafter gewefen.   Der mislungene Angrif des
Grafen von Belleisle auf Colle und auf Rottofreddo
wobel er auch das Leben verlor; nachher die gewonnene
Schlacht bei Rottofreddo und die Einnahme von Genua
durch den Marquis von Botha, entfchädigten fie für ih=
ren Verluft in den Niederlanden: nur konnte diefer Hof
wegen des fchlechten Betragens des Marquis diefe erften
Vortheile nicht lange genieffen.   Seine Truppen erlaub=
ten fich in Genua fo viel Ausfchweifungen, und beläftig=
ten die Einwohner dergeftalt, daß ihre Verzweiflung in
einen allgemeinen Aufftand ausbrach, und der Marquis
von Botha befaß nicht Klugheit genug um den traurigen

Folgen deſſelben zuvorzukommen. Die Genueſer ergriffen die Waffen und jagten die öſterreichiſche Beſazzung aus ihrer Stadt und aus dem ganzen Gebiet ihres Freiſtaats.

So befanden ſich alſo die Angelegenheiten der Verbündeten in einer ſehr übeln Lage; und damit man im nächſten Feldzuge glüklicher ſeyn möchte, mußte man ſich alle mögliche Mühe geben und nichts verabſäumen, um den vorigen Verluſt wieder zu erſezzen.

Indeſſen fingen die Friedensunterhandlungen an. Der Marquis von Puiſieux begab ſich nach Breda, aber noch ohne den Titel und Karakter eines Geſandten. Der Großpenſionär von Holland ging ebenfalls dahin; aber der Graf von Harrach, Geſandter des Wiener Hofes, und Lord Sandwich, Geſandter des engliſchen Hofes, blieben im Haag.

Es blieb alles bei einigen nichts entſcheidenden Konferenzen. Der Großpenſionär kehrte nach dem Haag zurük, und der Marquis von Puiſieux nach Paris, und man dachte beiderſeits an nichts weiter, als an die beſten Maaßregeln zur Fortſetzung des Kriegs.

Ich brachte dieſen Winter im Haag zu, wo ich alles erſinnliche Vergnügen genoß. Allenthalben fand ich eine ſchmeichelhafte Aufnahme, und ich bemerkte mit einem Vergnügen, das in meinem Alter ſehr natürlich war, daß ich in den beiden Feldzügen, in welchen ich in Dienſten der Republik geweſen war, mir ei-

nigen Namen erworben hatte. Der Fürst von Wal=
deck nahm mich in sein Haus und zog mich an seine Ta=
fel, so daß ich ihn niemals verließ.

Wir machten zusammen eine Reise nach Amster=
dam, wo wir uns vierzehn Tage aufhielten. Feste und
Lustbarkeiten folgten hier ununterbrochen auf einander.
Die Bürgermeister und alle vornehmsten Bürger wett=
eiferten mit einander, dem Fürsten Beweise ihrer Ach=
tung zu geben. Ein Fremder findet es oft ziemlich
schwer in Amsterdam in Gesellschaften Zutritt zu erhal=
ten; ist er aber einmahl zugelassen, so ist er gewöhnlich
immer willkommen. Assembleen, Konzerte, Schau=
spiele, die ganz außerordentlich stark besucht werden,
alles trägt dazu bei, den dortigen Aufenthalt sehr ange=
nehm zu machen.

Die wenige Zeit, die uns die Einladungen frei
ließen, wandten wir dazu an, alles genau zu besehn,
was nur die Augen reizen und die Wisbegierde befriedi=
gen kann; als die Börse, das Rathhaus, das uner=
meßliche Vorrathshaus der ostindischen Kompagnie und
eine Menge anderer eben so wichtiger Gegenstände.

Auch hatten wir den Vortheil, dort den berühm=
ten J. J. Rousseau aus Genf zu treffen, der nachher
so viel Aufsehn in der Welt machte, theils durch seine
unsterblichen Schriften, theils durch seine kaum glaubli=
chen Sonderbarkeiten, und durch die verhaßten Ver=
folgungen, die er bis ans Ende seines Lebens von seinen

Feinden erdulden mußte. Wir fanden ihn sehr gesellig
und sogar höchst angenehm: vielleicht hatte damals noch
nicht die Ungerechtigkeit seine Laune verbittert; vielleicht
war damals noch seine körperliche Verfassung stark genug, um sich den Sprüngen seiner Einbildungskraft
überlassen zu können; genug er schien uns immer heiter,
und war sehr gefällig, alles zu thun, was wir forderten.
Kurz wir sahn in ihm bloß den Gelehrten, den Mann
von Genie, und niemals den Misanthropen, den wun-
derlichen Mann und den Sonderling.

. Man erzählt von ihm eine Menge merkwürdiger
Thatsachen: unter allen Zügen von übler Laune und Mi-
santhropie, die man von diesem berühmten Schriftstel-
ler weiß, fehlt aber noch einer, der in seiner Geschichte
eine Stelle verdient, und den ich hier nicht übergehn
kann, ob er gleich in einer spätern Zeit vorfiel, als
von der ich jezt rede.

Er war in Paris, und schon reizten seine Schriften und seine sonderbare Lebensart jedermann, ihn zu
sehn, zu unterhalten, und kennen zu lernen. Der Graf
von Görtz, der den jungen Herzog von Weimar auf
seinen Reisen begleitete, wollte, wie so viele andre, seine Bekanntschaft machen, und auch dem Prinzen, seinem Zöglinge, dieses Vergnügen verschaffen. Er ließ
sich erst durch einen Bedienten melden: J. J. Rousseau
antwortete, er sei krank und nähme gar keinen Besuch
an. Der Graf ließ sich dadurch nicht abweisen, er ging

selbst nach seiner Wohnung, um ihn zu sprechen: Er
klopft an, es antwortet niemand; er klopft zum zweitenmal und endlich zeigt sich Jean Jaques im Schlafrok, behält aber vorsichtig die halbgeöfnete Thür in der
Hand. „Wer sind Sie? und was wollen Sie?" frägt
er auffahrend dem Grafen von Görtz. Dieser sagt ihm,
wer er sei, und bittet ihn um die Erlaubniß, ihm den
jungen Herzog von Weimar vorzustellen, dessen Erziehung ihm anvertraut sei: „Seine Erziehung ist Ihnen
„anvertraut? desto schlimmer für Sie, Herr Graf!"
antwortet J. J. Rousseau, und verschließt seine Thüre
wieder.

Da wir unsre Neugierde völlig befriedigt hatten,
reisten wir wieder von Amsterdam ab, und kamen nach
Haag zurük. Hier trafen wir den Herzog von Cumberland, der nach seinen ruhmvollen Thaten gegen den
Prätendenten, wieder die Oberanführung des verbündeten Heers in den Niederlanden übernehmen wollte.

Man dachte an nichts als an die nöthigen Zurüstungen zum nächsten Feldzuge; und da dieser erst nach
zwei Monaten eröfnet werden konnte, so benuzte ich
diese Zeit, um einige Vortheile für mich und für die
Freikompagnien zu erhalten, die ich anführte. Ich
hielt also, auf Anrathen des Fürsten, darum an, daß
man ein Regiment daraus machen möchte, wovon mein
Freund, der erste Adjutant des Fürsten, der Anführer,
und ich Obristlieutenant würde, so daß meine übrigen

Offiziers ebenfalls verhältnißmäßig hinaufrükten. Die
Generalstaaten hielten es damals nicht für nöthig, die
Zahl ihrer Regimenter zu vermehren und verwarfen mei=
nen Vorschlag; aber, ob ich gleich erst Hauptmann
war, so boten sie mir doch die Stelle eines Obristen in
der Armee an. Ich glaubte aber dieses Anerbieten ab=
lehnen zu müssen, so vortheilhaft es auch war; ich er=
klärte, wenn die tapfern Offizier, die mich bei jeder
Gelegenheit so gut unterstützt hätten, so lange ich die
Ehre hatte der Republik zu dienen, keinen Theil an
dieser Beförderung haben solten; so würde ich lieber war=
ten, bis man es rathsam fände, uns eine Belohnung
zu bewilligen, woran wir alle Theil nehmen würden.

Ich reiste im Anfange des März nach meiner Be=
sazzung zurük, um zur Eröfnung des Feldzugs alles in
guten Stand zu sezzen; und kaum hatte ich Haag ver=
lassen, so unterstüzte der Fürst von Waldeck meine Bit=
te mit so viel Wärme und Thätigkeit, daß Ihro Hoch=
mögenden alles bewilligten. Ich erhielt die Nachricht
und Ausfertigung davon in einem Augenblik, wo ich es
am wenigsten erwartete, und diese Ueberraschung mach=
te es mir desto angenehmer.

Mein Obrist blieb in seinem Dienst beim Fürsten
als Generaladjutant; und ich behielt als Obristlieute=
nant die Anführung dieses neuen Regiments, dessen
sämtliche Offizier um eine Stufe höher gerükt waren,
wodurch unsre Freude allgemein ward.

Die Zeit, welche ich bis zur Eröfnung des Feldzugs noch übrig hatte, verwandte ich zur Waffenübung
meines Regiments und zur Erlangung einer genauen
Kenntniß von den Gegenden um meine Besazzung. Die
Nähe der Stadt Lüttich veranlaßte mich, ein Paar Tage dort zuzubringen. Diese Stadt ist sehr gut gebauet
und die Gesellschaft liebenswürdig und ausgesucht.

Ich lernte dort einen Abt kennen, dessen Unterhaltung recht reizend war, da er viele Reisen gemacht hatte.
Es war ein Mann von dreißig bis zwei und dreißig
Jahren. Einst war ich nicht wenig überrascht, da er
mich bat, ihm eine Stelle unter unsern Truppen zu geben, und mir erklärte daß er der geistlichen Kleidung
überdrüssig sei. Ich fragte ihn nach den Bewegungs-
gründen zu einer solchen Verwandlung. Er antwortete
mir, er habe von seiner zartesten Jugend an einen un-
überwindlichen Hang zum Soldatenstande gefühlt, er sei
nur mit Widerwillen und aus Gehorsam gegen seine Eltern in den geistlichen Stand getreten; allein jezt, da er
nun von sich selbst abhänge, und die Freiheit habe, seiner
Neigung und seinem Geschmak zu folgen, beschwöre er
mich, ihm eine schikliche Stelle zu verschaffen, vorzüglich unter der Reiterei. Zu dem Regiment, das ich anführte, gehörte noch eine Kompagnie Dragoner und eine
Kompagnie Husaren und man hatte mir erlaubt, selbst
alle Offizier zu ernennen, die unter mir dienen sollten.
Ich stellte also meinen Abt als überzähligen Offizier bei

meinen Dragonern an, und versprach, ihm die erste offene Stelle zu geben. Ueber diese Antwort, die so ganz seinen Wünschen gemäß war, ward er so entzükt und ausser sich vor Freuden, daß er die ganze Versammlung worinn ich mich befand, dazu aufforderte, mit ihm mir dafür zu danken. Die Sonderbarkeit dieses Vorfalls machte mir viel Vergnügen. Er zog gleich den folgenden Tag die Uniform an, und bereitete sich zu, mir zu folgen. Ich muß ihm die Gerechtigkeit wiederfahren lassen, daß die kriegerische Kleidung ihm unendlich besser stand, als seine vorige, und daß er nachher eine ungemeine Tapferkeit und Unerschrokkenheit bewies.

Bei meiner Rükkehr zu meiner Besazzung erhielt ich Befehl, mich nach Breda zu begeben, wo die verbündete Armee sich versammelte, um den Feldzug zu eröfnen. Der Prinz von Hildburgshausen, der zugleich in baierschen Diensten und im Dienste der Republik General war, ward mit einem Haufen vorausgeschikt, um die Zugänge zu besezzen und die Bewegungen des Feindes zu beobachten. Man schikte mich mit meinem Regiment zu seiner Verstärkung ab. Ich hatte diesen Prinzen schon im Winter in Haag gesehn, und da mir das Land, worinn wir uns befanden, vollkommen bekannt war, so schenkte er mir sein ganzes Zutrauen.

Wir erfuhren bald, daß nicht die ganze französische Armee uns gegenüber in der Gegend von Anvers stehe, sondern daß es nur ein Haufen sei, dessen Bestimmung es wäre, den Marsch eines andern zu deken, der über die Schelde ging, um ins holländische Flandern zu dringen und die Vestungen dieser Provinz zu belagern, die auch wirklich in sehr kurzer Zeit eingenommen wurden. Frankreich hatte bis dahin Holland und das Gebiet dieses Staates verschont, in der Hofnung, es noch von dem Bunde mit dem Wiener und Londner Hofe zu trennen; da es sich aber immer in dieser Hofnung getäuscht fand, so erklärte es auch diesem Freistaat den Krieg und wandte seine ganze Macht gegen ihn, damit er gezwungen wurde, seine Partei zu ändern. Frankreich erreichte aber seinen Zwek nicht; und sein Betragen gegen diesen Freistaat brachte eine ganz andre Wirkung hervor, als es erwartet hatte.

So bald die Provinz Seeland den Einfall der Franzosen erfuhr, so pflanzte sie die Fahne von Oranien auf und rief den Prinzen dieses Namens, der sich bis dahin ruhig in seiner Residenz gehalten hatte, zum Statthalter, Generalkapitain und Admiral der belgischen Staaten aus. Die Provinz folgte ihrem Beispiel: alle andern entschlossen sich gleichmäßig dazu, und noch waren nicht acht Tage verlaufen, so hatte der ganze Freistaat einen einmüthigen Entschluß gefaßt.

Der Prinz von Oranien reiste schnell nach Amsterdam und dem Haag, wo ihm die Staaten sogleich huldigten. Er ergrif die Zügel der Regierung; allein zum Unglük für ihn, waren die Angelegenheiten in so schlech tem Zustande, daß es nicht leicht war, sie wieder in Ordnung zu bringen.

Indessen versammelte sich unser Heer. Der Herzog von Cumberland, Oberbefehlshaber desselben, schikte einen Adjutanten an seinen Schwager den Prinzen von Oranien und ließ ihm zu der Würde Glük wünschen, mit welcher er jezt bekleidet war.

Der Fürst von Waldeck, der durch diese Veränderung ihm untergeordnet ward, bezeugte einen gleichen Eifer; aber sein Adjutant entdekte mir bei seiner Rükkehr im Vertrauen, daß er beim Statthalter viel Kälte gegen den Fürsten von Waldek wahrzunehmen geglaubt habe.

Alle Freistaaten sind gewöhnlich in zwei Partheien getheilt, und das konnte man auch damals in Holland bemerken. Die eine Partei der Holländer war für den Prinzen von Oranien, und die andre, welche den Namen der antistatthalterischen bekam, arbeitete aus allen Kräften den Absichten und Entwürfen der ersten entgegen.

Dieß leztere, welche damals die herrschende war, hatte den Fürsten von Waldek an die Spizze der holländischen Mannschaft gestellt. Man hatte es dabei vielleicht an Aufmerksamkeit und Achtung gegen den Fürsten von Oranien ermangeln lassen, ein Fehler, den man gar leicht begeht, wen man sich stärker fühlt; und der Statt-

J

halter wußte gelegentlich seine ganze Empfindlichkeit darüber zu bezeigen.

Sein erstes Augenmerk ging auf die Anordnungen im Innern des Freistaats und auf die Mittel, durch welche er sich in seiner Würde behaupten konnte. Er trat nicht umsonst zu den Kriegsunternehmungen, die sein Schwager der Herzog von Cumberland nach dem Entwurf zu leiten hatte, welcher von den drei verbündeten Mächten den Winter hindurch verabredet war.

Wir blieben ruhig in dem Lager, das wir bei Eröfnung dieses Feldzugs bezogen hatten; und mitten in dieser Unthätigkeit erfuhren wir nach und nach von einem Tage zum andern, daß der Feind sich aller Vestungen im holländischen Flandern bemächtige. Sie wurden hizig angegriffen und feige von denen vertheidigt, die darüber zu befehlen hatten: verschiedene dieser Kommendanten wurden in der Folge nach Verdienst bestraft.

Der Herzog vom Cumberland schloß aus der Stellung des Feindes, daß er, nach Eroberung der vesten Oerter im holländischen Flandern seine Absichten auf die Maaß und auf Mastricht richten würde. Wir erhielten also Befehl, die bisherige Gegend unsers Aufenthalts zu verlassen: aber wir ließen unter dem Prinz von Hildburgshausen zehntausend Mann zurük, um die Gränzen der Republik zu decken. Wir gingen links, und wandten die nöthige Behutsamkeit an, um dem feindlichen Heer zuvorzukommen und Mastricht zu decken.

Vier Meilen von dieser Stadt liegt das berühmte Lager von Lafeld. Der Besiz desselben war äusserst wichtig, weil der Erfolg der kriegerischen Unternehmungen nach dieser Seite zu, von einem so vortheilhaften Posten abhing.

Es ist erstaunlich, daß ein so geschikter General, wie der Marschall von Sachsen, nicht daran dachte, es zuerst in Besiz zu nehmen; und wenn er je einen wesentlichen Fehler begangen hat, den man mit Recht ihm vorwerfen kann, so war es der, daß er bei dieser Gelegenheit versäumte, uns zuvorzukommen; aber bald verbesserte er denselben auf eine glänzende Art. Wir benuzten unsern Vortheil nicht. Wir hatten viele Eilmärsche gethan, und unser grobes Geschüz, das man zu Wasser brachte, war noch um eine Tagereise fern von uns. Ich gehörte zum Vortrapp, welcher um 10 Uhr Vormittags ankam. Der übrige Theil des Heers konnte nur nach sechs Stunden erst zu uns stossen. Der Herzog von Cumberland schikte mir das Dragonerregiment, was er stets bei sich hatte, und gab mir den Befehl, sogleich die Lage des Feindes auszuspähn. Ich fand uns gegenüber nur ein Lager von funfzehn bis zwanzigtausend Mann, welche der General Graf von St. Germain anführte; und ich ward keine Spur von dem großen Heer gewahr.

Der Prinz von Waldek that dem Herzoge von Cumberland den Vorschlag, dieses Lager anzugreifen, und fügte hinzu, wenn wir dasselbe durch unsre Ueber-

J 2

macht überwältigten; so könnten wir dem feindlichen
Heer eine Schlacht liefern und es theilweise schlagen.
Dieser Vorschlag ward sogleich vom Herzoge gebilligt,
der bei jeder Gelegenheit seine Tapferkeit und seine guten
Absichten zeigte: allein der Feldmarschall von Bathiani,
der die Oesterreicher anführte, stellte dagegen vor: da unser
Geschüz noch hinter uns, und unsre Mannschaft von
den eben gethanen Eilmärschen noch ermüdet wäre; so
sei es zuträglich, diesen Angrif bis morgen aufzuschieben.

Diese Meinung ging durch; und es kam uns hernach theuer zu stehn, daß wir den günstigen Augenblik
zu ergreifen versäumt hatten. So bald die Nacht ein-
brach, rükte das französische Heer vorwärts und nahm
sein Lager uns gegenüber, dicht neben dem Haufen des
Grafen St. Germain so daß es bei Tagesanbruch sich
in Schlachtordnung stellte. Dieser Tag ging indessen,
einige Kanonaden ausgenommen, ruhig vorbei, doch
waren diese Scharmüzel ohne Folgen. Unsre Generale,
welche unentschlossen darüber waren, was für eine Parthei sie ergreifen sollten, begnügten sich, unter den Waffen und in Bereitschaft zu bleiben, daß sie den Feind zu-
rüktreiben könnten, wenn sie angegriffen würden: aber
am folgenden Tage sezte sich der rechte Flügel des französischen Heeres mit Tagesanbruch in Bewegung und
eilte auf unsern linken zum Angrif. Dieser stand auf
der Ebene und von beiden Seiten hatte nur die Reiterei
mit einander zu thun.

Der Mittelpunkt unsers Heers blieb unbeweglich, und in diesem stand ich. Dieß gab mir Gelegenheit das seltenste und schönste Schauspiel für einen Soldaten mit anzuschauen; nemlich in aller Bequemlichkeit zuzusehn, wie zweihundert Schwadronen von jedem Heer mit unglaublichem Muth sich angriffen und sich zurücktrieben.

Der Sieg blieb lange unentschieden, der Vortheil war bald auf einer bald auf der andern Seite; da aber der englische General Ligonier, welcher unsre Reiterei anführte, gefangen genommen ward, so gerieth unsre Mannschaft in Verwirrung. Unser linke Flügel zog sich gegen Mastricht zurük, und unser rechte Flügel nebst unserm Mittelpunkt folgte ihm gutwillig.

So endigte sich die Komödie,

sagt la Fontaine: wir wurden geschlagen, wie gewöhnlich, und ich fühlte damals, stärker als je, wie unangenehm es ist, in einem verbündeten Heer zu dienen wo ein jeder sich das Recht zu befehlen anmaßt, und wie viele Vortheile vor einem solchen Heer ein anders voraus haben muß, das nur einen einzigen General zum Anführer hat, dessen Absichten nichts widerstrebt, und dessen Ansehn kein Gegengewicht entgegen steht.

Da dieses Gefecht nicht allgemein gewesen war, so konnten wir desto leichter uns den Fortschritten des Feindes entgegen stellen, welcher zwei Tage nach unserm Rükzuge hinter die Vestung Mastricht, sich vor dieser Stadt lagerte. Er stellte sich, als ob er sich zu einer

J 3

Belagerung derselben anschikte; allein er that das blos, um desto sicherer den Entwurf zu verbergen, den er gemacht hatte, einen Theil des Heers zu den Haufen des Herrn von Contades stossen zu lassen, welche nach seinem Zuge im holländischen Flandern Bergen op Zoom angreifen sollten.

Unser Herr war hinter der Maas gelagert. Vor derselben stand blos der Haufe, welchen ich anführte. Ich stand in der Vorstadt St. Petri, und hatte den Auftrag ein ausser der Stadt liegendes Fort zu vertheidigen, das auf der Höhe liegt, und durch dessen Einnahme der Feind in den Stand gesezt ward, die Stadt in Staub zu zermalmen, da sie von dieser Höhe bestrichen wurde.

Man grif mich fast täglich daselbst mit mehr oder weniger Mannschaft an. Der Herzog von Cumberland glaubte, der Marschall von Sachsen sei Willens, dieß Fort wegzunehmen, und wollte deswegen, daß ich die Vorstadt verlassen sollte; allein der Fürst von Waldek beschwor ihn, mich daselbst zu lassen, bis ich hinauszugehn genöthigt würde. Er stellte ihm vor nach der Kenntniß, die er von meinem Karakter hatte, daß ich mich so lange als irgend möglich darin halten würde, und wenn ich gezwungen würde diesen Posten zu verlassen; so werde man dadurch über die ware Absichten des Feindes nur desto gewisser.

Der Fürst sandte mir einen Adjutanten, um mich von der Lage der Sachen zu benachrichtigen; und damit ich in desto besserm Stande seyn möchte, verstärkte er mich zugleich mit sechs Grenadierkompagnien.

Kaum war die Verstärkung zu mir gelangt; so rükte der Feind stärker, als vorher, gegen mich an. Ich rekognoszirte ihn sogleich und sah, daß er blosses Fuß- volk ohne Kanonen und einige Reiterei hatte. Daraus nahm ich ab, daß dieser neue Angrif, eben so wie die vorigen, keinen andern Zwek habe, als die Aufmerk- samkeit unsrer Generale nach dieser Seite zu lenken.

Ich ließ die sechs Grenadierkompagnien mitten ins Getreide gehn, welches die Felder bedekte, und befahl ihnen, sich unbeweglich an die Erde zu legen, bis ich mit meinem leichten Fußvolk und den fünfhundert Drago- nern und Husaren, die ich bei mir hatte wieder vorbei käme. Nach diesen Anordnungen ging ich stolz der feindlichen Mannschaft entgegen. Wir kamen sehr bald zum Handgemenge; aber von meiner Seite war der Wiederstand nicht lang. Ich wich zurük um den Feind zum Verfolgen zu reizen. Dieß gelang, und als ich an den bestimmten Ort kam, wandte ich mich um, meine sechs Grenadierkompagnien kamen aus ihrem Hinter- halt hervor und fielen mit der äussersten Hizze über unsre Feinde her. Wir drangen in ihre Linien, wir zwangen sie, in der höchsten Eil zum Lager zurükzufliehn, tödteten eine große Menge und nahmen hundert von ihren Reitern

gefangen, die damals zu schwer bewafnet waren, als
daß sie uns hätten entwischen können.

Um diese Zeit erfuhren unsre Generale, daß Herr
von Löwendal von dem grossen Heer mit zwanzig Bataillons und einiger Reiterei abgeschikt und über Antwerpen gegangen sei.

Der Prinz von Hessen, nachmaliger reglerender
Landgraf, kam in der Nacht statt meiner in die Vorstäd-
te, die ich besezt hielt, und hatte sechstausend Mann
unter seiner Anführung, und ich ging mit fünfhundert
Husaren, eben so viel Dragonern und mit meinem leichten Fußvolk fort, um dem Grafen von Löwendal zur
Seite zu bleiben, seinen Marsch zu beobachten und davon täglich an den Herzog von Cumberland Bericht abzustatten. Wir wurden sehr bald gewahr, daß die Belagerung von Bergen op Zoom die Unternehmung war,
zu welcher man die übrige Zeit des Feldzugs bestimmt hatte. Auch kamen wir alle zu gleicher Zeit in die Gegenden dieser Stadt. Herr von Contades hatte sich mit dem
Herrn von Löwendal vereinigt und der Ort wurde sogleich
eingeschlossen.

Das Unternehmen war kühn. Bergen op Zoom
dessen Werke sich von dem berühmten Cohorn herschrei-
ben, ist nicht nur eine der besten Vestungen Europens,
sondern diese Stadt hat auch noch den Vortheil, daß sie
schlechterdings nicht so eingeschlossen werden kann, daß
man ihre Zufuhr zu Wasser hindert.

So bald ich den Entwurf unsrer Feinde wußte, fertigte ich einen Courier an den Fürsten von Waldeck ab, um ihm ihre Stärke und ihre Lage vor dem Orte zu melden. Ich nahm meine Stellung so, daß ich alles bemerken konnte, was vorging, brauchte aber die Vorsicht, eine leichte Verbindung einerseits mit unserm Heer und andrerseits mit der belagerten Stadt zu unterhalten.

Der General von Cronström hatte sich auf Befehl des Prinzen von Oranien dahin begeben, um die Befehlhaberstelle daselbst zu übernehmen, und nicht nur die Besazzung, sondern auch alle Truppen, die sich zwischen der Schelde und der Maas befanden, hingen von ihm ab.

Der Fürst von Waldeck verließ, meinem Bericht zufolge, die Armee des Herzogs von Cumberland mit allen seinen holländischen Truppen und flog der Stadt Bergen op Zoom zu Hülfe. Zugleich gab er mir den Auftrag, ihm während seines Marsches alle die Nachrichten zu geben, die zu seiner Leitung dienen konnten. Sein Vorhaben war, geraden Wegs den Herrn von Löwendal anzugreifen, aber ein unvermutheter Zufall hinderte die Ausführung desselben.

Der Prinz von Oranien, oberster Anführer aller Hülfstruppen der Republik, war in diesem Kriege nicht zufrieden mit ihm, und der gegen ihn gefaßte Widerwille war so groß, daß er nur auf eine Gelegenheit war-

tete, ihn zu kränken und sich zu rächen. In dieser Absicht trug er dem General von Cronström, wie ich schon
gesagt habe, die Befehlshaberstelle über die Besazzung
von Bergen op Zoom und über alle die Mannschaft auf,
die zwischen der Schelde und der Maas stand. Da
also der Fürst von Waldeck über die Maas gegangen
war, um sich gegen die Schelde zu begeben; so befand
er sich unter den Befehlen dieses Kommandanten, obgleich dieser schon unter ihm gedient hatte. Er glaubte
auf seinem Wege dieserhalb dem Statthalter Vorstellungen thun zu müssen; aber er empfing von Ihro Hoheit
eine sehr empfindliche Antwort, in folgenden Ausdrükken:

Haag den 24ten July 1747.

„Mein Herr!"

„Ich habe gestern Abend die beeden Briefe von
„Ew. Durchl. erhalten, die von Venlo datirt sind.
„Ich sehe aus einem dieser Briefe, daß Sie geglaubt ha-
„ben, da die Truppen der Republik, welche in dem ver-
„bündeten Heer zurükblieben, nicht so zahlreich sind,
„als die davon abgeschikten, so sei es unschiklich für Sie
„nicht mit diesen abzugehen. Ich glaube dagegen Ew.
„Durchl. benachrichtigen zu müssen, daß der General
„von Cronström durch den Staatsrath zum Komman-
„danten von Bergen op Zoom ernannt ist. Der Staats-
„rath und ich haben ihn sehr bringend gebeten, um ihn

„dazu zu bewegen, daß er, ungeachtet seines hohen
„Alters diese Stelle übernahm, und ich habe ihm beson=
„ders bezeugt, daß die Beweggründe meines Ver=
„haltens wären, Ihnen die Mittel zur Ergreifung Ih=
„rer Maaßregeln zu erleichtern; allein, unterdessen ich
„glaubte, daß Ew. Durchl. zum Heer zurükgekehrt wä=
„ren, wo Sie, da Sie der dritte in demselben sind, an
„allen Berathschlagungen Theil nehmen, welche für die
„Republik wichtig sind, sehe ich mit Bedauren, daß Die=
„selben anders denken. Ich habe den Inhalt Ihres
„Briefes dem Staatsrath mitgetheilt; weil ich sehr ge=
„neigt bin, bei den unangenehmen Umständen, in wel=
„chen sich unser Vaterland befindet, alle Anordnungen
„mit Ihro Hochmögenden einstimmig zu treffen. Sie
„haben entschieden, da man bei den Anordnungen in
„Betref des Generals Cronström blos das Beste des
„Staats zur Absicht gehabt habe; so könne man darinn
„keine Veränderung machen. Ich habe also nicht er=
„mangeln wollen, Ew. Durchl. so schnell als möglich
„davon Nachricht zu ertheilen, da es schien, als wenn
„Sie bei Ihrer Ankunft in Herzogenbusch dieselbe
„erwarteten,

(unterzeichnet)
Prinz von Oranien."

So bald der Fürst von Waldeck diesen Brief er=
hielt, übergab er die Anführung des Heers dem Gene=

rallieutenant von **Schwarzenberg**, welcher unter ihm
diente, und vor seiner Abreise antwortete er folgendergestalt dem Prinzen von Oranien.

• „aus dem Lager bei Halen d. 25ten July 1747.

„Mein Herr!"

„Der Brief von Ew. Durchl. ist mir erst den Tag
„nach meiner hiesigen Ankunft zugestellt. Da ich nichts
„darinn finde, wodurch das Unrecht, das man mir ge-
„gethan hat, vergütet würde, so schreibe ich heute an
„Ihro Hochmögenden, um ihnen die Nachricht zu ge-
„ben, daß ich das Heer verlasse und mich nach Hause
„begebe. Wer so viel auf Ehre hält, wie ich, wird
„gewiß mein Betragen nicht mißbilligen. Wenn Ew.
„Durchl., ehe Sie dieses Detachement vom Heer ab-
„schikten, die beiden Briefe beantwortet hätten, die ich
„Ihnen schrieb, und worinn ich Ihnen meldete, daß
„ich glaubte die Anführung des Corps übernehmen zu
„müssen, welches zum Entsazze von Bergen op Zoom
„bestimmt war; so hätte ich bei Zeiten meine Maaßre-
„geln darnach nehmen können; allein das konnte ich
„nicht erwarten, daß man mich in einem Heer ließe,
„worinn ich über keine Truppen mehr zu befehlen hät-
„te. Mit welchem Nuzzen man dem General Cron-
„ström diese Stelle anvertrauet habe, darüber mag ich
„mich nicht in überflüßige Untersuchungen einlassen.
„Der Souverain kann nach Gutdünken darüber urthei-

„len. Ich habe jezt nichts weiter hinzuzufügen, als
„die Versicherung der ausgezeichneten Achtung, mit
„welcher ich die Ehre habe, zu sein —

unterzeichnet
Karl, Fürst von Walbeck."

So opfert man fast stets den öffentlichen Vortheil
seinen Privatabsichten auf, und das Volk wird den Leidenschaften der Regenten geopfert. Gewiß war der
Fürst von Walbeck ein vorzüglicher General, und verdiente nicht, daß man ihm ein so empörendes Unrecht
anthat.

Die Dankbarkeit und Anhänglichkeit, welche ich
ihm für alle die Gefälligkeiten schuldig war, die er mir
unaufhörlich bei jeder Gelegenheit erwies, machten, daß
ich sehr lebhaft das ihm erwiesene Unrecht empfand und
diese unveränderlichen Empfindungen bewegen mich auch
dazu, noch den Brief hierherzusetzen, den er nach seiner
Rückkehr zu Hause an die Generalstaaten schrieb. Er
hatte die Güte, mir die Abschrift davon zu geben. Diejenigen, welche einigen Antheil an der Rechtfertigung
eines Mannes von Ehre nehmen, werden es mir ohne
Zweifel Dank wissen, daß ich denselben mittheile.

Arelsen, den 10ten August 1747.

„Vorigen Posttag habe ich den Brief von Ihro
„Hochmögenden vom zweiten dieses Monats erhalten.
„Da Ihnen schon mein voriger, worin ich die Ehre

„hatte, Ihnen zu melden, daß ich das Heer verließe,
„die Empfindungen meiner Dankbarkeit gegen die Güte
„bezeugt hat, womit Sie meine Dienste genehmigt ha-
„ben; so habe ich in dieser Absicht nichts hinzuzusetzen.
„Ich will Denselben nur vorstellen, wie sehr ich darüber
„erstaunt bin, daß man mich in dem Verdacht haben
„konnte, als verlangte ich die Besoldung zu behalten,
„die mit meiner Stelle verknüpft war, da ich sie ver-
„lassen hatte. Dank sei dem Himmel, ich bin nicht
„in dem Fall, um eine Pension anhalten zu dürfen.
„So niedrige Gesinnungen wären meinem Stande uns
„anständig und streiten geradezu gegen meine Denkart.

„Ich will nur noch auf den Vorwurf antworten,
„den Ihre Hochmögende mir machen, daß ich das
„Heer und die Befehlshaberstelle, sagen Sie,
„auf eine ungewöhnliche und ganz gesetzwidrige
„Art verlassen habe. Ich habe bei diesen Umstän-
„den nichts gethan, als was jeder Mann von Ehre in
„meiner Stelle gethan haben würde." Die Ausdrücke,
„deren sich Ihro Hochmögenden bedienen, beweisen
„mir, daß Sie nicht von dem unterrichtet sind, was
„vor meinem Abgange zwischen dem Prinzen von Ora-
„nien und zwischen mir vorgegangen ist, ob ich gleich
„natürlich voraussetzen mußte, daß er als Generalka-
„pitaln nicht unterlassen würde, es Ihnen zu melden;
„dieß nöthigt mich also, Ihnen eine kurze und wahr-

„hafte Nachricht von den vornehmsten Thatsachen zu
„geben.„

„Als ich noch beim Heer vor Maſtricht war, und
„ehe man noch daran dachte, irgend einen Haufen da-
„von abzuſenden, ſchrieb ich an den Hr. Statthalter,
„daß ich bei dem Corps zu ſeyn wünſchte, welches ſich
„an der Seite von Bergen op Zoom befand. Dieſes
„Corps war daſelbſt, blos auf mein dringendes Anhal-
„ten zur Bedeckung der Gränzen gelaſſen, und ich
„glaubte daſelbſt nüzlicher ſeyn zu können, als bei dem
„groſſen Heer.„

„Ich ſchrieb ihm nach einiger Zeit wieder, daß ich
„lebhaft um eine Verſtärkung für Bergen op Zoom an-
„halte, und daß ich, im Fall ich dieſelbe erhielte, Wil-
„lens wäre, ſie dahin zu führen; allein dieſe beiden
„Briefe blieben unbeantwortet; und es hat ihm beliebt,
„über eine Menge andrer Fragen ebenfalls ſtill zu ſchwei-
„gen. Man hat mich gar nicht weiter von den An-
„ordnungen unterrichtet, die man in Anſehung der
„Mannſchaft getroffen hatte, die in der Gegend von
„Bergen op Zoom ſtand, und eben dieſe Verheimli-
„chung hinderte mich daran, meine Maßregeln vor dem
„Abmarſche des Corps zu nehmen, das von dem groſſen
„Heer abgeſchickt ward. Sonſt hätte ich mich wahrlich
„nicht dieſem Marſch unterzogen, um bald nachher,
„gezwungen und beſchämt nach Maſtricht zurückzukehren.

„So viel ist wahr, daß ich auf der Anführung
„dieses Corps bestand, als Seine Königliche Hoheit
„der Herzog von Cumberland mir einige Schwierigkei=
„ten dagegen machte: allein mein Verlangen war sehr
„vernünftig und allen Kriegsregeln gemäß. Ei! seit
„wann darf ein General nicht mehr da seyn, wo der
„größte Theil seiner Mannschaft ist?„

„Ich meldete an den Prinz von Oranien durch ei=
„nen Courier, daß ich mit dem Corps abmarschirete,
„und bat ihn, mir seine Befehle nach Venlo zuzuschi=
„cken, wo ich den 21ten July einzutreffen dächte; und
„ich erhielt von ihm den Brief, den ich hier abschrift=
„lich beizulegen die Ehre habe (dieses ist der schon oben
„angeführte). Ihre Hochmögenden werden Selbst ur=
„theilen, wie seltsam mir die darin gethanen Vorschläge
„vorkommen mußten. Ich wußte ganz und gar nichts
„von dem Entschluß, den Ihro Hochmögenden in An=
„sehung der mir untergebenen Mannschaft gefaßt hat=
„ten; und es war ein Verstoß gegen alle Kriegsregeln,
„mich nicht davon zu benachrichtigen. Anderntheils
„mußte man aus meinen vorigen Berichten gesehn ha=
„ben, daß ich in Mastricht fünf Bataillons hineinge=
„worfen hatte, welche also gar nicht mehr zum Heer
„gehörten, sondern bloß unter den Befehlen des Kom=
„mendanten dieser Stadt standen, daß mir nur noch
„einige zwanzig Bataillons übrig blieben, was niemals
„genug zu einem Heer für einen General ist. Man

„konnte alfo fehn, wie unfchicflich es war, mir den
„Vorfchlag zu thun, daß ich wie eine Art von Minifter
„in dem Heer bleiben und die kriegrifchen Unternehmun-
„gen andern anvertrauen follte.

„Ich antwortete dem Prinzen von Oranien: der
„Vorfchlag, zum Heer zurückzukehren, wo ich über
„keine Mannfchaft zu befehlen hätte, oder unter den
„Befehlen des Generals von Cronftröm zu dienen, hieffe
„eben fo viel, als daß ich den Dienft der Republik ver-
„laffen follte. Ich fetzte hinzu, daß ich die Antwort
„Seiner Durchlaucht in Herzogenbufch erwartete, und
„wenn mir diefelbe keine Veränderung in diefen Anord-
„nungen meldete; fo würde ich die Befehlshaberftelle
„in die Hände des älteften Generallieutenants nieder-
„legen.„

„Hernach gab ich dem General von Burmannia,
„der fich nach Utrecht zum Prinzen von Oranien begab,
„den Auftrag, in meinem Namen an Seine Durch-
„laucht die ftärkften Vorftellungen zu thun, und ich
„kenne zu gut den rechtfchaffenen Karakter diefes Ge-
„nerals, als daß ich nicht überzeugt feyn follte, er wer-
„de feinen Auftrag wie ein Mann von Ehre erfüllt
„haben. Er meldete mir bei feiner Rückkehr nichts be-
„friedigendes.

„Nach diefen Vorfällen entfchloß ich mich, einen
„Dienft zu verlaffen, in welchem man fich erlaubte,
„fo fehr meine Ehre zu beleidigen, anftatt der Beloh-

K

„nungen, welche mir dafür zukamen, daß ich bis da-
„hin alles gethan hatte, was ich durch meinen Eifer und
„durch meine geringen Talente nur vermochte; und ich
„gab sogleich dem Prinzen von Oranien Nachricht
„davon.„

„Ich habe lange genug gedient, und weiß, was
„man seinen Obern und dem Souverain schuldig ist,
„allein ich weiß auch, daß man einem General in der
„Verrichtung seiner Pflichten Achtung schuldig ist, und
„daß man auf keine Weise über die Mannschaft die
„man ihm anvertraut hat, verfügen darf, ohne ihm
„davon Nachricht zu geben.„

„Ich wage es, mir zu schmeicheln, daß Ihre Hoch-
„mögenden billig genug denken werden, um zu gestehn,
„daß ich so handeln mußte, wie ich gehandelt habe.
„Uebrigens ist mein guter Ruf in der Welt zu vest ge-
„gründet, als daß ich befürchten dürfte, daß ihn die
„Pfeile der Bosheit und der Verleumdung nur im min=
„desten verletzen könnten."

unterzeichnet
Karl, Fürst von Waldeck.

Dieser Brief hat mir in jeder Absicht werth ge-
schienen, daß er aufbehalten würde. Allenthalben blickt
aus ihm jener Adel und jene Standhaftigkeit hervor, die
dem gekränkten Mann von Verdienst so wol anstehn; und
zugleich kann derselbe in der Geschichte einen neuen Be-

weis für die niedrigen Kabalen geben, welche Neben-
buhlerneid, Eifersucht, und persönliches Intresse so
oft zum Nachtheil des öffentlichen Wohls im Staat er-
zeugen.

Endlich kam der General Schwarzenberg zu uns,
der anstatt des Fürsten von Waldeck die Anführung der
Truppen übernahm, die von Mastricht kamen. Wir
empfanden größtentheils das Gefühl der Verzweifelung
über die Abreise dieses Fürsten, welcher Talente mit Vorzügen
des Charakters vereinigte, und sich das Zutrauen des
ganzen Heers erworben hatte.

Unter allen Offiziren war ich über dieses Ereigniß
am meisten bekümmert, entschloß mich auch, gleich nach
Endigung dieses Feldzugs, nach Hause zurückzukehren;
und dieser Entschluß wurde mir um desto leichter, da
ich, in den drei Feldzügen, die ich im Heer der Verbündeten mitgemacht hatte, nichts, als verlorne Schlachten und eroberte Vestungen gesehn hatte.

Nach einiger Zeit brachte uns der Marquis von
Bathiani eine zweite Verstärkung: zu gleicher Zeit aber
unterließ auch der Graf von Sachsen nicht, verhältnißmäßig das französische Heer zu verstärken, welches Bergen op Zoom belagerte; so daß sich unvermerkt die größte Stärke beider Heere vor diesem Ort befand, nur mit
dem Unterschiede, daß wir unthätig blieben, unsre Feinde hingegen die Belagerung sehr eifrig fortsezten, und
den Ort eroberten.

K 2

Die Eroberung einer solchen Vestung innerhalb
zwei Monaten kann man blos für einen Ueberfall ansehn. Die Besazung war stark und hatte völlig freie
Verbindung mit der Provinz Seeland, und vermittelst
dieser mit allen vereinigten Staaten, unser Heer bestand
aus vierzigtausend Mann: aber ob ich gleich dem Muth,
der Tapferkeit und der Geschiklichkeit der Franzosen Gerechtigkeit wiederfahren lasse; so kann ich doch auch nicht
umhin zu versichern, daß ihnen die Eroberung dieser
Stadt nur daher gelang, weil die Besazung eben so
wenig als unser Heer ihrer Schuldigkeit nachkam, und
daß der Feind sich vergebens darnach bestrebt haben würde, sich dieser Vestung zu bemächtigen, wenn der
Fürst von Walbeck an der Spize unsrer Mannschaft
gestanden hätte.

Zwar machten wir einen Versuch, dem Ort zu
Hülfe zu kommen. Dreitausend Grenadier wurden befehligt, zu gleicher Zeit an drei verschiedenen Orten, den
Feind anzugreifen, und ich hatte die eine dieser Abthei-
lungen anzuführen. Ich drang bis in die Umschan-
zungslinie, und ich sezte mich um desto leichter in derselben vest, da die beiden andern Angriffe etwas zu früh
geschahen, und also fast die ganze Aufmerksamkeit des
Feindes auf die mir entgegen gesezte Seite lenkten. Ich
schikte einen von meinen Offizieren zurük, um den glüklichen Erfolg meines Angrifs zu melden, und darum anzuhalten, daß unser Heer, welches gerade hinter mir

stand, zu meiner Unterstüzung heranrüffen sollte; allein der Offizier kam sogleich zurük, und brachte mir, statt der von mir gefaßten Hofnung, den Befehl, mich zurükzuziehen, und wieder zum Heer zu stoßen, das ohne allen Grund, und geradezu gegen allen gesunden Menschenverstand ins Lager zurükging. Ich gehorchte, aber ich knirschte mit den Zähnen dabei.

Man führte bei dieser Gelegenheit an, wie der Prinz Eugen im Successionskriege Turin entsezt hatte: das ist ganz gut, sagte ich bei mir selbst, wir würden auch Bergen op Zoom entsezen, allein zum Unglük steht kein Eugen an unsrer Spize.

Der General Cronström war damals achtzig Jahr alt; und in solchem Alter ist man nicht mehr völlig im Stande, Kriegsunternehmungen anzuordnen. Er rettete sich nebst seiner Besazung durch das Thor, was er noch in seiner Gewalt hatte, und schlug sich bloß im Weichen. Er kam in unsre Linien herüber, und sezte sie in Schreken und Verwirrung.

Alles, was den Franzosen entkommen konnte, stieß indessen zur Armee, und theilte mit uns die Mühseligkeit, oder vielmehr die Schande während der übrigen Zeit dieses Feldzugs.

Der Prinz von Oranien eilte vom Haag herbei, um so gut als möglich, die Zerrüttung unsrer Angelegenheiten wieder zu verbessern. Er musterte das Heer, und machte die Standeserhebungen bekannt, durch wel-

che auch ich die Stelle eines Obristen erhielt; zu gleicher
Zeit dankte mir der Prinz in den schmeichelhaftesten Ausdrükken von Seiten der Generalstaaten für alle Dienste,
die ich ihnen in diesem Kriege geleistet hatte. Er sezte
hinzu, da das Heer jezt unter seinen Befehlen stände;
so hege er die Hofnung daß sich ihm ferner Gelegenheit
dazu darbieten würde, mich zur Fortsezzung derselben
zu ermuntern.   Dieses Versprechens wegen entschloß ich
mich, die Ausführung des Vorhabens zu verschieben,
welches ich aus Unwillen über das dem Fürst von Waldek zugefügte Unrecht gefaßt hatte, dem ich meinen ganzen glüklichen Zustand verdankte: auch nöthigte mich
noch ein neuer Umstand, das Heer nicht zu verlassen.
Der Prinz von Oranien brachte nur drei Tage bei uns
zu und befahl mir in eben dem Augenblik, wo er die
Rükreise nach dem Haag antrat, mich zu ihm zu verfügen, so bald der Feldzug beendigt wäre, und sagte mir
zum voraus, daß er über gewisse Anordnungen mit mir
zu sprechen hätte, zu welchen er mich gerne gebrauchen
möchte.

Es war schon tief im Jahr: es fiel nichts wichtiges
weiter vor, und einige kleine Gefechte ausgenommen,
die aber ohne Folgen waren, hinderte uns nichts die
Winterquartiere zu beziehn.

Wir waren ziemlich traurig, aber eine lustige Begebenheit heiterte uns, gegen das Ende des Feldzugs,
ein wenig auf.

Ich zog täglich zum kleinen Kriege aus, die Lebhaftigkeit meines Temperaments stimmte nicht zu dem un-
thätigen Müssiggange, der in unserm Lager herrschte.
Einst fing eine meiner Patrullen einen Courier auf, der
für das Lager des Herrn von Löwendal bestimmt war und
brachte mir ein großes Felleisen mit, welches eine unge-
heure Menge Briefe aus Frankreich enthielt. Ich gehe
damit ins Hauptquartier, wo man nach den Kriegsgese-
zen alle aufgefangenen Briefe durchliest, ehe man sie
durch einen Trompeter an den Ort ihrer Bestimmung
schikt.

Ich war mit unter denen, die man dazu auswählte, sie zu lesen. Nur sehr wenige waren darunter, die
auf die gegenwärtigen Umstände Beziehung hatten,
und aus welchen wir einiges Licht schöpfen konnten: dage-
gegen fielen uns eine Menge Briefe in die Hände, welche an die Offizier von ihren Geliebten und von den Schönen in Paris geschrieben waren. Einige waren voll Zärtlichkeit und Leidenschaft andre voll Scherz und Schäkerei
andre endlich ernsthaft und voll von lebhaften Ausbrüken
von Vorwürfen oder Spöttereien. Nie habe ich in einer Komödie mehr Vergnügen empfunden als bei dieser
Lektüre.

Noch fiel eine sehr bemerkenswerthe Begebenheit
vor, aber von einer ganz andern Art.

Ein junger Franzose erbot sich, unter unser Heer
zu gehn, und erzählte, daß er durch Unfälle im vorigen

K 4

Jahr genöthigt wäre, den französischen Dienst zu verlassen. Man schikte ihn zu mir und ich erhielt den
Auftrag zu sehn, wozu er zu gebrauchen wäre. Er
wich nicht von unsrer Seite und bewies allenthalben viel
Tapferkeit, aber sein sittliches Betragen war nichts weniger, als lobenswerth.

Dieser Mensch folgte mir sehr oft wenn ich die Stellung des Feindes recognoscirte, und nach seinen Beo-
bachtungen dachte er auf die Ausführung eines Streichs,
zu welchem er sich von mir vierzig Freiwillige, sowol Reiter als Fußvolk ausbat, die ich ihm auch bewilligte.

Er hatte nebst mir bemerkt, daß ein feindlicher General zwischen Antwerpen und Bergen op Zoom stand,
um die Verbindung zwischen beiden Oerten zu unterhalten und die Fuhren zu decken; daß er seine Stellung in
einem Dorf genommen hatte, das an der Landstraße
zwischen beiden Oertern lag; daß alle Wachen dieser
Schaar, da das Dorf an einer Seite völlig unter Wasser stand, an die entgegengesezte gestellt waren.

In einer Nacht also benuzt dieser unerschrokne
Mensch die Dunkelheit, und watet mit drei oder vier von
seinen Freiwilligen durch das unter Wasser gesezte Erdreich: er geht ganz sachte ins Dorf, geht durch das
Quartier des Generals, und ersticht die Schildwache,
welche vor der Hausthür steht. Nachher geht er ganz
allein in die Stube des Offiziers, der ganz ruhig schläft;
er wekt ihn, indem er ihm den Dolch an die Gurgel sezt,

er droht ihm den Tod, wenn er das geringſte Geräuſch
zu machen wagte, und befiehlt ihm, ſich ſchnell anzuklei-
den und ihm zu folgen.

Der arme General muß alſo gehorchen und ſeinem
Führer zur Seite ſich auf den Weg machen. Sie gehn
durch alle Wachen, und ſo oft man ſchreit; wer da?
antwortet der franzöſiſche General: Franzoſe und General der ſeine Poſten beſucht. Keine Schildwache verweigert ihnen den Durchgang.

Da ſie endlich aus dem Dorf kommen; ſo giebt
mein Bravo das Zeichen, was er mit ſeinen Huſaren
verabredet hatte. Sogleich kommen zwei von ihnen hervor und bringen ihm zwei Pferde, eins für ſich und das
andere für ſeinen Gefangenen. Er befiehlt ſeiner Mannſchaft, umzukehren, reitet mit ſeinem Gefangnen voraus und kommt mit Tagesanbruch ins Lager.

Der franzöſiſche General war, wie man leicht denken kann, gar nicht wol mit der Nacht zufrieden, die er
ſo übel zugebracht hatte. Er beklagte ſich vorzüglich darüber, daß dieſer Offizier ſeine Stube geplündert und ſeine Wäſche, ſein Geld und alle ſeine Sachen fortgenommen hätte.

Durch dieſen Fang erhielt dieſer das Patent eines
Hauptmanns im Dienſt der Republik und die Erlaubniß, zum künftigen Feldzuge eine Freikompagnie zu errichten; allein ſein Glük war nicht von langer Dauer:
er beging nachher ſo viel Straſſenräubereien und Grau-

K 5

ſamkeiten, daß er nach den Ausſpruch des Kriegsraths lebendig gerädert und ſeine Mannſchaft verabſchiedet ward.

Der kleine Krieg iſt bei meinen verſchiednen Feldzügen eine meiner Hauptbeſchäftigungen geweſen; aber
Dank ſei dem Himmel! mein Betragen war immer ſo,
daß ich mir keine Vorwürfe darüber machen darf.

So bald uns die Strenge der Jahrszeit auſſer
Stand ſezte, thätig zu ſeyn, wies man uns die Winterquartiere an: das Regiment, welches ich anführte, ward
nach Herzogenbuſch gelegt. Dieſes iſt eine recht hübſche
wolbeveſtigte Stadt, und einer der beſten Beſazzungs-
örter in der Republik. Ich brachte meine Leute dahin
und dann reiſte ich, den Befehlen gemäß, die mir der
Prinz von Oranien gegeben hatte, nach dem Haag ab.

Dieſer Prinz nahm mich ſehr gnädig auf: er wiederholte mir alles das ſchmeichelhafte, was er mir bei
ſeiner Muſterung des Heers über meine Dienſtleiſtungen
geſagt hatte: er ſezte hinzu, daß er noch mehr als eine
Gelegenheit erwarte, wo er mir ſeine Zufriedenheit darüber bezeugen könne und endlich ſagte er mir, wie er
ſehr wünſche, daß ich mich entſchlieſſen möchte, zu der
entworfnen Vermehrung der Kriegsvölker der Republik
behülflich zu ſeyn; ich möchte alſo den Winter dazu benuzzen, in Schweden vier Regimenter Fußvolk auszuheben, welche die Republik auf eben den Fuß in ihre
Dienſte nehmen wollte, als diejenigen, die ſie im Suc-
ceſſionskriege gehabt hätte, und womit ſie ſo ſehr zufrie-

ben gewesen wäre.   Er bat mich zugleich, etwa hundert
Offizier von meinen Landsleuten anzuwerben, die nach ihrem Range und nach ihrer Fähigkeit unter verschiedne
andre Korps vertheilt werden sollten.

Nach Vorschlägen dieser Art, konnte ich nicht mehr
füglich den Dienst der Republik verlassen; man würde
mich dann der Undankbarkeit gegen den Prinz von Oranien beschuldigt haben; also gab ich meinen vorigen
Plan auf.

Dieser Auftrag war mir um so angenehmer, da
er mir den Vortheil verschafte, meine Verwandte und
vorzüglich die Fräulein von W*** meine Verlobte, wie-
berzusehn.   Ich nahm zugleich darauf Rüksicht, daß ich
durch diese Werbung etwas Geld in mein Vaterland ziehn
würde, wo dasselbe stets selten gewesen ist.

Aus allen diesen Gründen versprach ich, mein
möglichstes zu thun, damit dieses Geschäft zu Stande
käme, und reiste eilend ab, da ich keinen Augenblik zu
verlieren hatte.   Der Prinz versah mich mit Vollmacht
in Ansehung der Kapitulation, und mit offnen Wech-
seln auf Amsterdam wegen der Summen, deren ich etwa
benöthigt seyn möchte.

Ich ermangelte nicht, unterwegs den Fürsten von
Waldek meinen Wohlthäter und meinen Freund der sich
in seine Länder begeben hatte zu besuchen und blieb zwei
Tage bei ihm.   Damals erzählte er mir alle kleine Umstände seiner Uneinigkeit mit dem Prinzen von Oranien

und theilte mir ihren ganzen Briefwechsel mit. Ich reiste hernach nach Hamburg und von da nach Stralsund,
wo man sich zu Schiffe setzt, um nach Schweden über-
zufahren. Ich hatte das Unglük, Schifbruch zu leiden.
Das Paketboot ward durch den schreklichsten Sturm auf
eine Sandbank geworfen; und ich brachte die Nacht in
dieser schreklichen Lage zwischen Leben und Tod zu. Den
folgenden Tag schikte mir der Postmeister aus Stralsund
ein andres Paketboot, um durch unmerwährendes Eis
in steter Lebensgefahr meine Ueberfarth zu endigen. Ich
stieg zu Istad in Schweden aus und reiste zu Lande nach
Stokholm. Unterwegs war ich bei der Fräulein von
W***, deren Anblik in mir nach einer so langen Abwesenheit die lebhaftesten Empfindungen der Zärtlichkeit erregte, deren das menschliche Herz bei dem theuersten
Gegenstande nur fähig ist. Nachher reiste ich zu meiner
Mutter, die ich, so wie zugleich meinen Bruder und
meine Schwester, welche sie bei sich hatte, mit eben so
süßem Entzükken umarmte, und nach einem Aufenthalt
von einigen Tagen reiste ich nach Stockholm ab.

König Friedrich der I, der damals regierte, nahm
mich auf die gnädigste Art auf. Er hatte selbst, als
Erbprinz von Hessenkassel in dem Heer der Verbündeten
unter dem Prinz Eugen und dem Herzoge von Marlbo-
rough gedient. Ich fand bei ihm unendlich viel Kenntniß des Kriegswesens: er unterhielt mich viel über das
Land, welches der Schauplatz des jetzigen Kriegs war.

Ich hatte das Vergnügen seine Wißbegierde durch die
Beschreibung der Feldzüge zu befriedigen, denen ich bei=
gewohnt hatte, und durch die Erzählung der verschied=
nen Umstände, durch welche sie für uns so unglüklich
und für die Franzosen so glänzend geworden waren.

Bei diesen Unterredungen fand ich natürlich die Ge=
legenheit, mit ihm über den Auftrag zu sprechen, den
ich hätte, Truppen anzuwerben, welche die Republik
in ihren Sold zu nehmen wünschte. Von Seiner Ma=
jestät erhielt ich ohne Schwürigkeit Einwilligung und
möglichste Begünstigung für meine Verhandlung, aber
der Senat war in dieser Zeit völlig den Franzosen erge=
ben. Der Gesandte dieser Macht, welcher auf die
Staatsangelegenheiten mehr Einfluß hatte, als der Kö=
nig selbst, ward um Rath gefragt, und sein Wider=
spruch war hinreichend, alle meine guten Absichten zu
zerstören, da ich meinem Vaterlande eine ansehnliche
Geldsumme, und zugleich einem Theil unsrer adelichen
Jugend Gelegenheit verschaffen wollte, sich in der Kriegs=
kunst Einsichten zu erwerben und sich darin zu vervoll=
kommnen, die sich sonst, da sie nichts bessers zu thun
hatte, mit der Staatskunst beschäftigte.

Zu meinem Glük gab mir einer meiner Freunde von
Seiten des Prinzen von Oranien die Nachricht, daß ich
die mir aufgetragene Unterhandlung so viel als möglich
möchte in die Länge zu ziehn suchen, da es sehr viel An=
schein habe, daß der völlige Friedensschluß auf einen

Waffenstillstand folgen würde, den man so eben veſtzu-
ſezzen im Begrif ſei.

Dreiſſigtauſend Ruſſen hatten ſich in Bewegung
geſezt, um den Seemächten zu Hülfe zu kommen, und
durch dieſen Entſchluß des Petersburger Hofes ward
Frankreich bewogen, in allem Ernſt auf den Frieden
zu denken.

Ich verzögerte alſo den Fortgang meiner Unterhandlungen, da ich vorausſah, daß man, wenn der Friede zu Stande käme, ganz gewiß von der holländiſchen
Armee viele Leute verabſchieden würde; und um deſto
mehr Zeit zu gewinnen, gab ich dem Könige ins geheim
von demjenigen Nachricht, was man mir in Anſehung
der Friedenshofnungen aus Holland ſchrieb, und reiſte
zu der Fräulein von W***.

Wir ehlichten uns. Dieſer ſo übereilte Entſchluß
war freilich nicht ſehr weiſe, weil ich in der Gefahr war,
einige Wochen nach meiner Hochzeitfeier wieder ins Feld
gehen zu müſſen; aber, es mochte nun Liebe oder es machte die Ahndung des bevorſtehenden Friedens ſeyn, genug
ich ſezte mich über dieſe Furcht hinweg und befriedigte
meine Neigung.

Der König ſchenkte mir unter ſehr ſchmeichelhaften
Ausdrükken einen goldnen Degen, und da ich von Sei-
ner Majeſtät mich beurlaubte, hatten Sie noch auſſer
Ihren vorigen Gnadenbezeugungen die Huld, mir das
Patent eines Obriſten in ſchwediſchen Dienſten zu über-

reichen. Bis dahin war ich völlig vergnügt, der Tag meiner Vermählung war angesezt, allein unser Vergnügen ward mit vieler Bitterkeit vermischt, weil ich das Unglük hatte, meine Mutter in eben dem Augenblik zu verlieren, als sie in den Wagen steigen wollte, um dieser Zeremonie beizuwohnen, die nicht länger aufgeschoben werden konnte. Ich verlebte vierzehn Tage in den widerstrebendsten Empfindungen, die einerseits durch den Verlust einer guten und ehrwürdigen Mutter, die meinen ganzen Kummer verdiente und andrerseits durch den Besiz einer Gemahlin verursacht wurden, für die ich seit langer Zeit eben so viel Achtung als Zärtlichkeit fühlte.

In diesen Umständen gab mir der Prinz von Oranien in einem Briefe Nachricht, daß der Waffenstillstand geschlossen und ein allgemeiner Friede mehr als wahrscheinlich wäre, daß ich also, da die Verabschiedung eines Theils der Armee unvermeidlich sei, alle Verhandlungen, wenn es noch angehn könnte, abbrechen, und der Republik eine Ausgabe ersparen möchte, welche im Fall des Friedens unnöthig seyn würde.

Ich hatte nach den ersten Nachrichten, die ich über diesen Gegenstand erhielt, meine Maasregeln so gut genommen, daß es mir eben nicht schwer ward, die Wünsche des Prinzen von Oranien zu erfüllen. Ich traf einige nöthige Anordnungen den Nachlaß meiner Mutter betreffend und reiste dann mit meiner Gemalinn nach Deutschland.

Im Hollsteinischen war eine verheirathete Schwester von ihr wohnhaft. Zu dieser brachte ich sie hin,
und ließ sie daselbst, um mich zu dem Regiment zu verfügen, das in Holland unter meinen Befehlen stand.

Bei meiner Ankunft fand ich die ganze Armee der
Verbündeten versammlet und bei Breda gelagert, die
französische stand bei Antwerpen. Da die Feindseligkeiten unterblieben; so dachte man auf nichts als auf
Ergözlichkeiten. Nie sah man vielleicht in irgend einem
Heer so viel Feste und so viel Pracht als in dem unsern.
Es bestand aus Oesterreichern, Engländern, Holländern, Baiern, Hannoveranern, Hessen, Braunschweigern, und aus einer kleinen Schaar des Prinzen
von Hessen = Darmstadt: auch der Bischof von Würzburg hatte den Holländern zwei Regimenter in Sold gegeben.

Die Vergnügen verdrängten indessen nicht ganz die
kriegerischen Geschäfte. Man übte die Mannschaft;
jeder Anführer ließ seine Leute nach seiner Art in den Waffen üben, und diese Mannichfaltigkeit hatte etwas sehr
unterhaltendes.

Verschiedne von unsern Generalen und niedern Offizieren benuzten die jezzige Lage der Sachen zu einem Besuch des französischen Heers. Vorzüglich waren die meisten neugierig, Bergen op Zoom wiederzusehn, und auch
ich gehörte zu dieser Anzahl.

Der französische General, der Kommandant von dieser Stadt war, nahm uns sehr artig auf; und da er sah, daß uns sehr daran gelegen wäre, alle nähere Umstände von der Eroberung dieser Vestung zu erfahren; so befahl er dem Plazmajor welcher sich mit unter den französischen Offizieren befunden hatte, die beim Sturm Anführer gewesen waren, uns alle Orte zu zeigen, durch welche sie in die Stadt gedrungen wären.

Wir erstaunten nicht wenig, da wir die nähern Umstände dieser berühmten Eroberung hörten. Die Belagerer hatten sich auf ihre Bajonetten gestüzt, da sie die Bresche erstiegen, und der ganze Widerstand, den sie bei ihrem Einbringen in die Stadt trafen, bestand in einigen eingeschlafenen Schildwachen.

Herr von Löwendal besaß ohne Zweifel Verdienst: allein Kunstverständige werden es nicht nach dem Glük dieser Unternehmung würdigen. Es geht den Kriegsanführern, wie den Aerzten: Kenntnisse allein sind nicht hinreichend; sie müssen auch Glük haben. Die Eroberung von Bergen op Zoom beweist, daß der Marschall von Löwendal beides besas.

Der ganze Feldzug verfloß unter Freuden; täglich folgten ununterbrochen Ergözlichkeit auf Ergözlichkeit. Der Friede ward den 18ten Oktober 1748 zu Aachen geschlossen. Ein jeder kehrte jezt heim. Ich führte mein Regiment nach seiner Besazung; und da ich die Erlaubniß erhalten hatte, mich auf sechs Monat zu entfernen;

L

so reiste ich nach Hollstein, wo meine Gemalinn für Ungeduld brannte, mich wiederzusehn.

Wir brachten den Winter sehr angenehm bei unsern Verwandten zu, die uns mit Artigkeit und Freundschaftsbezeugungen überhäuften.

Meine Absicht war, im Anfange des Frühlings nach Holland zurükzukehren, und mich wieder zu meinem Regiment zu verfügen, das in Tournai in Besazzung lag. Auch wollte ich meine Gemalinn mit dahin nehmen, und mich dort niederlassen, weil ich das Glük gehabt hatte, mir während des Kriegs einigen Namen zu machen, und weil überdem Tournai eine sehr angenehme Stadt und einer der besten Besazzungsörter der Republik ist; allein gegen Ende des Winters schrieb man mir aus Schweden, daß Familienangelegenheiten schlechterdings dort meine Gegenwart forderten, und daß ich sonst Gefahr laufen würde, die Landgüter zu verlieren, die mir durch den Tod meiner Mutter zugefallen wären. Dieser bringende Beweggrund brachte mich zu dem Entschluß, nach Hause zu reisen; und da der Krieg doch geendigt war, so wollte ich meine Stelle im holländischen Dienst niederlegen. Man verweigerte mir meinen völligen Abschied: ich erhielt bloß die Erlaubniß, in Schweden zu bleiben, so lange meine Angelegenheiten es erfordern würden. Dagegen erbot ich mich, im Fall eines entstehenden Kriegs, wieder in den Dienst der Republik zu treten; da sich aber dieser Fall nachher nicht wieder

ereignete; so habe ich diese Pflicht der Dankbarkeit ihr
nicht abtragen können und mein Stern hat mich anders-
wohin geführt.

Mit meiner Gemalinn nach, Schweden zurükgekehrt,
zog ich aufs Land. Ich liebte von Natur die ländliche
Wirthschaft; und ich benuzte die süsse Ruhe, die ich endlich wieder genoß, zur Verbesserung meiner Güter. Meine Hauptbeschäftigung war die Erziehung meiner Kinder.
So verlebte ich sieben ganze Jahre, fern vom Getümmel
der Welt und vom Geräusch der Waffen, bei welchem
ich bis dahin fast immer gewesen war. Doch reiste ich
von Zeit zu Zeit nach Stokholm, theils um nach der
Gewohnheit des Landadels dem Könige meine Cour zu
machen, theils um bei den Reichstagen zugegen zu seyn,
deren Mitglied ich war, da ich als Edelmann das Recht
hatte, meine Stimme zu geben: aber noch war nicht die
Rolle zu Ende, welche die Vorsehung mir bestimmt hatte. Neue Auftritte erwarteten mich noch; und eröfneten sich bald vor meinen Augen.

Meine Freunde wiederholten mir unaufhörlich, daß
ich Unrecht daran thäte, mich so auf meinen Gütern
gleichsam zu begraben; und da ich so viel Kenntnisse vom
Kriegswesen besäße, so sei es mir nicht erlaubt, unnüz
für mein Vaterland zu bleiben. Ich widerstand lange
ihrem Anhalten, da ich mich zu glüklich bei meinem ruhigen Leben befand; allein sie erneuerten so oft ihre Anmah-
nungen, sie erregten auf so mancherlei Art den Eifer,

ben ich ſtets für das Glük und den Ruhm meines Vaterlandes gehabt habe, ſie erwekten ſo künſtlich die Begierde nach Ruhm, die faſt in meiner Seele verloſchen war,
daß ſie mich endlich wieder in dem Wirbel hineinzogen,
von dem ich, mich auf immer zu entfernen, entſchloſſen
war. Ich war erſt vier und dreiſſig Jahr alt; und es
iſt ſchwer, in dieſem Alter, wo alle Gegenſtände menſch-
licher Leidenſchaften ſich noch in reizend lachendem Lichte
zeigen, Philoſoph genug zu ſeyn, um das ganze Glük
eines eingezogenen Privatlebens zu empfinden. Ich bat
den König um Dienſte, und er hatte die Gnade für mich
ſogleich mich als Obriſten bei ſeiner Leibwache anzuſtellen.

In dieſer Stelle muſte ich um die Perſon des Königs ſeyn; ich verließ alſo meine Güter und begab mich
nach der Hauptſtadt. Gerade um dieſe Zeit ward der
bekannte Reichstag vom Jahr 1755 bis 1756 gehalten,
deſſen Ende für mich und ſo viel andre ſo traurig ſeyn
muſte.

Der König und der Senat waren ſeit langen Zeiten uneinig. Empfindlichkeit, Bitterkeit und Haß
herrſchten gleichmäſſig unter beiden Partheien. Die vorigen Streitigkeiten wurden täglich damals lebhafter und
weitausſehender; Wuth und Raſerei achteten bald nichts
mehr, und brachen von allen Seiten aus.

Obgleich ein Mitglied dieſes Reichstags, faßte ich
dennoch den Vorſaz, mich mit weiter nichts als mit meinem Dienſt zu befaſſen, dieſem meine ganze Zeit und

meinen ganzen Fleiß zu widmen; und dadurch so vielen
andern Offizieren ein Beispiel zu geben, die ihre Pflicht
der Staatsklugheit aufopferten: allein ich war schwach
genug, um mich von dem Strom hinreissen zu lassen.

Bei so einer Regierungsform, wie damals die
schwedische war, erhizt die Liebe zur Freiheit und zur
Unabhängigkeit jeden Kopf, und man glaubt, daß man
sie beide nur in so fern genießt, als man sich in die öffentlichen Angelegenheiten mischt.

Dieß war die allgemeine Stimmung in diesem unglüklichen Zeitpunkt. Die Geistlichkeit, der Adel, der
Bürger, ja die Bauern sogar, alle wollten den Staat
nach ihren Einfällen regieren. Sie tobten einer gegen
den andern, und verfolgten sich ohne Schonung. Die
Partei des Senats glaubte sich von dem schreklichsten
Despotismus bedroht, und die Partei des Hofes eben
so sehr von der fürchterlichsten tirannischen Aristokratie:
da aber die erste von den Franzosen unterstüzt ward, so
war sie die herrschende. Auch ermangelte sie nicht, alle ihre Vortheile zu benuzzen; sie überließ sich ganz ihrer Wuth und ihrer Rache gegen den Hof und gegen alle diejenigen, die nicht blind ihren Absichten folgten.

Seit meiner Kindheit hatte ich nichts als Unglüks-
fälle über Schweden einbrechen sehn, und seine unbegränzte Vereinigung mit Frankreich war der Grundquell
und die unmittelbare Ursach aller seiner Unfälle. Ich
gehörte also zufolge meiner Anhänglichkeit an mein Va-

terland, und meines Eifers für sein wahres Wohl zur
antifranzösischen Parthei. Ich sah den Hof gekränkt und
schaamlos selbst in der Person der drei Prinzen und der
Prinzessinn verhöhnt, deren Erbfolge blos die Vorsicht
gesichert hatte. Ich war Zeuge von den unerhörten
Verfolgungen, welche verschiedene von meinen Freunden erfuhren, weil sie sich für die Hofparthei erklärt hatten. Endlich war ich innerlich erbittert, wenn ich das
geringe Verdienst aller derer betrachtete, die man zu den
höchsten Ehrenämtern erhob, und wenn ich sah, wie
man auf eine empörende Art bei jeder Gelegenheit Gerechtigkeit und Ungerechtigkeit, Recht und Thatsachen,
Regeln und Misbräuche, Freiheit und Zügellosigkeit,
königliches Ansehen und Despotismus vermengte.

Dieses verhaßte Schauspiel machte mich besto auf-
merksamer auf die Uebel, von denen der Staat bedroht
ward. Ich gab dem mir geschehenen Vortrage Gehör
daß nur eine einzige Parthei zu ergreifen wäre, um das
Vaterland bei so einer Krise zu retten, nemlich, sich
mit Gewalt und Muth auszurüsten und eine glückliche
Staatsveränderung herbeizuführen, welche die Regierungsform völlig umwandeln sollte.

In der That schien mir dieser Weg einzig und allein
ten Umständen angemessen, und das um besto mehr, da
man nicht daran dachte, das Blut unserer Mitbürger
zu vergießen, sondern bloß den Vorsaz hegte, alles wie-

der auf eben den Fuß zu sezzen, wie es unter Gustav
Adolph gewesen war.

Mein Rath war, nichts zu übereilen und günstige
Umstände abzuwarten; ich sezte hinzu, daß sich die Gelegenheiten, thätig zu seyn, früh oder spät, gewiß darbieten würden, was man nach dem vorhergehenden gar
leicht voraussehn konnte.

Man billigte meinen Entwurf und entschloß sich die
Ausführung der entworfnen Staatsveränderung aufzuschieben. Indessen unterhielt man sich stets darüber unter dem Siegel des Geheimnisses, bis zu einer Begebenheit, welche der größte Theil von uns gar nicht vermuthete, die aber ohne Zweifel durch die Ungeduld eines
unsrer Mitgenossen veranlaßt war, und einer Verbindung ein sehr tragisches Ende machte, deren einziger
Gegenstand das allgemeine Wol gewesen war.

Der Stokholmer Pöbel rottete sich zum Besten des
Hofes schaarenweise zusammen. Die Zahl der Miß-
vergnügten belief sich bald auf einige tausend. Sie hatten verschiedne von unsren Vertrauten in ihr Geheimniß
gezogen, und eines Abends schikten sie zwei oder drei
Abgesandten an den Graf von Brahe, der das Ober-
haupt unsrer Parthei war. Da diese Abgeschikten ihn
nicht in seinem Hause fanden; so kamen sie zu mir, um
mit ihm zu sprechen, da man ihnen sagte, daß sie ihn
da treffen würden. Er war wirklich da, und sie erzählten ihm in meiner Gegenwart daß sie um Mitternacht alle

bewafnet ſeyn würden, um gewiſſe Herrn gefangen zu nehmen, die ſeit dem Anfange des Reichstages ſich bemühten, den König auf tauſenderlei Art zu kränken und ihm die grauſamſte Schmach anzuthun.

Dieſe Erklärung war ein Donnerſchlag für uns. Wir ſchikten ſie zurük und beſchworen ſie, ruhig zu bleiben und es auf einen andern Tag zu verſchieben. Eine Stunde nachher erſchienen ſie wieder und ſagten uns, daß es zu ſpät wäre, daß ſchon alles in Bewegung ſei, um ſich auf dem Verſamlungsort zu vereinigen. Da die Sache ernſthaft ward; ſo bat mich der Graf von Brahe zum Könige zu gehn wohin er mir nach einer Stunde nachkommen wollte, und ſeine Majeſtät zu bereden, daß er bei dieſen verdrüßlichen Umſtänden ſeine Parthei ergreifen möchte, nemlich zu ſiegen oder zu ſterben. Ich fand bei meiner Ankunft in ſeinem Kabinet die Königinn und zwei von meinen Freunden, die gleichfalls meiner Meinung waren. Wir baten den König, ſich zu Pferde zu ſezzen; die Königinn erbot ſich, ihm in dieſem kritiſchen Augenblik zu folgen; allein indem wir ihm vorſtellten, wie viel Vortheil ſeine Gegenwart zum Beſten der guten Sache ſtiften könnte, brachte man uns ſchon die Nachricht, daß das Komplott entdekt ſei, daß unſre Antagoniſten ſich verſammelten, daß ihre Patrullen ſchon die Gaſſen durchſtrichen und alles Volk zerſtreut ſei. Unſre Lage war ſchreklich; nichts deſto weniger bat man den König, hinabzugehn, ſich zu zeigen und ſich an die

Spizze der Schleswache zu ſtellen. Sie beſtand aus hun-
dertundfunfzig Mann und würde gewiß ohne Weigerung
marſchirt ſeyn: wahrſcheinlich hätten wir uns durch Hülfe der Nacht aller Poſten bemeiſtert; allein wir bemühten uns vergebens, alles zu zeigen, was uns
anfeuerte.

Ich kehrte nach Hauſe zurük von Kummer und Verzweiflung durchdrungen, daß wir unſern Streich verfehlt
hatten, und bedauerte, mich in ſo große Entwürfe ein-
gelaſſen zu haben, ohne die Seele dieſer großen Revolu-
tion genugſam zu kennen.

Mein Dienſt rief mich den folgenden Morgen an den
Hof und ich begab mich dahin. Alles war daſelbſt in
Ruhe; indeſſen erhielt ich bald die Nachricht, daß man
ſchon verſchiedne Perſonen hatte in Verhaft nehmen laſſen und daß die Bürgerſchaft Befehl hatte die Waffen
zu ergreifen. Man verließ ſich nicht völlig auf die Beſazzung, von welcher der größte Theil dem Hofe geneigt
und der herrſchenden Partei entgegen war.

Ich ſpeiſte beim Könige zu Mittag. Man ſprach
nichts; man ſah ſich einander an; blos die Königinn behielt ihre Faſſung.

Als ich von Tiſche kam, ging ich zum Grafen von
Brahe, den ich bei einer eben ſo üblen Laune traf; allein er ſah die Sache nicht für ſo ernſthaft an, als ſie
wirklich war; denn eben dieſen Abend erfuhren wir, daß
der Hofmarſchall Freiherr von Horn in Verhaft genom-

menwar. Dieſer hatte ohne unſer Wiſſen das Volk zu-
ſammengerottet.

Nach dieſer ſo betrübten und niederſchlagenden
Nachricht konnten wir nicht weiter die traurigen Folgen
bezweifeln, die wir zu erwarten hatten. Der Freiherr
von Horn hatte eine völlige Kenntniß von unſerm Ent=
wurf zur Staatsumänderung; und es war leicht vorher-
zuſehn, daß er nicht muthig und ſtandhaft genug ſeyn
würde um ſchweigen zu können.

Ich kam nach Hauſe zurük und erhielt noch die
Nachricht, daß verſchiedne Perſonen eingezogen waren
und unter andern ein junger Offizier, der aus Dankbar=
keit mir ſehr zugethan war, weil ich ihn während des
lezten Kriegs in holländiſche Dienſte gebracht hatte.
Man ließ ihn foltern, um von ihm das Geſtändniß alles
deſſen herauszubringen, was er von dem Komplott zur
Staatsänderung wußte. Er hielt dieſe Marter mit einem ächten heroiſchen Heldenmuth aus, und nie konnte man in Anſehung meiner das geringſte Geſtändniß
von ihm erpreſſen. Er hatte noch Stärke genug, mir
folgenden Zeddel zu ſchreiben.

„Ich komme aus der Hölle. Man hat mir viel
„Fragen in Anſehung Ihrer gethan und vorzüglich in
„Anſehung der Patronen, von denen man ausgeſagt
„hat, als ob ſie ſich im Hauſe des Grafen von Brahe
„befänden. Die Martern haben mich zu dem Geſtänd=
„niß gebracht, daß ich um die Patronen des Grafen von

„Brahe wüßte; allein in Ansehung Ihrer habe ich geant-
„wortet, daß der Teufel selbst mich zu keiner Lüge ver-
„leiten sollte.

Die Patronen waren wirklich da.   Der Graf von
Brahe hatte drei oder vierhundert auf einem Landgute an-
fertigen laſſen, das er nahe bei Stokholm beſaß.   Sein
Stallmeiſter ein ſehr treuer Menſch wußte darum, und
in den erſten Augenbliken der Beſtürzung und des Schrekkens hatte er von der Furcht überwältige, ſeine Ausſage
gethan, um ſich auf jeden Fall in Sicherheit zu ſezzen:
man muß aber um deſto mehr die edeln und großmüthigen Geſinnungen meines jungen Freundes bewundern,
da die in Schweden gewöhnliche Folter abſcheulich iſt.
Man ſtelle ſich in einem Kerker ein tief ausgehöhltes Loch
vor, daß mit moraſtigen und ſtinkendem Koth angefüllt
iſt.   In dieſes wird der Unglükliche bis an den Hals ge-
ſtekt.   Die Kälte des Waſſers iſt unerträglich: tauſende
von Inſekten verſammlen ſich an allen Theilen des Körpers
und zerfreſſen ihn: dabei denke man ſich noch die ent-
ſezliche Dunkelheit in dieſem Kerker, und dann wird man
ſich ein ſchwaches Gemälde von dieſer Pein entwerfen
können.   Ich habe nachher mit einem von meinen Landsleuten geſprochen, der in dieſen höllischen Schlund geworfen war, und er verſicherte mich, daß es vielleicht
nichts ſchreklichers in der ganzen Natur gebe.

So bald ich den erwähnten Zeddel erhielt, ſchikte
ich ihn ſogleich durch einen Bedienten an den Grafen

von Brahe, und schrieb blos die drei Worte darunter:
„ich gehe davon." Wollte Gott! er wäre meinem Beispiel
gefolgt! Es blieb kein anderer Ausweg, um sich der Wuth
dieser sogenannten Staatsmänner zu entziehn. Es giebt
keine Menschenart, die unversöhnlicher wäre.

Meine Frau war bei mir: ihre Unruhe war schlechterdings unbeschreiblich. Ich kündigte ihr an, daß ich
keine Zeit mehr zu verlieren hätte, um mich zu retten.
Wir umarmten uns, ohne von beiden Seiten nur ein
Wort hervorbringen zu können; und ich reiste ab.

Einer von meinen Freunden war großmüthig genug, um mich begleiten zu wollen, bis ich in Sicherheit
wäre. Um meine Verfolger zu hintergehn reisten wir
in der Nacht in einem Boot ab. Mein Freund hatte
eine Schwester, die sich damals auf einem Landhause
befand, und da dieses Landhaus an unserm Wege lag
so traten wir da ab. Von da schikten wir das Boot zurük, das wir im Stokholmer Hafen genommen hatten.
Wir bezahlten unsre Bootsknechte reichlich, damit sie
unsre Entwischung desto besser verheimlichen möchten.
Zum Glük hatten wir es mit ehrlichen Leuten zu thun,
die uns nicht verriethen, wie man daraus sieht, daß man
erst lange nachher erfuhr, was für einen Weg wir genommen hatten.

Die Schwester meines Freundes gab uns ein andres Boot, und da wir noch zehn Meilen zu Wasser
zurükgelegt hatten, gelangten wir zu einer Person von

meiner Bekanntschaft, deren zärtliche Anhänglichkeit an
mich ich öfters erfahren hatte. Hier trennte ich mich
von meinem großmüthigen Begleiter: ich nahm ein
Pferd, um unter dem Schuz und der Obhut der Vorsicht meinen Weg allein weiter fortzusezzen; er seinerseits
reiste nach der Provinz, wo sein Regiment stand. Er
war so vorsichtig gewesen, bei seiner Abreise das Gerücht auszustreuen, daß ihn dringende Geschäfte dahin
riefen.

Noch war ich fern von der Grenze des Königreichs,
und folglich noch immer in Furcht, daß man mich ein-
holen möchte: allein ich kannte alle Wege und wählte
den aus, der mir am sichersten schien, ob er gleich am
längsten war. Ich reiste die Nacht durch; und am Tage begab ich mich in irgend eine entlegne Hütte, mitten
im Holze, deren es sehr viel in dieser Gegend giebt. Da
genoß ich denn die nöthige Ruhe und Labung, und be-
sorgte vorzüglich mein Pferd, das oft von den Strapazen der Nacht ermattet war. Mein Bruder, klüger als
ich, hatte den Dienst verlassen und lebte ruhig auf einem
seiner Landhäuser vierzig Meilen von Stockholm; und
eine halbe Meile von diesem liegt ein Weiler, der ihm
ebenfalls noch gehörte. Hier ruhte ich im Vorbeigehn
aus, und nahm die gehörigen Maaßregeln, um mich bei
den Bauern von der Bewahrung des Geheimnisses zu
versichern und ließ meinen Bruder rufen. Er erstaunte
gar sehr über meinen Besuch; denn er hatte noch nichts

von alle dem gehört, was in der Hauptstadt vorgefallen war. Er sezte sich zu Pferde und eilte zu mir.

In der folgenden Nacht stieg ich durch ein Fenster in sein Haus, damit keiner von seinen Bedienten meine Ankunft erführe. Mein Bruder und meine Schwägerin waren ganz allein. Sie gaben mir ein köstliches Abendessen, was mir um desto angenehmer war, da ich in den fünf Tagen, die ich von Stockholm entfernt gewesen war, gar nichts als grobes Brod und Milch genossen hatte. Alsdenn legte ich mich in ein gutes Bett, um mich zu dem übrigen Theil meiner Reise zu stärken.

Mein Bruder hatte einen Freund in der Nähe, der Offizier unter dem Regiment Reiterei war, welches sich dort befand. Er ließ ihn während meines Schlafs holen. Es war ein sehr artiger Mann, er nahm viel Antheil an meiner Lage, und war gutdenkend genug, um mir seine Begleitung bis an die Gränze anzubieten. Er gab vor, daß er Pferde für sein Regiment einkaufen wollte; ich zog eine alte Livree an und begleitete ihn als sein Bedienter.

Wir ritten also eilend bis zur Gränze, ohne Tag oder Nacht anzuhalten, und da wir nach Hellsingburg gelangt waren, so nahm mich ein Fischer für zehn Dukaten in sein Boot. Ich umarmte voll Zärtlichkeit meinen Freund, nachdem ich ihm meine ganze Dankbarkeit für seine Großmuth bezeigt hatte, und fuhr in der Dunkelheit der Nacht über den Sund.

Des Morgens ging ich in die Stadt Helfingör, wo der Kommandant mein Anverwandter und Freund war. An der Thür gab ich mich nur für einen Bedienten aus, der mit ihm zu sprechen hätte: allein seine Leute, die mich für einen Bettler hielten, welchem ich auch nicht so ganz unähnlich sah, höhnten mich aus. Nur durch viel Bitten, und Vorstellungen darüber, daß ich schlechterdings mit dem dänischen General sprechen müsse, kam ich so weit, daß ich gemeldet ward. Er kam selbst heraus, um zu sehn, was es gäbe. Ich gab mich ihm sogleich zu erkennen, und hatte nicht nöthig, ihm weiter die Ursache auseinanderzusezzen, warum ich in dieser Verkleidung dahin käme; er hatte schon von Stockholm Nachricht von diesen Vorfällen erhalten, obgleich nur verwirrt und mangelhaft. Er ließ mir ein Zimmer, Wäsche und Kleider geben, um mich von den Lumpen zu befrein, womit ich behangen war. Er verschafte mir einen sichern Boten, den ich sogleich an einen meiner Freunde, der nicht weit vom Sunde wohnte, mit einem Briefe an meine Gemahlinn absandte. Sie war noch in Stockholm, wo ich sie gelassen hatte, und man kann leicht denken, in welcher entsezlichen Unruhe sie sich über mein Schiksal befand.

Der König von Dännemark hatte in dieser Gegend ein Lustschloß, auf dem er sich eben befand. Der General begab sich zu Seiner Majestät, um mir seinen Schuz zu erflehn. Er hatte die Gnade, ihn sehr gü-

eig mir zu bewilligen, allein unter der Bedingung, daß
ich mich nicht lange in seinen Staaten aufhalten möchte,
da zwischen beiden Reichen ein Vertrag gemacht wäre,
vermöge dessen sie sich gegenseitig diejenigen Unterthanen auslieferten, die zurükgefordert würden, und da
nach den neuesten Nachrichten aus Schweden die Erbit-
terung des Reichstags so heftig wäre, daß ich unaus-
bleiblich bald würde zurükgefordert werden.

Den folgenden Tag antwortete mir derjenige von
meinen Freunden, an den ich den Boten geschikt hatte,
daß er einen Kourier mit meinem Briefe an meine Frau
nach Stockholm gesandt habe. Er meldete mir, daß
die Verbindung zu der verfehlten Staatsänderung schon im ganzen Reich bekannt sey, daß
die öffentlichen Blätter und alle Zeitungen von meiner
Entweichung sprächen; daß eine Menge von Emissarien
auf allen Wegen mich aufsuchten; daß der Graf von
Brahe in Verhaft genommen sei, und daß man schon
davon spreche, er werde, so wie der Marschall Freiherr
von Horn und andre Personen von unsrer Parthei den
Kopf verlieren, daß man an verschiedne auswärtige
Höfe geschrieben und um meine Auslieferung angehalten habe, und daß sogar ein Preis auf meinen Kopf
gesezt sei. Er sezte noch hinzu, ein Offizier, einer der
eifrigsten von jener Parthei habe den Auftrag, mich zu
verfolgen und aufzuheben.

Nachher habe ich erfahren, daß dieser Offizier eine so gute Meinung von mir hatte, daß er dieser Unternehmung entsagte.

Nach diesen so genauen Nachrichten hielt ich mich nur zwei Tage bei dem dänischen General auf, der mir sehr viel Höflichkeit und Freundschaftsbezeigungen erwies. Ich kleidete mich standesmäßig, versah mich mit einem Paß unter einem fremden Namen, und reiste nach Hamburg.

Kaum war ich in dieser Stadt angekommen; so erfuhr ich, daß der schwedische Resident verschiednen meiner Freunde aufgetragen habe, mir zu melden, wenn sie mich träfen, daß er Befehl habe, mich zurükzufordern; und daß sie mir folglich den Rath geben möchten, ohne Säumen weiter zu gehn.

Ich entschloß mich also, den Gasthof zu verlassen, in dem ich abgestiegen war, und begab mich zu einem Freunde. Ich zeigte mich nirgends, und schikte einen Menschen nach Holstein. Mein Schwager und seine Gemahlinn, die Schwester der meinigen, eilten gleich nach Empfang des Briefs zu mir, um mir alles zu geben oder zu verschaffen, was ich nöthig haben möchte.

Noch hatte ich nicht darüber entschieden, in welchem Lande ich eine Freistadt suchen wollte. Mein Schwager, der in Hamburg viel Freunde und Bekanntschaft hatte, forschte allenthalben, ob ich nicht ohne

M

Gefahr einige Zeit da bleiben könnte; allein jedermann rieth ihm, meine Abreise zu beschleunigen.

Ich schrieb nach Holland und hofte, daß man mir dort, in Ansehung meiner Dienste im vorigen Kriege, nicht Schuz und Sicherheit verweigern würde. Man antwortete mir sehr verbindlich; allein da bei solchen Gelegenheiten politische Gründe fast immer den Ausschlag geben, so bat man mich, unter einem fremden Namen hinzukommen, und mir in der Republik, was für einen Ort ich wollte, zum Aufenthalt zu wählen: man merkte noch an, daß ich, wenn ich unter meinem wahren Namen erschiene, sie in Verlegenheit sezzen würde, da der schwedische Gesandte im Haag Befehl habe, mich zurükzufordern, wenn ich mich auf dem Gebiet der Republik befände.

Politische Gründe erlaubten mir nicht, meinen Namen zu ändern, also mußte ich auf die Freistadt Verzicht thun, die man mir in Holland anbot, und einen andern Entschluß fassen.

Bald fand ich eine Gelegenheit, mich zu entscheiden. Mein Schwager war eines Abends in Gesellschaft, man sprach daselbst von den neuesten Vorfällen in Schweden: ein Graf von Pleß, der sonst als Hofmarschall in Diensten unsers Königs gewesen war und mich kannte, frug meinen Schwager, ob er nicht wüßte, wo ich wäre und sezte hinzu, daß er wünsche, mich zu treffen.

Darauf unterhielten sie sich beide allein, und Herr von
Pleß erzählte ihm, er komme von Pyrmont, wo er seiner Gesundheit wegen den Brunnen gebraucht habe; der
Fürst von Waldek, der Herr dieses Orts, habe sich gerade da befunden, als die Zeitungen nur immer voll von
den wahren oder falschen Umständen der in Schweden
verunglükten Staatsveränderung waren, er habe ihm
aufgetragen, den Ort meines Aufenthalts zu erforschen;
dieser Fürst fühle für mich die lebhafteste Neigung und
wünsche, mich bei sich zu sehn.

Mein Schwager dankte dem Grafen von Pleß für
sein eifriges Wohlwollen, und eilte mit dieser angeneh-
nen Neuigkeit zu mir.

Sogleich wurden Postpferde bestellt. Mit Tagesanbruch reiste ich den folgenden Tag von Hamburg ab,
und flüchtete zu meinem ehmaligen Gönner, welcher mich
nebst seinem Hofe mit den lebhaftesten Freudensbezeu-
gungen und mit der aufrichtigsten Freundschaft empfing.

Hier fing ich endlich an, frei zu athmen. Man behandelte mich nicht als einen Fremden: ich lebte eben so
frei und ohne Zwang, als ob ich im Schooß meiner Familie gewesen wäre. Nie habe ich stärker den ganzen
Werth wahrer Freundschaft empfunden.

Ich meldete meiner Frau und allen denen ich lieb
war, wie glüklich ich in dieser angenehmen Freistadt wäre und daß ich mich entschlossen hätte, wenigstens einige
Zeit hier in Ruhe zu verleben. Meine Frau meldete mir

M 2

in ihrer Antwort, daß sie nach den nöthigen Anordnun=
gen in unsern häuslichen Angelegenheiten von Stokholm
abgereist und entschlossen sei, sich zu mir zu begeben und
Glük oder Unglük mit mir zu theilen, so bald sie wegen
unsrer Güter die gehörigen Verfügungen getroffen und
unsre Kinder schiklich untergebracht habe. Sie berichtete
mir zugleich, daß der Graf von Brahe, der Marschall
von Horn und verschiedne andre den Kopf verloren hät=
ten, und daß auch ich, als abwesend, zu eben der To=
desart verurtheilt sei.

Solch eine Wuth begleitet den Partheigeist, vor=
züglich in Sachen der Politik und der Regierung. Kei=
ne Ausschweifung ist zu groß zu welcher man nicht fähig
wäre, um diejenigen aufzureiben, die nicht eben solche
Vorstellungen haben, oder welche gegen die Entwürfe
arbeiten, die man sich gemacht hat. Ein Mensch in so
einem Fall gleicht, so zu sagen, einem Pferde, welchem
das Gebiß in die Zähne gekommen ist und welches nicht
eher anhält, als bis es sich den Kopf gegen eine Mauer
zerstößt oder so tief in einen Morast sinkt, daß es nicht
wieder herauskommen kann.

Der Fürst von Waldek überhäufte mich mit so viel
Güte, und seit meinem grausamen Unfall befand ich mich
so glüklich bei ihm, daß ich mich entschloß, mich mit Frau
und Kindern in dem Gebiet dieses würdigen Beschüzzers
niederzulassen, wenn nicht auf immer, doch wenigstens
bis dahin, daß sich die Lage der Sachen in Schweden

änderte: allein ein neuer sehr unerwarteter Umstand störte nochmals meine Ruhe.

Der Kaiser schrieb an den Fürsten von Waldek etwa in folgenden Ausdrücken:

„Der schwedische Gesandte hat eben eine Vorstel-
„lung überreicht, worinn er erzählt, daß seine Regie-
„rung erfahren habe, der Graf H— habe sich nach
„Deutschland zum Fürsten von Waldek geflüchtet, und
„Seine kaiserliche Majestät bittet, den Flüchtling in
„Verhaft nehmen zu lassen, und auszuliefern. Dieser
„Ansuchung zufolge hat der Kaiser nicht abschlagen
„können, die nöthigen Befehle in dieser Absicht zu
„geben.

Der Fürst von Waldek theilte mir, lächelnd, diesen Brief mit. Ich erstaunte nicht wenig darüber, daß der kaiserliche Hof, dem ich nie die geringste Gelegenheit zum Mißvergnügen gegeben hatte, und welcher im Gegentheil von verschiednen seiner Generale und vorzüglich von seinem ersten Minister, dem Prinzen von Kauniz, alle die Dienste erfahren konnte, die ich im Heer der Verbündeten geleistet hatte, im Stande wäre, so willig die Rache oder vielmehr die Wuth meiner Verfolger zu begünstigen: allein was vergißt man nicht aus Politik? Was opfert man nicht aus Staatsursachen auf, mögen sie gut oder schlecht seyn?

Der Wiener Hof und der zu Versailles suchten sich damals alle Mächte in Europa geneigt zu machen. Sie

wollten dem König von Preuſſen den Krieg ankündigen,
und in Schweden hatte man ebenfalls dieſen Plan.
Alle Mächte ſollten ſich gegen dieſen Fürſten verbinden.

Wie hätte man bei ſolchen Umſtänden ein armſeli=
ges Individuum wie ich war, für etwas rechnen können!
Natürlich mußte man meine Feinde hören: aber, dem
Himmel ſei Dank, ich kam noch mit der bloſſen Furcht
davon.

Da ich den Brief mit einer Bewegung geleſen hatte
die ich nicht unterdrükken konnte, und die jeder anderer in
meiner Stelle ebenfalls empfunden haben würde, ſagte
ich zum Fürſten von Waldek: „Nun gnädiger Herr,
„mein Schikſal ſteht in Ihren Händen!“ „Ich hoffe,
„erwiederte er ſogleich, daß Sie zu wol mit meiner Den=
„kungsart bekannt ſind, als daß Sie mich einer niedri=
„gen Handlung fähig glauben. Lieber will ich alle mei=
„ne Beſizzungen verlieren. Bleiben Sie ruhig bei mir.
„Nie ſoll der Kaiſer, oder wer es auch ſeyn mag, die
„Freundſchaft wankend machen, die ich gegen Sie fühle
„noch mich dazu bewegen, daß ich unterlaſſe, was ich
„einem rechtſchaffenen unglüklichen und verfolgten Man=
„ne ſchuldig bin.“

Ich dankte dieſem vortreflichen Fürſten für ſeine
Güte; aber ich erklärte ihm zugleich, ich würde nicht zu=
geben, daß er meinetwegen Schaden leide, da er damals
noch General Feldmarſchall des Kaiſers war. Die Ver=
bindlichkeiten, die er mir bei dieſer Gelegenheit ſagte,

sind meinem Herzen unauslöschlich tief eingeprägt; doch
verließ ich, nach einen ziemlich langwierigen Streit der
Großmuth zwischen uns, sein Land: mein Herz war durchdrungen von so viel Beweisen der Zuneigung und des
Wolwollens, die ich empfangen hatte, und ich fühlte den
heftigsten Schmerz, da ich einen Hof verließ, wo man
alles nur mögliche gethan hatte, um mich für die Verfolgungen zu entschädigen, die über mich her stürzten.

Ich ging nach der Schweiz. Ich kannte dort viel
Offiziere mit welchen ich vordem in Holland gedient hatte.
Der Fürst von Waldek und verschiedne andre Freunde
gaben mir Empfehlungsschreiben mit, so daß ich sehr wol
aufgenommen ward und daß man mir mit vieler Wärme
eine sichre Freistadt gegen meine Feinde anbot. Ich lebte daselbst nicht nur gesichert vor jedem neuen Sturm,
sondern sogar so angenehm, daß ich mich leicht hätte entschließen können, meine übrigen Tage daselbst zuzubringen.

In diesem Lande der Freiheit lernte ich den Herrn
von Voltaire kennen, der sich auch dahin begeben hatte.
Ich wünschte ihm Glük zur Wahl eines solchen Aufenthalts zu dessen Anmuth sich alles vereinigt, ein vortrefli-
ches Klima, der Wohlstand der Bürger und gute Gesellschaft. Da er sehr neugierig war; so wünschte er,
daß ich ihm die Geschichte meiner Unfälle erzählen möchte:
und ich konnte das diesem so berühmten Mann nicht abschlagen. Er schien den lebhaftesten Antheil daran zu

M 4

nehmen, er bezeugte mir viel Freundschaft und bat mich,
frei und ohne Umstände seine ganze Büchersammlung zu
benuzzen, die ich sehr zahlreich und äusserst ausgesucht
fand. Vorzüglich reizten die Handschriften meine Neugierde; allein nichts zog mehr meine Aufmerksamkeit auf
sich, als der Briefwechsel dieses vortreflichen Schriftstel-
lers mit dem Könige von Preussen, welcher sehr ange-
wachsen und höchst wichtig war.

Um eben diese Zeit erhielt ich Nachricht von meiner
Frau. Sie meldete mir, sie sei aus Schweden gereist,
ausser sich über alle die Abscheulichkeiten, die sie gesehn
habe; sie habe unsre Güter und unsre Kinder unter dem
Schuz der Vorsehung gelassen; sie sei in Hollstein bei
ihrer Schwester; sie sei Willens gewesen, nach einiger
Zeit der Ruhe zu mir zu kommen; damit wir gemein-
schaftlich überlegen könnten, wo wir uns am vortheil-
haftesten und unserm Geschmak gemäß niederlassen könnten, allein sie wäre von Ungefähr mit einem Offizier im
Dienst des Großfürsten von Rußland, regierenden Herzogs von Holstein bekannt und dadurch auf andre Ideen
gebracht worden; dieser Offizier sei von Petersburg gekommen, um sich nach Kiel zu begeben, wo sein Regiment in Besazzung liege, und habe sie versichert, daß
der Großfürst sehr oft von den schwedischen Angelegenheiten gesprochen und zugleich versichert habe, daß er sehr
gern alle die bei sich aufnehmen wollte, die bei dieser Gelegenheit unglüklich geworden wären; auf diese Nach=

richt habe sie also an den Großfürsten geschrieben, um seinen Schuz zu erflehn, und sei entschlossen, sich bei ihrer Schwester so lange aufzuhalten, bis sie hierauf Antwort abgewartet hätte.

Kurz darauf, denn der Großfürst antwortete schnell, berichtete sie mir, daß dieser Fürst ihr seine Theilnehmung an den uns in Schweden wiederfahrnen Unglüksfällen bezeugt und der Regierung in seinen Erblanden befohlen habe, mir seinen Schuz zuzusichern, für meine Sicherheit zu wachen, mir eine Wohnung auf dem Schloß und Schildwachen zu geben. Sie schloß also daß wir die gnädigen Anerbietungen des Großfürsten annehmen müßten und fügte hinzu, daß sie mich jezt mit heisser Ungedult erwarte, und daß ihre Schwester es mir völlig frei stelle, ob ich in ihrem Hause oder im Schloß wohnen wolle.

Ich beschleunigte jezt so viel als möglich meine Abreise, aber es schmerzte mich aufrichtig, wieder meine Freunde verlassen zu müssen, die mich mit Höflichkeiten überhäuft hatten: und da ich Tag und Nacht in einem leichten Fuhrwerk eilte, so war ich nicht lange unterwegs.

Meine Frau war mit ihrer Schwester auf dem Lande. Wir brachten einige Wochen daselbst zu und unsre Hauptbeschäftigung war, uns gegenseitig alles zu erzählen, was uns seit unsrer Trennung begegnet war. Es waren damals beinahe sechs Monate, seitdem ich aus Stockholm geflohen war, wo ich sie gelassen hatte.

M 5

Meine Laune ist von Natur frölich, mein Gewissen
machte mir keine Vorwürfe: die Geschichte meiner Un-
glüksfälle (denn es kam auf nichts geringers an, als
auf den Verlust meines Kopfes) machte mir weit mehr
Vergnügen als Kummer. Von ihr erfuhr ich, daß
man nach meiner Abreise aus Stockholm zu mir geschikt
hatte, ohne Zweifel, um mich in Verhaft zu nehmen,
daß sie, da sie nicht gewußt hätte, ob ich schon in Sicherheit sei, geantwortet habe, ich sei auf dem Lande;
daß sie aber hernach, da sie die Nachricht hatte, daß ich
außer Landes gegangen war, sich habe entfallen lassen,
daß sie gar nicht wisse, was aus mir geworden sei.

Da sich dieser Lärm verbreitet hatte, so war in
Stockholm alles in Bewegung. Man ließ mich bei
Trommelschlag auffordern, mich zu stellen, man fertigte nach allen Orten Kouriere ab, man sezte auf meinen Kopf einen Preis von tausend Dukaten.

Es gab sogar so schlechte Leute, die meine Frau
ermahnten, um die Scheidung von mir anzuhalten.
Sie sagten ihr voll Unverschämtheit, daß ich allenthalben, wohin ich auch fliehn möchte, in Verhaft genommen werden würde, und daß sie nicht so lange warten
sollte, bis sie mich schimpflich auf dem Blutgerüste sterben sähe. Da sie eine der schönsten Frauen im ganzen
Lande war; so möchte ich nicht darauf schwören, daß
nicht manche von ihnen mir solch ein Unglük wünschten,
um einen desto glüklichern Erfolg von den Entwürfen

hoffen zu können, welche sie in Ansehung ihrer machten. Sie begnügte sich damit, ihnen durch Verachtung zu antworten, und sie abzuführen.

Was meine Güter betrift, so wurden dieselben meiner Frau wieder gegeben, ohne daß sie einmahl nöthig hatte, darum anzuhalten.

Unsre beiden Kinder waren sehr gut angebracht. Die Königinn hatte geruht, meine Tochter zu sich zu nehmen, die damals sechs Jahr alt war, und sie standesmäßig erziehn zu lassen. Mein Bruder hatte meinen Sohn zu sich genommen.

So wachte die Vorsehung über mich und die meinigen.

Da uns die Jahrszeit den Aufenthalt auf dem Lande nicht länger verstattete; so begaben wir uns in die Stadt, und ich wohnte bei meinem Schwager. Der Gouverneur war so artig, selbst zu mir zu kommen, um mir seine Befehle vom Großfürsten in Ansehung meiner mitzutheilen. Er frug mich also, ob ich nicht auf dem Schloß wohnen wollte: ich bezeugte meine innigste Dankbarkeit gegen diese Gnade des Großfürsten und sagte, daß ich weiter nichts als den Schuz Seiner kaiserlichen Hoheit bedürfe, und daß ich hofte, denselben ruhig in dem Hause meines Schwagers zu geniessen. Ich schlug die angebotne Schildwache aus, da ich sie nicht nöthig hatte. Ich bat blos den Gouverneur

um die Erlaubniß, mir seinen Beistand erbitten zu dürfen, so oft ich denselben nöthig hätte.

Endlich hatte ich einen festen Siz, und mir
wurden so wohl von dem Gouverneur, als von dem
größten Theil der übrigen Einwohner so viel Artigkeiten
erwiesen, daß ich mich entschloß, ein Haus zu kaufen.

Den folgenden Frühling kehrte meine Frau nach
Schweden zurük, um unsre Kinder zu sehn und um
einige Anordnungen in Betref unsrer jezzigen Lage zu
machen. Sie hielt sich dort nicht lange auf, kehrte
schneller zurük, als ich erwartet hatte, und wir sezten
unsre Lebensart eben so wieder fort, als vor ihrer Reise.

Indessen beobachtete ich voll Neugierde und Theilnahme die verschiednen Begebenheiten des Kriegs den
damals so viel vereinigte Mächte mit dem Könige von
Preussen führten. Ich wurde gar nicht müde, diesen
Monarchen zu bewundern, der von allen Seiten anges
fallen, seine Stirn allen seinen Feinden zukehrte; der
mit der vollkommensten Kenntniß der Kriegskunst einen
erstaunlichen Muth, unbegreifliche Standhaftigkeit und
Thätigkeit verband; der zuweilen einen Verlust erlitt,
aber ihn stets mit Vortheil wieder ersezte; der bald von
der Anzahl daniedergedrükt und gleichsam zertrümmert
ward, und bald wieder seinerseits seine Feinde nieder-
drükte, und durch die ruhmvollsten Siege Unsterblichkeit errang.

Auch meine Landsleute, als immer treue Verbün=
dete von Frankreich sah' ich in diesem mächtigen Bunde
gegen die preußischen Staaten ihre Rolle spielen; allein
ich sah auch, wie sie den Augen von Europa nur ein
schwaches Bild von jener zugleich glänzenden und wei=
sen Tapferkeit darstellten, welche sonst ihre Vorfahren
berühmt gemacht hatte, und wie sie immerdar in ihrer
Mitte und in ihrem Kriegsrath einen französischen Offi=
zier hatten, der bestimmt war, sie zu leiten, damit sie
um desto besser der ganzen Welt zeigen möchten, bis
zu welchem Grade sie Sklaven des Pariser Hofes wären.

Ich beschäftigte mich mit diesem Schauspiel bloß,
weil ich von Jugend auf stets viel Geschmack am Kriegs=
wesen gefunden hatte; und ich dachte nicht daran, daß
mich mein Geschik von neuem auf diese Laufbahn führen
würde.

Der König von Preussen, wandte nach dem ruhm=
vollen Feldzuge von 1757 den Winter dazu an, den
Verlust seines Heers wieder zu ersezzen; und hob neue
Truppen aus. Er erfuhr von verschiednen englischen
und holländischen Offizieren, die als Freiwillige in sei=
nen Diensten standen, daß in einem kleinen Winkel von
Deutschland noch einer ihrer alten Kameraden aus den
flandrischen Feldzügen lebte, der sich damals einigen
Namen gemacht hatte. Er ließ mir durch seinen Mi=
nister in Hamburg seine Dienste anbieten, und ich nahm,

ohn alles Bedenken, einen so ehrenvollen Vorschlag an, der mit meinem Geschmak so wol übereinstimmte.

Ich begab mich zu Seiner Majestät, der, den Winter hindurch sein Hauptquartier in einem schlesischen Kloster an den böhmischen Gränzen genommen hatte. Er gab mir ein Freiregiment von zwei Bataillons, und erwies mir die Ehre, mich noch an eben dem Tage zur Mittagstafel einzuladen.

Ich kannte diesen Herrn bis dahin nur dem Namen nach; und es war mir nicht wenig angenehm, daß ich ihn nahe bei in seinem kunstlosen Privatleben beobachten konnte. Er legte mir eine große Menge von Fragen vor, theils über die Angelegenheiten von Schweden, theils über Materien aus dem Kriegswesen.

Nie wird man von diesem großen Monarchen mit Wahrheit sagen können, daß der Hochmuth und Stolz des höchsten Rangs seine Grösse ausmachten. Er hatte in seinem Hauptquartier bloß einige Adjutanten und einige Bedienten: seine Tafel bestand nur aus acht Gebekken und sechs Schüsseln: sein Gespräch war lehrreich und ungeziert: aber am meisten wunderte es mich, daß er, ungeachtet der Menge gewonnener Schlachten und ruhmvoller Begebenheiten, die seine Regierung so glänzend machten, die ausnehmendste Mäßigung beobachtete, und nie mit seinen eignen Thaten beschäftigt schien.

Ich erinnere mich, daß er gegen das Ende der Tafel mit mir von der Schlacht bei Leuthen sprach.

Meine Aufmerksamkeit verdoppelte sich, ich war neugierig, wie er selbst sich über diesen Gegenstand ausdrükken würde. Er breitete sich über den Marsch und über
die verschiednen Bewegungen seines Heers bloß deswegen aus, um die Geschiklichkeit seiner Generale erheben
zu können. Und dennoch ward der glükliche Erfolg
dieser großen Unternehmung bloß durch seine Talente,
durch seine Standhaftigkeit, durch seinen Muth bewirkt.
Er ließ mir mein Patent ausfertigen, und ich reiste
nach Breslau ab, wo ich alle meine Offiziere versamm-
lete. Wir warbten mit Güte oder mit Gewalt eine
Menge von österreichischen Gefangnenen. Es waren genug von ihnen vorhanden, um zwanzig Regimenter
daraus zu machen. In dieser Stadt erwartete ich Befehle im Betref meiner weitern Bestimmung.

Der Feldzug ward mit der Belagerung von
Schweidnitz eröfnet, welches die Oesterreicher seit sechs
Monaten besaßen. Es kam darauf an, es wieder zu
erobern. Diese unglükliche Stadt hatte in diesem Kriege nacheinander vier verschiedene Belagerungen auszu-
stehn.

Da ich in Breslau kein wesentliches Geschäft hatte; so überließ ichs meinen Offizieren, mein Regiment
zu üben; und begab mich zur Belagerung um zu sehn,
wie man sich dabei benähme; aber ich ward bald gewahr,
daß dieß nicht die Stelle ist, auf welcher der preußische

Kriegsmann glänzt, und daß er in dieser Art noch viel in der Schule der Franzosen zu lernen hat.

Der König ging nach Mähren, wo er zuerst die Belagerung von Olmüz unternahm, und zu gleicher Zeit erhielt ich Befehl, nach Stettin abzugehn. Mein Regiment, das bloß aus österreichischen Kriegsgefangnen bestand, hatte Waffen und Kleidung nöthig, und diese sollte ich bei meiner Ankunft daselbst besorgen. Nachher, hatte ich Befehl, zum Heer des Generals Grafen von Dohna zu stoßen, der noch im schwedischen Pommern bei Stralsund stand.

Dieser General hatte sein Quartier in Greifswalde genommen. Ich reiste zu ihm und meldete ihm die Ankunft meines Regiments in Stettin. Er nahm mich sehr artig auf und behielt mich zwei Tage bei sich.

Damals hatte ich Gelegenheit, zur Befriedigung meiner Neugierde die genauern Umstände davon zu erfahren, wie die Schweden und der Marquis von Montalembert selbst, sich in Stralsund und der Insel Rügen hatten einschließen lassen. Nach der Lage der Sachen bemerkte ich, daß sie sich glüklich schäzzen konnten, weil der Graf von Dohna durch die Annäherung des russischen Heers zum Rükzuge genöthigt ward, welches unter Anführung des Grafen von Fermor sehr schnell vorrükte.

Dieses Heer war im vorigen Jahr in Preussen gewesen. Es stand damals unter den Befehlen des Marschalls Apraxin, und war hunderttausend Mann stark, aber — etwas ganz unbegreifliches! — nachdem es die Schlacht bei Jägersdorff gegen die Preussen, welche vom Marschall von Lehwald angeführt wurden, gewonnen hatte, räumte es schleunig Preussen.

Ueber diesen Zurükzug liefen mancherlei Gerüchte herum. Einige behaupteten, der Großkanzler, Graf von Bestuchef habe es verabredetermassen mit dem Marschall von Apraxin befohlen, ohne Vorwissen der Kaiserinn Elisabeth, welche die unversöhnlichste Feindinn des Königs von Preussen war. Andre glaubten, man müsse die Ursache davon in den Intriguen des englischen Hofs suchen, welcher als Bundsgenosse des preussischen, die Sachen dahin eingeleitet hätte.

Dem sei wie ihm wolle, genug die beiden Gesandten der österreichische und der französische beklagten sich so nachdrüklich, daß Bestuchef und Apraxin in Ungnade fielen und Landes verwiesen wurden. Der leztere starb an einem Schlagfluß auf dem halben Wege nach Petersburg.

Das russische Heer nahm seinen Weg wieder zurük, um von neuem unter Anführung des General Fermor Preussen zu besezzen; auch fand es dabei keinen Widerstand, weil der König nach dem Zurükzuge der Russen den Marschall von Lehwald befehligt hatte, nach Pommern gegen die Schweden zu marschiren. Aber Lehwald verließ seines hohen Alters wegen das Heer und der Graf von Dohna übernahm die Befehlshaberstelle desselben.

Dieser sah sich genöthigt, den Ruffen entgegenzugehn, die schon ins preußische Pommern und in die Neumark drangen, und da mein Regiment endlich im Stande war, ins Feld zu ziehn; so bat ich den General um die Erlaubniß, voranzugehn und gegen die Gränzen zu rücken, um den Marsch der Feinde zu beobachten.

Ich sehnte mich, nützlich zu werden: allein außerdem muß ich hinzusezzen, suchte ich mich auch von Schwedens Gränzen zu entfernen, nicht so wohl, weil ich mich fürchtete, einst meinen Verfolgern in die Hände zu fallen, als vielmehr weil ich nicht gern in die Lage kommen wollte, mit meinen Landsleuten zu fechten, und mein Vaterland anzugreifen.

Der Graf von Dohna gab seine Einwilligung dazu, daß ich mich auf den Marsch machen sollte und wir verabredeten, wenn sich die Ruffen mit ihrer ganzen Macht gegen die Neumark wendeten, (denn man wußte noch nicht, ob dieß ihre Absicht wäre, oder ob sie nach Schlesien übergehn wollten) so sollte ich, so gut als möglich, überrechnen, wie viel Zeit sie zu ihrem Wege brauchten, und ihm aufs schleunigste Nachricht davon gäben, damit man sie daran hindern könnte, in diese lezzere Provinz einzubringen.

Ich rückte bis an die Gränze, wo ich sogleich erfuhr, daß das feindliche Heer sehr langsam sich bewege, daß der größte Theil davon noch auf polnischem Boden sei, daß aber seine Kosaken und seine Reiterei nicht mehr fern von uns wären.

Ich zog mein Fußvolk an mich und bis dahin erkundigte ich mich, was in den umliegenden Gegenden vorginge. Diese Kosaken hatten das ganze Land, so zu reden, überschwemmt, und von allen Seiten ertönten die Klagen des Volks; allein ich hatte noch nicht mehr, als ohngefähr dreißig Husaren unter mir. Diese Hand voll Leute war nicht hinreichend, diese verheerende Menge in die Flucht zu jagen, die zu keinem andern Zwek zu kriegen scheint, als um alle Arten von Mordbrennerei auszuüben.

Endlich stieß das Fußvolk zu mir und sogleich rükte ich gegen die Gränzen. Ich vermuthete daß die Kosaken, so bald sie wüßten, daß Truppen hinter ihnen wären, sich nicht der Gefahr verjagt zu werden aussezzen würden. Was ich vorausgesehn hatte bestätigte sich. Sie zogen sich zurük, um zu ihrer Reiterei zu gelangen.

Die armen Einwohner kamen haufenweise, um sich über die Grausamkeiten zu beklagen, welche die Kosaken verübt hatten, so bald sie aus ihrer ersten Bestürzung zu sich selbst gekommen waren. Ich war weder im Stande sie zu trösten, noch sie zu rächen: ich ermahnte sie nur zum Muth und zur Geduld; doch ging ich, um das Land, so viel mir möglich war, zu dekken, nach Driesen einer kleinen Stadt an der polnischen Gränze, wo

zweihundert Mann von unsern Völkern in Besazzung lagen.

Dieser Ort sezte mich durch seine vortheilhafte Lage
in den Stand, mich nach den Umständen rechts oder
links auszubreiten und mich sogar gegen die leichten Truppen darinn zu halten.

Indessen erhielt ich durch meine Spionen, die ich
nach Polen geschikt hatte, die Nachricht, daß der General Romanzow mit der Reiterei schon bis Filen sei, welches nur drei Meilen weit von Driesen entfernt ist, daß
aber das Fußvolk, daß in drei Kolonnen marschire, noch
weit hinten sei.

Ich sezte meinem Weg fort, und eine Meile vor
Driesen traf ich die Truppen, welche die Besazzung ba-
von ausmachten. Der Anführer derselben bestätigte mir
die Nachricht meiner Spionen, daß Romanzow drei
Meilen von da mit seinen Kürassieren, Dragonern, Husaren und Kosaken entfernt sei, und sagte mir, daß er sich
aus dieser kleinen Stadt zurükziehn wolle, da sie nicht
im Stande sei, sich zu halten. Ich rieth ihm, mir zu
folgen und seinen Weg zurükzunehmen und ich versprach
ihm, wir wollten uns zusammen zurükziehn, wenn uns
kein andrer Ausweg übrig bliebe. Er ging also mit mir
in die Stadt zurük.

Ich durchlief sogleich mit dem Kommandanten alle
Zugänge. Ich stellte allenthalben Wachen hin, wo

ichs für nöthig hielt, und die übrigen Leute legte ich bei
den Bürgern ein, damit sie sich ausruhn konnten.

Den Nachmittag zeigte sich ein starkes feindliches
Detachement: allein, da es Widerstand fand, so zog es
sich zurük.

Den folgenden Tag wurden wir von neuem angegriffen. Das Feuer dauerte beinahe zwei Stunden, und
war von beiden Seiten sehr lebhaft: allein unser hart-
näkkiger Widerstand nöthigte die Russen wiederum, sich
zurükzuziehn und uns in Ruhe zu lassen.

Bald sandte man mir von Küstrin und von Frankfurt Kurier über Kurier, um sich von mir Hülfe zu erbitten. Die Kosaken waren auch von dieser Seite eingebrochen, und hatten, ihrer Gewohnheit gemäß, tau-
senderlei Grausamkeiten daselbst begangen. Ich schikte
einen Obristlieutenant mit vierhundert Mann ab, um
sich vor Frankfurt zu stellen und das Land, so gut er
konnte zu dekken: und meinerseits wollte ich das Korps
des General Romanzow beobachten, das mir gegenüber
stand, so wie auch die Bewegungen des übrigen russischen Heers, welches durch Polen gegen unsre Gränzen
anrükte, um dieß alles dem Grafen von Dohna melden
zu können.

Noch mußte ich beobachten, ob sich die Feinde nicht
gegen Schlesien wendeten, welches gänzlich von Truppen entblößt war, da sie der König zur Belagerung von
Olmüz gebrauchte: da nun der Prinz Heinrich Sachsen

N 3

beſezt hielt und dekte, ſo war es wichtig, alle Bewegun=
gen der Ruſſen auszuforſchen, um ſie ſchleunig dem
Grafen von Dohna zu melden, deſſen Heer zu gleicher
Zeit zweierlei Abſichten hatte, theils ſich den Schweden
entgegenzuſtellen, und theils einen Einfall in Schleſien
zu verhüten.

Wenn man reiflich über dieſe misliche Umſtände
nachdenkt und dieſe Menge von Feinden anſieht, die wir
zu bekämpfen hatten, ſo kann man mit einiger Genauig=
keit die unermeßliche Hülfsquellen von Friedrichs Genie
würdigen. Ich ſeh es für eine Art von Wunder an,
daß er nicht hundertmal unter den vereinigten Angriffen
ſo vieler Mächte erlegen iſt, die gegen ihn erbittert
waren.

Er ſah ſich genöthigt, die Belagerung von Olmüz
aufzuheben. Diejenige Schaar, welche das Geſchüz
und die Lebensmittel aus Schleſien geleitete, war unter=
wegs vom General Laudon angegriffen, und hatte nicht
ins Lager gelangen können.

Von Olmüz zog er ſich nach Schleſien zurük, und
dieß beſtimmte die Ruſſen hinter der Oder zu bleiben und
ihre ganze Macht gegen unſre Seite auszubreiten.

Der Poſten, den ich in Drieſen beſezt hielt, war
gerade der bequemſte, um ſich einen weitern Weg zu
öfnen. Der General Romanzow machte alſo Anſtalten,
mich daſelbſt anzugreifen und das ſehr lebhaft und mit
anſehnlicher Macht. Meine Spionen bedienten mich

ganz herrlich: und ich erhielt bald die Nachricht, daß er
mich von vorn angreifen würde, indeſſen ein Paar andre
Haufen durch die Nez wateten ble ich vor mir hatte, um
mich im Rükken anzugreifen. Ich war alſo gezwungen
meinen Poſten zu verlaſſen und ich zog mich nach Friedberg, einer kleinen Stadt, die etwa zwei Meilen davon
entfernt liegt.

Der General Dohna ſandte den Generalmajor
Ruſch mit tauſend Huſaren und vier Bataillon Grena-
bier nach Landsberg. Da dieſer Ort drei Meilen hinter
mir lag; ſo konnte er mir im Nothfall zum Zufluchtsort
dienen. Zugleich benachrichtigte er mich, daß er mit
ſeinem ganzen Heer nach Frankfurt an der Oder ginge,
welches er zum allgemeinen Sammelplaz beſtimmt hatte.

So gab er dem ſchwediſchen Heer das ganze Land
Preis, das zwiſchen Berlin, Stettin, Anklam, und
Demmin liegt: aber dieſes Heer, welches gar leicht hätte
Detaſchemens bis Berlin ſchikken können, ſo wie es die
Oeſterreicher und Ruſſen bei andern Gelegenheiten tha-
ten, wußte, wie gewöhnlich, den Vortheil nicht zu be-
nuzzen, den ihm die Umſtände in die Hände gaben.

So bald ich Drieſen verlaſſen hatte, ſo ſezten ſich
die Ruſſen darinn veſt; und vier und zwanzig Stunden
darauf waren ſie ſchon vor mir in Friedberg: da ich aber
blos Koſaken und Huſaren ſah; ſo ging ich an der Spizze von hundert Mann hinaus und verjagte ſie.

N 4

Bald erschienen sie wieder mit einem ansehnlichern Haufen, und verbreiteten sich zur Rechten und zur Linken auf der Ebene, einen Kanonenschuß weit: ich ging mit allen meinen Leuten hinaus, und da ich eine Höhe vor der Stadt besezt hatte; so ließ ich einige Kanonenschüsse thun, wodurch sie gezwungen wurden, etwas zurükzu=weichen. Sie stellten ganz vorn einige Wachen aus, und stiegen hernach ab, woraus ich vermuthete, daß sie die Absicht hätten, zu furagiren.

Ich schikte einen Offizier nach Landsberg, um dem General Rusch die Annäherung der Feinde, zu melden und um ihm anzuzeigen, daß ich meinen Posten so lan=ge vertheidigen wollte, bis überlegne Kräfte über mich her fielen; in dem Fall aber, daß ich genöthigt wäre, der Menge zu weichen, so würde ich mich zu ihm ziehn wenn er es nicht rathsamer fände, selbst zu mir zu stoßen.

Diesen Entschluß würde jeder andre in seiner Stel=le ergriffen haben; aber ich sah alle die schönen Hofnun=gen scheitern, die ich hatte, den Feind zu schlagen, wenn ich die nöthige Verstärkung erhalten hatte.

Auf Mittag sah ich die Reiterel wieder zu Pferde steigen, und weiter vorrükken, indem sie vier Bataillon Fußvolk versteke, welche mit Kanonen ihnen folgten. Ich zog mich zurük, da ich nichts bessers thun konnte: und sogleich verfolgte mich ein ansehnlicher Haufen Rei=terel. Ich stellte mein Bataillon ins Vierek und sezte meinen Marsch fort. Diese Reiterei machte verschiedne Versuche, um mich aufzuhalten und auf mich einzudringen, aber ich schonte meine Kanonenschüsse und mein Musketenfeuer so gut, daß ich sie immer zum Zurückzuge nöthigte.

Ein unversehner Zufall sezte mich gar sehr in Verlegenheit. Da mein Regiment größtentheils aus österreichischen Kriegsgefangnen bestand, so entliefen auf einmal siebenhundert, und warfen sich mitten unter die feindliche Reiterei, die mir auf dem Fuß folgte. Durch diese Entweichung ward mein Viereck um mehr als die Hälfte verringert: nichts desto weniger hielt ich den Feind stets weit genug von mir und gewann endlich ein Gehölz wo mich diese Reiterei verließ. So kam ich ruhig nach Landsberg, wo ich meine Leute ausruhen, und eine Menge verwundeter Offiziere, Unteroffiziere und Gemeiner besorgen ließ.

Ich sandte durch einen Offizier meinen Bericht an den Graf Dohna: und er fand ihn so gut, daß er ihn sogleich an den König abschickte. Seine Majestät waren damit so zufrieden, daß er allen Bataillons der Provinzen, die nur aus Landmiliz bestanden und sich in Stettin und Küstrin befanden, Befehl gab, daß jedes derselben hundert Mann an mich abgeben sollte, um in meinem Regiment die grosse Lücke auszufüllen, welche die Entweichung der siebenhundert Oesterreicher bei meinem lezten Rückzuge darinn gemacht hatte.

N 5

Ich schikte noch einige Offizier auf Werbung aus; und zog meinen Obristlieutenant mit seinen Haufen wieder an mich. So war ich bald im Stande hinzugehn, wohin ich gerufen würde.

Der General Dohna, der in Frankfurt mit seinem Heer stand, schikte mich vorwärts um die Bewegungen der Russen in der Nähe zu beobachten. Sie hatten uns blos in Ansehung Schlesiens beunruhigen wollen: sie drangen mit ihrer ganzen Macht in die Neumark, breiteten sich hinter der Oder aus, und griffen Küstrin an. Sie warfen so viel glüende Kugeln hinein, daß das Innere der Stadt in Asche gelegt ward.

Der Graf von Dohna lagerte sich diesseits der Stadt, damit er sich den Russen widersezzen könnte, wenn sie etwa versuchen sollten, über den Fluß zu gehn, um die Stadt zu umzingeln und sie regelmäßig zu belagern.

Der König hob die Belagerung von Olmütz auf, verließ Mähren, kam nach der Lausniz, und da erfuhr er die genauern Umstände von allem, was an der Küstrinschen Seite vorging. Er ließ ein Heer in Sachsen unter Anführung des Prinzen Heinrich, und ein andres in Schlesien unter den Befehlen des Marggrafen Karl. Er selbst nahm einen Theil der Reiterei und sechs Regimenter Fußvolk mit sich, und kam, um sich den Russen entgegenzusezzen.

So bald er zu uns gestoßen war, ließ er Brükken über die Oder werfen nahe bei Gustebiese, zwei Meilen oberhalb Küstrin; und beim Einbruch der Nacht ging er nach einem beschleunigten Marsch über den Fluß, grif den Graf Fermor bei Zorndorf an, nöthigte ihn die Belagerung von Küstrin nach dieser blutigen Schlacht aufzuheben und sich nach Landsberg gegen die polnischen Gränzen zurükzuziehn.

Seine Majestät ließ mich beim Uebergang über den Fluß, um im Nothfall seinen Rükzug und die Pontons zu deken. Ich ward am Tage der Schlacht daselbst vom General Romanzow angegriffen, welcher, da er nach Schwedt abgeschikt war, durch den Uebergang des Königs, vom Heer des Generals Fermor abgeschnitten war. Er war mir an der Zahl sehr überlegen: dennoch schlug ich zweimahl einen sehr lebhaften Angrif von ihm zurük; allein da ich sah, daß er sich immer mehr und mehr verstärkte, daß er sehr ernstlich auf die Eroberung meines Postens dachte, und daß ich in Gefahr stände, unter der Ueberlegenheit der Menge zu erliegen; so nahm ich meine Zuflucht zu einer Kriegslist, welche mir auch glükte.

Ich wählte einen unter den entschlossensten Offizieren meines Regiments aus; und gab ihm funfzig Mann von beinahe gleicher Unerschrokenheit und alle unsre Trommelschläger; mit dem Befehl, sich in ein grosses Gehölz zu werfen, das mir zur Rechten und

dem Korps des General von Romanzow zur Linken war:
dieser Offizier machte von seinen funfzig Mann und sei=
nen Trommelschlägern vier Divisionen; und indem er
ins Gehölz drang, ließ er den Marsch schlagen und
großen Lärm machen, als wenn eine ansehnliche Verstär=
kung mir vom Könige zu Hülfe käme. Das Schlacht=
feld war nur eine Meile von uns entfernt, und wir
hörten, so zu reden, jeden Musketenschuß.

Diese List zog mich aus der Verlegenheit. Ich
war nicht im Stande, mich noch lange zu vertheidigen.
Herr von Romanzow glaubte, er müßte sich aufs schnell=
ste zurükziehn, und um nicht an das Heer des Königs
zu gerathen, nahm er einen großen Umweg, und stieß
wieder zum großen russischen Heer.

Ich schikte einen Offizier an den König, um meinen
Bericht abzustatten und seine Befehle zu erhalten. Er
sandte ihn sogleich zu mir zurük, und ließ mir sagen, ich
sollte die Brükke wegnehmen und mich mit meinen Leu=
ten nach Küstrin begeben, wo ich seine fernern Befehle
erhalten würde.

Man wird nicht ohne Vergnügen folgende Anek=
dote lesen, die ich nicht umhin kann, bei dieser Gele=
genheit zu erzählen.

Ich hatte gleich den Tag nach der Schlacht den
eben erwähnten Offizier zum Könige geschikt. Seine
Majestät ließ ihn in sein Zimmer kommen. Er stand
vor einer großen Landkarte, die zwei Bedienten vor ihm

hielten, und maaß die Entfernungen von einem Ende der Karte bis zum andern; unterhielt sich mit meinem Offizier über das, was auf meinem Posten vorgefallen war; sprach mit einem andern, den der Marggraf Karl ihm geschikt hatte, um ihm von den verschiednen Bewegungen der Oesterreicher Nachricht zu ertheilen; und hörte einigen Adjutanten zu, die ihm verschiedne Gegenstände vortrugen.

Nach Verlauf einer Viertelstunde hatte der Monarch dem Offizier des Marggrafen Karl und dem meinigen seine Befehle ertheilt; und da sie fort waren, ordnete er weiter den Marsch für den folgenden Tag an, um sich dem Marschall Daun entgegenzusezzen, der an der Spizze eines grosen Heers auf Berlin zuging.

Mein Offizier überbrachte mir des Königs Befehle, und ich ging nach Küstrin um meine fernere Bestimmung zu erwarten. Ich sah dort die russischen Generale, die in der Schlacht bei Zorndorf gefangen genommen waren: ihrer waren sechs oder sieben; und da die Stadt verbrannt war; so wohnten sie eben nicht sehr bequem. Ich fand sie bei sehr übler Laune. Der König hatte ihnen auf dem Schlachtfelde gesagt, er bedaure sehr, daß er kein Siberien habe, wohin er sie schikken könne, damit sie eben so behandelt würden, wie bei ihnen die preussischen Offiziere.

Dieß Kompliment verursachte, daß der Graf von Schwerin, Adjutant des Königs, der den Russen in die Hände gefallen war, bloß nach Petersburg geführt wurde, wo er die Freiheit erhielt, am Hofe und in Privatgesellschaften zu erscheinen: anstatt, daß die vor ihm angekommenen Gefangenen nach Siberien verwiesen waren.

Der König bewilligte, um dieß zu erwiedern, seinerseits, daß die russischen Generale, seine Gefangnen, nach Berlin gehn, und dort alle die Vergnügen genießen konnten, welche der Herr von Schwerin in Petersburg genoß.

Der Prinz Franz von Braunschweig, Schwager des Königs und Generalmajor in seinem Dienst, der nachher in der Schlacht bei Hochkirchen blieb, ging zum Vortrapp des Königs und ich erhielt Befehl, mich mit ihm zu vereinigen. Der Graf von Dohna ward gegen die Russen zurükgelassen; und Seine Majestät ging dem General Daun entgegen, in der Absicht, seine weitern Fortschritte zu verhindern.

Wir nahmen unsern Weg nach der Lausniz, und in Lukow angelangt, trafen wir dort den General Ziethen, den uns der Prinz Heinrich mit Mannschaft entgegengeschikt hatte, um den König zu verstärken.

Daun hatte geglaubt, daß die Russen den König aufhalten würden: so bald er aber unsern Marsch erfuhr, gab er das Vorhaben auf, das er gegen Berlin gefaßt hatte und zog sich zurük. Seine Majestät drang immer weiter vor, bis er durch seine Stellung die freie

Verbindung zwischen seinem eignen Heer und zwischen dem sächsischen, schlesischen und pommerschen gesichert hatte.

Ich ward mit meinem Regiment und zweihundert Dragonern abgeschikt, um an der Seite von Frankfurt wieder zurükzugehn, damit ich beobachten könnte, ob die Russen noch Entwürfe auf Schlesien hätten, wie die Spione aussagten. Ich sollte mich so stellen, daß ich dem Könige schnell alles melden könnte, was vorginge; im Fall der Noth hatte ich Befehl, mich an das Heer des General Dohna zurükzuziehn: aber die Russen entschlossen sich, noch Kolberg zu belagern, ob es gleich schon ziemlich spät im Jahr war.

Der Graf Fermor zog sich gegen Stargard und sandte von da den Generalmajor Palmbach ab, um diese Belagerung zu unternehmen.

Der Graf Dohna hatte nicht Mannschaft genug unter sich, um es zu hindern. Er begnügte sich damit so viel Land zu dekken, als die Umstände ihm erlaubten.

Da der General in Ansehung Schlesiens beruhigt war, ließ er mich zu sich kommen, und der kleine Krieg ging wieder an, indessen man den Ausgang der Belagerung von Kolberg erwartete.

Der Kommandant dieser Festung, Major von Heiden, vertheidigte sie aufs trefflichste. Die Russen beschossen sie zu gleicher Zeit zu Lande und zu Wasser. Sie hoben die Belagerung auf, räumten völlig die

Neumark und Pommern, und gingen durch Polen, um in Preussen ihre Winterquartiere zu beziehn.

Auch wir schmeichelten uns, die Winterquartiere beziehn und einige Ruhe geniessen zu können: aber die Schlacht bei Hochkirchen, wo der König eine Schlappe bekam, die ihn zum Zurükzuge zwang, machte die Kaiserlichen muthig. Sie entschlossen sich, den Feldzug fortzusezzen.

Daun ließ Neisse belagern; ohne Zweifel in der Hofnung, es noch vor dem Winter zu erobern. Der König wandte sich mit seiner ganzen Macht dahin, und nöthigte ihn, die Belagerung aufzuheben.

Um aber Sachsen zu dekken, befahl er dem General Dohna, sich aus Pommern mit seinem Heer dahin zu ziehn und in seiner Abwesenheit dort zu bleiben. Ich führte den Vortrapp an. Wir fanden den General Haddik an der Spizze eines Korps, welches ihm Daun bei seiner Abreise nach Schlesien, gelassen hatte. Er hatte sein Lager auf den Höhen hinter Eulenburg. Ich grif die vier Bataillon Panduren an, die er vor die Stadt gestellt hatte. Sie zogen sich zurük und legten Feuer an die Brükke; ich löschte solches und verfolgte sie durch die Stadt, wobei wir einige Gefangne machten, und sie flüchteten in ihr Lager.

Als der General Haddik meinen Angrif von Dauer, und das Heer des Grafen Dohna heranrükken sah

so ging er aus seinem Lager und überließ uns drei Kanonen und eine Menge von Bagage.

Nach der Befreiung von Neiſſe, kehrte der König
nach Sachsen zurük, und nahm daselbst seine Winterquartiere. Dohna ging wieder nach Pommern, und
sandte von dort den General Platen ab, zu dessen Korps
auch ich gehörte, um seine Winterquartiere an den
Gränzen von Polen zu nehmen; er aber ging durch das
Herzogthum Meklenburg in die Ukermark, um die
Schweden anzugreifen, welche der Graf Hamilton anführte, und er jagte ſie vor ſich hin bis an die Thore von
Stralſund. Nachdem er ſie da eingeſchloſſen hatte,
nahm er, wie den vorigen Winter, ſeine Quartiere in
ſchwediſch Pommern.

Wir blieben alleſamt einige Monate in der vollkommensten Ruhe und erwarteten die Eröfnung des folgenden Feldzugs.

Der König deſſen Aufmerkſamkeit ſich auf kleine
Dinge, wie auf groſſe erſtrekt, zeigte mir, in dieſem
Zwiſchenraum einen Zug, den ich nicht mit Stillſchwei-
gen übergehn kann. Verſchiedne ſchwediſche Offizier,
die ſeine Gefangnen waren, baten mich, ihnen von Seiner Majeſtät die Erlaubniß auszuwirken, auf ihr Ehrenwort in ihr Vaterland zurükkehren zu dürfen. Ich
nahm mir alſo die Freiheit für zwei von ihnen darum anzuhalten, welche durch ihre Abweſenheit ihre häuslichen
Angelegenheiten zu zerrütten befürchteten; und es ward

O

mir bewilligt. Allein auf der Reise hatte einer von ihnen sich etwas verlauten lassen, woraus man sah, daß er entweder sehr undankbar sei, oder mir keine Erkenntlichkeit schuldig zu sein glaube. Der König ward davon benachrichtigt und geruhte, mir folgendes Briefchen zu schreiben.

„Auf Ihre Veranlassung habe ich zwei von Ihren „Landsleuten die Erlaubniß ertheilt, auf ihr Ehren= „wort in ihr Vaterland zurückzukehren. Als eine „Probe ihrer Erkenntlichkeit, haben sie unterwegs „gesagt, daß man früh oder spät schon die Gelegen= „heit finden würde, Sie todt oder lebendig an Ihr „Vaterland auszuliefern. Ich habe Sie hiervon „benachrichtigen wollen, damit Sie sich vorsehn kön= „nen; und auf ein andermal sein Sie nicht so dienst= „fertig gegen Leute von so einer Denkungsart."

Seine Majestät schikten mir dieß Briefchen gerabezu durch einen Kourier. Ich fühlte mich eben so durchdrungen von Dank gegen die Aufmerksamkeit des Monarchen, als unwillig über die Gesinnungen dieser Undankbaren. Ich hatte die Ehre, ihm durch eben diesen Kourier zu antworten, daß ich im höchsten Grade von der Gnade Seiner Majestät gerührt wäre: allein so lange ich noch an der Spizze des Regiments stände, welches er die Gnade gehabt hätte, mir anzuvertrauen und so lange ich funfzehnhundert Mann anzuführen hätte, schmeichelte ich mir, nichts befürchten zu dürfen,

Ich stellte über dieß unwürdige Betragen meine Betrachtungen an: allein das Vergnügen, selbst undankbare zu verpflichten, riß mich immerfort hin; und ich ergrif nachher eben so bereitwillig jede Gelegenheit, wo ich nur den schwedischen Gefangnen Dienste leisten konnte, deren Anzahl beträchtlich war.

Der ganze Winter verfloß ziemlich ruhig. Man hatte im vorigen Feldzuge so viel Märsche gethan und so viel Strapazen ausgestanden, daß man sich sehr freuete, in Ruhe athmen zu können. Man begnügte sich damit, neue Mannschaft auszuheben, und alles dazu in Stand zu sezzen, daß man früh den künftigen Feldzug eröfnen könne.

Die Russen versammelten sich an der Weichsel, also stellte sich der General Dohna mit seinem Heer an die Warte. Auch ich begab mich mit einem Korps dahin. Der König schikte noch zwölftausend Mann unter dem Generallieutenant Hülsen zu unsrer Verstärkung.

Unsre Feinde lagerten sich in Posen und der General Dohna stellte sich ihnen gegenüber. Wir hörten daß zwei Divisionen ihres Heers noch um einige Tagereisen entfernt wären, und man hielt es also für rathsam, den Grafen Fermor in Posen anzugreifen, ehe sich sein ganzes Heer dort vereinigte, und ich ward mit meinem Regiment und dreihundert Husaren abgeschikt um die beiden hinten gebliebnen Divisionen zu beobachten.

O 2

Meine Spione und unſre Patrullen verkündigten mir bald, daß ſie nur noch zwei Tagereiſen bis Poſen hätten. Ich meldete das an den Grafen Dohna; und veſt überzeugt, daß er ohne Zweifel ſogleich das fermorſche Korps angreifen würde, warf ich mich mit meiner Mannſchaft hinter das feindliche Heer, damit ich die Flüchtlinge ſo recht in Empfang nehmen könnte.

Ich hatte mir mit vergebner Hofnung geſchmeichelt. Der Graf Dohna benuzte die Umſtände nicht, um die Vereinigung der beiden Diviſionen mit dem Korps, das in Poſen ſtand, zu hindern. Ich weiß nicht, war es Unentſchloſſenheit von ſeiner Seite, oder wurde er von irgend einem andern Beweggrunde davon abgehalten. Er zog ſich bei Annäherung der Ruſſen zurük, da ich hingegen, in der Erwartung, daß der entworfne Plan ausgeführt werden würde, meine Stellung nicht änderte.

Endlich erfuhr ich, es ſei an keine Schlacht zu denken, und der General Fermor triebe den Grafen Dohna, der ſich zurükzöge, immer weiter. Ich wollte wenigſtens einen kleinen Verſuch machen, ehe ich zum Heer zurükkehrte.

Die Ruſſen hatten in Bromberg längſt der Weichſel groſſe Magazine von Mundvorrath und Gepäk. Auf dieſe Seite richtete ich meine Abſichten. Die Beſazzung beſtand aus dreihundert Mann: ich überfiel ſie, und machte ſie zu Kriegsgefangnen. Blos einige Koſaken flüchteten nach Thoren, einer ziemlich besten, auch an der Weichsel gelegnen Stadt wo unsre Feinde noch eine gute Besazzung unter Anführung eines Generallieutenants hatten. Ich ließ eine Menge von Booten verbrennen, die mit Korn beladen waren, das ich nicht fortbringen konnte; und von den Pakwagen erlaubte ich allen meinen Leuten, sich nach Belieben mit Kleidern, Stiefeln, Schuhen und Strümpfen zu versehen. Jeder Soldat holte sich hier einen so vollständigen Kleidervorrath, als er tragen konnte; und nichts war lustiger, als dieß Schauspiel. Was man nicht mit fortbringen konnte, wurde nebst den Wagen mitten auf einem Plaz ausser der Stadt verbrannt; und dadurch wurde ein starker Schrekken unter den Einwohnern verbreitet, denn sie glaubten, die ganze Stadt sollte in Asche verwandelt werden. Nirgends war aber der Aufruhr grösser, als in einem Nonnenkloster. Ich ritt gerade dort vorbey; und plözlich kamen alle die armen Damen, warfen sich mir zu Füssen und beschworen mich, Erbarmen mit ihnen zu haben. Nur mit vieler Mühe gelang es mir, ihnen wieder Muth einzusprechen, und da ich ihnen betheuert hatte, daß ich weder der Stadt noch ihnen zu schaden Willens sei, versprach ich im Scherz, sie in meinen Schuz zu nehmen und ihnen alle Achtung zu erweisen, die ich ihrem Geschlechte schuldig sei.

Nachdem meine Anordnungen gemacht, und meine Leute ein wenig ausgeruht waren, reiste ich ab,

um wieder zum Heer zu stoßen und überlieferte meine
Gefangnen an ein Detachement, um sie nach Kolberg
zu bringen.

Ich beschleunigte meinen Marsch, so viel es die
Umstände erlaubten; und mein Nachtrapp, der aus hundert Mann zu Fuß und funfzig Husaren bestand, war
eine Meile hinter mir. Der Kommandant von Thoren
schikte tausend Mann zu Pferde aus, um uns zu verfolgen, und diese warfen sich in ein Dorf, um meinen
Nachtrapp abzuschneiden. Ich erhielt Nachricht davon
und ging mit dreihundert Mann zu Fuß und zwei Kanonen wieder zurük. Bei meiner Annäherung entschloß
sich der Feind zum Rükzuge, und mein Nachtrapp war
außer Gefahr.

Wir sezten unsern Marsch fort. Da ich unsre pommerschen Gränzen erreicht hatte, gab ich meiner Mannschaft zwei Ruhetage; und während dieser Zeit erstattete
ich an den Grafen Dohna genauen Bericht von meinem
Zuge und bat um seine Befehle.

Der Offizier, den ich an ihn absandte, kam sehr
bald zurük, in Begleitung eines Kouriers, der mir einen Brief vom General Wedel brachte, welchem der
König, unzufrieden mit dem immerwährenden Zurükziehn
des Grafen Dohna, die Befehlshaberstelle des Heers
anvertrauet hatte. Kaum erhielt er dieselbe; so lieferte
er dem Feinde, den er auf dem Wege nach Schlesien
fand, eine Schlacht, aus welcher er sich mit Verlust

zurükzog; und dieser Niederlage zufolge schrieb er mir, daß ich mit aller meiner Mannschaft zu ihm kommen sollte.

Ich sammelte alle die kleinen Haufen, die ich, theils nach Kolberg mit meinen Gefangnen, theils sonst wohin nach Lebensmitteln und Fourage fortgeschikt hatte, und erfüllte die Befehle unsers neuen Anführers.

Theils der Verlust der Schlacht bei Palsiz, theils die weitern Vorschritte der Russen, nöthigten den König, mit einer Verstärkung von einigen Regimentern Reiterei und Fußvolk, selbst zu unserm Heer zu kommen.

Er war schon da, als der Offizier ankam, den ich aus Polen mit dem Bericht von meinem Zuge gesandt hatte, daß also derselbe an Seine Majestät selbst übergeben ward. Er war mit meinem Verhalten völlig zufrieden; und schrieb mir bei der Rükkehr dieses Offiziers, daß ich nach Landsberg an der Warthe gehn sollte, um bis auf weitere Befehle die Bewegungen des Feindes zu beobachten.

Ich nahm sogleich dort meine Stellung, indem ich mich längst des Flusses zog, und ich blieb nicht lange in Ruhe. Gleich den folgenden Tag kam ein ansehnlicher Haufen um mich anzugreifen; und ließ mich sogleich zur Uebergabe auffordern. Ich gab auf diese Aufforderung zur Antwort, daß ich meinen Posten standhaft vertheidigen würde.

O 4

Da indeſſen wegen der groſſen Dürre das Waſſer ſo ſehr gefallen war, daß man an mehreren Orten durch die Warthe durchwaten konnte, und ich unmöglich mit ſo wenig Leuten alle Zugänge beſezt halten konnte; ſo meldete ich das an Seine Majeſtät. Er verwies mich nur noch zwei Tage hindurch zur Gedult, da er mich dann aus der Verlegenheit ziehn würde.

Ich entſchloß mich, meinen Poſten zu behaupten, was es auch koſten möchte.

Der König ging über die Oder und grif die Ruſſen an, die ſich auf den Höhen bei Frankfurt, wo der Boden zur Vertheidigung am vortheilhafſten war, verſchanzt hatten. Es war dem General Laudon ſelbſt geglükt, ſich mit zehntauſend Oeſtreichern, ſo zu ſagen, dahin zu ſchleichen, indem er einen äuſſerſt gewagten Marſch in eben der Richtung that, welcher der König folgte. Auch muß man geſtehn, daß man den Gewinn dieſer berühmten Schlacht auf ſeine Rechnung ſchreiben muß.

Die genauern Umſtände derſelben werde ich hier nicht anführen: ſie ſind jeden Krieger bekannt. Nur das will ich davon ſagen: nachdem der König verſchiedne glükliche Angriffe gethan, verſchiedne Verſchanzungen erſtiegen, und die Feinde zum Rükzuge genöthigt hatte; ſo ſah ſich Seine Majeſtät endlich gezwungen, ihnen ſelbſt den Sieg zu überlaſſen; und er verlor in dieſer Schlacht faſt all ſein grobes Geſchüz und die hundert

Kanonen, die er schon fortgenommen hatte; eine grosse Zahl seiner Generale wurden getödtet oder verwundet; ihm selbst wurden zwei Pferde unter dem Leibe erschossen und seine Kleider wurden an mehrern Orten durchschossen da er mit den Trümmern seines Heers wieder über die Oder ging.

Unterdessen daß seine Leute über die beiden Brükken defilirten, die man über den Fluß geworfen hatte, da man auf den Feind losging, trat der Monarch in eine Hütte; hier fiel ihm ohne Zweifel ein, was er mir zwei Tage vor der Schlacht für einen Auftrag gegeben hatte und er schrieb mir eigenhändig folgendes Briefchen:

„Nach dem, was mir mit den Russen begegnet ist, „können Sie nicht anders, als aufs schnellste in Reitwent „bei Küstrin mit ihrer Mannschaft zu mir stossen."

Der Ueberbringer dieses Handbriefchens war bei der Schlacht gegenwärtig gewesen: er erzählte mir alle besondern Umstände dieses blutigen und unglüklichen Treffens. Wir brachen sogleich auf nach Küstrin zu, und da meine Mannschaft zwei Tage brauchte, um zu dem angewiesenen Ort zu gelangen; so ritt ich selbst voraus.

Den andern Morgen kam ich ganz früh im Quartier des Königs in Reitwent an. Seine Majestät wohnten auf dem Schlosse mit dem Generallieutenant Fink, der einige Zeit nachher in der berühmten Schlacht bei Maxen im Sächsischen so unglüklich war.

O 5

Ich ging hinein, um mit ihm zu sprechen, da ich erfahren hatte, daß man sich nur an ihn zu wenden hätte. Ich fand ihn ganz voll Wunden, die aber nicht von Bedeutung waren und die er in der Schlacht bekommen hatte, und im Schlafrok. Er ging sogleich zum Könige und kam mit dem Befehl für mich zurük, daß ich meine Mannschaft mit dem Heer vereinigen, und bis zu ihrer Ankunft die Stellung des Feindes untersuchen sollte, wozu ich so viel Husaren, als ich für nöthig halten würde, mitnehmen könnte. Ich bat mir dreihundert aus, und unterdeß daß sie sich fertig machten, mir zu folgen, durchlief ich unser Lager, welches dicht bei uns auf den Anhöhen war. Ich bemerkte ungeachtet der bewundernswerthen Ordnung und Kriegszucht, welche die preussischen Heere auszeichnet, doch alle die Wirkungen welche der Verlust einer grossen Schlacht in den Gemüthern hervorbringen kann. Alles war in die tiefste Traurigkeit versenkt, und die Verwirrung so allgemein, daß es mir höchst wahrscheinlich ist, die Feinde würden, wenn sie ihren Sieg gehörig zu benuzzen gewußt hätten, den König in die harte Nothwendigkeit gesezt haben, die Geseze anzunehmen, die sie ihm hätten vorschreiben wollen.

Dieß war auch die Meinung des General Laudon gewesen. Er hat mir hernach selbst gesagt, daß er alles angewandt hätte, um die Russen dahin zu vermögen, daß sie ihren Vortheil verfolgen sollten; allein sie wären, berauscht von der Freude den König überwunden zu haben, hartnäckig dabei geblieben, daß sie nicht weiter dringen wollten.

Seine Majestät hielt sich zwei Tage in seinem Zimmer verschlossen, und sah niemand als den General Fink und einige Bedienten. Den dritten Tag erschien er wieder, theilte allenthalben seine Befehle aus; und die Bewegungen fingen wieder mit der vorigen Ordnung und dem vorigen Gleichmuth an. Das Genie dieses Monarchen fand noch Hülfsquellen, wo jeder andre außer ihm den Unfällen untergelegen wäre.

Da meine dreihundert Husaren versammlet waren, ging ich gegen Frankfurt zu, zwei Meilen von unserm Lager. Zweihundert stellte ich in einen Grund, da in dieser Gegend alles Ebene war; und mit den hundert andern am besten berittenen, drang ich bis an den Ort in der Vorstadt, wo die Feinde eine große Wache hatten. Ich jagte sie fort; durchstrich die ganze Gegend; bemerkte, daß das Heer noch auf der andern Seite der Oder stand; daß an der Seite, wo ich war, sich nur einige kleine Haufen Kosaken, Husaren und Dragoner unterm General Totleben befanden; daß endlich bei den Feinden alles eben so ruhig sei, wie bei uns, welches mir auch durch einige Gefangene, die ich machte, bestätigt ward.

Ich ging zurük, ohne verfolgt zu werden, und nach meiner Rükkunft ins Lager machte ich meinen Bericht.

Diese Neuigkeiten richteten immer mehr und mehr den König wieder auf. Nachdem sein Heer ausgeruht war, sezte er sich in Bewegung um eine Stellung zu nehmen, durch die er leichter seine Hauptstadt decken und freie Verbindung mit Sachsen haben konnte; besonders gab er die nöthigen Befehle zur Verstärkung und zum Geschüz, das er nöthig hatte.

Ich war beim Nachtrapp. Der König war auch dabei nach seiner Gewohnheit; denn er hatte den Grundsaz, daß der Oberanführer beim Vortrapp sein muß, wenn man auf den Feind losgeht und beim Nachtrapp, wenn man sich zurükzieht. Dieß hat der Monarch auch stets beobachtet, um desto bequemer seine Befehle ertheilen zu können, um alles mit eignen Augen zu sehn, und so selten als möglich nach dem Gutachten und dem Bericht eines andern handeln zu dürfen.

Die leichten Truppen beunruhigten uns ein wenig; aber nichts destoweniger hatten wir nach der unglüklichen Niederlage bei Frankfurt nicht Ursache, einen so ruhigen Marsch zu erwarten.

Das feindliche Heer ging über die Oder und logerte sich uns gegenüber in der Entfernung einer Meile. Ich wurde nach dem linken Flügel des königlichen Heers gesandt, um die Seite desselben und auch die Feldbäkerei zu deken. Vor mir hatte ich einen kleinen Fluß, welcher vorn beim Heer vorbeifloß. Ich stellte meine Wachen auf die Anhöhen, und gab meinem Obristlieu-

tenant ein Bataillon und hundert Husaren, nebst dem
Befehl sich so weit als möglich links auszudehnen. Den
übrigen Theil des Tags hindurch besuchte ich alle meine
Posten und kam erst Abends spät in mein Quartier zurük.

Belling, der Obrist der Husaren, die unter meinen Befehlen standen, sagte mir, daß er, außer den
Wachen, welche ich selbst schon angewiesen hätte, noch
eine weiter vorn ausgestellt habe, die aus einem Offizier
und dreißig Mann bestände. Es war Nacht, und
ich verschob den Besuch dieses Postens bis auf den folgenden Morgen. Ich legte mich sehr ruhig nieder, ohne Ahnung des Unglüks, das mir bevorstand.

Mit Tagesanbruch ritt ich aus, um meinen Posten zu besuchen, und hernach ritt ich zu dem, welchen
der Obrist Belling selbst ausgestellt hatte. Ich fand
denselben gar zu ausgesezt. Der befehlende Offizier
versicherte mich, daß der Feind eine Meile von hier entfernt sei: da ich aber dieses nicht so zuverläßig glaubte,
wie er; so befahl ich ihm, mit seinen dreißig Husaren
ins Lager zurükzugehn: und unterdessen, bis er sie ver-
sammelt hatte, stieg ich auf eine Anhöhe blos von einem
Reiter als Ordonnanz begleitet.

Ich hatte mich nicht geirrt in Ansehung der Gefahren, welchen ich diesen Posten ausgesezt glaubte. Ich
würde sogleich ungefähr zweihundert Kosaken gewahr,
welche erst zwei Schildwachen verjagten, die vor das

Dorf gestellt waren, und hernach über die übrige Mann=
schaft herfielen. Sie that keinen Widerstand und gab
sich nebst ihren Offizier gefangen.

Von diesem Augenblik an sah ich, daß es mir fast
unmöglich war, mich zu retten. Die Kosaken breiteten
sich bald rund um mich her aus. Dennoch gelang es
mir, mir nebst meiner Ordonnanz einen Weg mitten
durch sie hin zu öfnen, allein, da ich mich von meinem
Wege entfernt hatte, kam ich in eine morastige Gegend,
wo sich mein Pferd nicht herausziehn konnte.

Die Kosaken, welche bekanntlich sehr leichte und
unbeschlagne Pferde haben, umringten mich von neuem.
Sie schossen einigemal mit Karabinern auf mich. Ich
erwiederte das, sehr unvorsichtig, mit zwei Pistolenschüs=
sen; und darauf fielen sie dreist über mich her. Ich
war abgestiegen, da mein Pferd, das bis an den Hals
im Morast stekte, keinen Schritt thun konnte. Es
blieb mir nichts anders übrig, als den Vorschlag anzu=
nehmen, den man mir that, und mich gefangen zu ge=
ben.

Die Kosaken gaben mir eins von ihren Pferden,
das ich besteigen mußte, und führten mich mit sich zu=
rük. Unterdessen kam der Husar, den ich zur Ordon=
nanz hatte, und den die Leichtigkeit seines Pferdes der
Verfolgung entzog, in unserm Lager an und meldete,
was mir begegnet war. Man flog mir zu Hülfe; aber

es war zu spät. Die Kosaken hatten mich in aller Eil zu ihren Vorposten gebracht.

Sie nahmen mir meine Uhr und meine Börse, so wie es in dergleichen Fällen unter den Kriegern üblich ist. Sonst konnte ich mich gar nicht über sie beklagen, und ich muß gestehn, daß ich eine härtere Begegnung von ihnen vermuthet hatte, da ich seit langer Zeit diese Art von Soldaten kannte.

Der Obrist von den fünfhundert Kosaken dieser Wache, führte mich zur zweiten, welche der Brigadier Erasnajock befehligte. Ich hatte in dem lezten Kriege zwischen den Russen und Schweden Bekanntschaft mit ihm gemacht, in welchem sein Vater, wie ich schon erzählt habe, geblieben war.

So bald er erfuhr wer ich sei, kam er zu Pferde und empfing mich sehr artig. Er hielt sich vor seinem Zelt auf, um mir einige Erfrischung anzubieten, ich dankte aber dafür. Er führte mich nachher zu einem dritten Posten bei dem General von Totleben, welcher Oberbefehlshaber über alle Vorderwachen und über die leichten Truppen des russischen Heers war, und den ich noch weit genauer kannte: denn wir hatten zusammen in Holland gedient.

Er empfing mich mit der größten Artigkeit und da es gerade Mittag war; so bot er mir seine Tafel an. Er sezte sich bei Tische mir zu Seite. Die Versammlung war sehr zahlreich. Es waren nicht nur viel Offi-

zier und Adjutanten da, sondern auch ein halbes Du=
zend Sekretaire; denn bekanntlich führen die Russischen
Generale immer eine ganze Kanzellei bei sich. Ich war
bei zu übler Laune, als daß ich mit Appetit essen konnte.
Der Graf von Totleben, der es gewahr ward war so ar=
tig, mir zu fragen, worinn er mir dienen könnte; und
hernach sagte er mir sachte ins Ohr, wenn ich etwa an
den König schreiben wollte; so würde er es gern über=
nehmen, den Brief sehr schnell durch einen seiner Tom=
peter zu bestellen; ich möchte in diesem Fall keinen Au=
genblik säumen, weil er mich noch diesen Tag ins Haupt=
quartier bringen müße, wo ich diese Erlaubniß nicht er=
halten würde.

Nichts war mir erwünschter in meiner Lage. Ich
bezeugte dem General Totleben, wie sehr ich durch sein
gütiges Betragen gerührt sei, und als ich von Tische
aufstand, schrieb ich an Seine Majestät ohngefähr
folgendes:

„Ich habe eben das Unglük gehabt, gefangen ge=
„nommen zu werden. Es ist hier der Ort nicht, Ew.
„Majestät zu erzählen, wie und durch wessen Schuld:
„ich habe jezt bloß Zeit es Ihnen zu sagen. Ich bitte Sie
„unterthänigst, mich bald auswechseln zu lassen, damit
„ich fortfahren kann, Ihnen mit allem Eifer zu dienen
„dessen ich fähig bin.

Der General Totleben schikte diesen Brief durch
einen Trompeter an Seine Majästät, die nur eine Mei=

le vom ruſſiſchen Heer ihr Lager hatten. Er ließ mir ein
Pferd geben und brachte mich zum Quartier des Generals, Grafen von Soltikoff in Liberoſe. Er wurde von
dem Brigadier und von dem Obriſten begleitet, von dem
ich vorher geredet habe, ſo wie noch von einer Menge
andrer Offiziere: es war gleichſam eine Art von Triumph.
Ein Adjutant des Generals Totleben war vorausgeritten
um unſre Ankunft zu melden. Auch kamen verſchiedne
Generale aus dem Schloß uns entgegen.

Unter dieſen war auch der General Romanzow
der mich zuerſt anredte, um mir zu bezeugen, wie viel
Vergnügen es für ihn ſei, meine Bekanntſchaft zu machen, und daß es ihm bloß unangenehm ſei, dieſen Vortheil einem Zufall verdanken zu müſſen, der mir nicht
erfreulich ſeyn könnte: allein er habe mich ſo oft ſich gegenüber geſehn und immer in einer ſo ehrenvollen Stellung und ſo unerſchütterlichem Gleichmuth, daß er mir
ſeine Werthſchäzzung und ganz vorzügliche Achtung nicht
verſagen könne. Ich antwortete ſo gut als möglich auf
alles, was er mir verbindliches und ſchmeichelhaftes ſagte.

Man führte mich dann zum General von Soltikoff. Ich fand bei ihm viel andre Generale und unter
andern den General Laudon. Ich ward ſehr artig aufgenommen. Man frug mich ſehr viel über die Art meiner Gefangennehmung: man ſprach vorzüglich mit Be-
hagen von der Schlacht, die man eben gewonnen hatte;
und ein jeder brachte ſein Scherflein herbei, um ſich ge-

P

tend zu machen. Ich bemerkte, daß der General Laudon, welchem man den Ruhm nicht streitig machen kann,
den vorzüglichsten Antheil am Gewinn dieser Schlacht gehabt zu haben, der einzige war, welcher schwieg und seine völlige Kälte behielt.

Noch sah ich einen schwedischen Obristen Herrn von
Sandelhielm, der sich bloß bei der russischen Armee befand, um seinen Hof von allen Vorgängen zu benachrichtigen. Er war ein alter Bekanter von mir: und ich
muß zu seinem Lobe gestehn, daß er mich mit Artigkeit überhäufte: allein er zeigte mir an daß es seine Schuldigkeit
fordere, seinem Hofe den mir eben begegneten Unfall
zu melden, wobei er zugleich nicht verheelte, daß er besorge,
man würde auf meine Auslieferung bringen.

Ueber diesen Punkt war ich ganz ruhig, überzeugt
daß der russische Hof unmöglich etwas thun könnte, was
so gerade zu gegen alle Grundsäzze der Menschlichkeit
stritte, als meine Auslieferung an meine Feinde; da ich
gegen diesen Hof nie etwas verbrochen hatte, und da in
dem gescheiterten Komplott zur Regierungsänderung in
Schweden, der Minister Ihrer Kaiserlichen Majestät zu
Stokholm sich ziemlich deutlich zum Besten unsrer Parthei erklärt hatte. Aber das nagte schmerzvoll an meinem Herzen, daß ich kaum in den preußischen Dienst getreten und schon gefangen war.

Den folgenden Tag schien mir mein Unglük nicht
mehr unheilbar. Da ich beim General Soltikoff zur

Tafel ging, der mir seinen Tisch für die ganze Zeit meines Aufenthalts bei ihm angeboten hatte, händigte er mir einen Brief ein, den ihm der König diesen Morgen durch einen Trompeter für mich zugeschikt hatte. Er hatte ihn dem Herkommen gemäß geöfnet und sagte zu mir, da er ihn mir übergab. „Da haben Sie einen Brief vom „Könige, welchem ihr Unfall sehr zu Herzen geht, der „aber, ungeachtet seiner verlornen Schlacht uns noch zu „drohen scheint." Ich las sogleich diesen Brief und sein Inhalt war dieser.

„Ich bedaure sehr, daß Sie gefangen genommen „worden sind. Ich habe es an meinen Generalmajor „von Willich in Butau melden lassen, den ich zum Kom-„missar wegen der Auswechselung der respectiven Gefan-„genen gesezt habe; und ich bin um so mehr überzeugt, „daß Ihre Auswechselung keine Schwürigkeit haben wird, „da ich verschiedene russische Offiziere und selbst Genera-„le unter meinen Gefangenen habe. Uebrigens bitte ich „Gott, daß er Sie in seinen höchsten und heiligen „Schuz nehme."

„den 5ten September 1759."

„Friederich."

Der Graf von Soltikoff schwieg unterdessen, als ich diesen Brief las. Ich sagte ihm sogleich, daß es sehr erquikkend und trostvoll wäre, so einen Herrn zu haben, der mitten in seinem eignen Unglük noch so vielen Antheil an den Unfällen derer nähme, welche die Ehre hätten, ihm zu dienen. Ich frug ihn, ob er mir erlauben wollte, diesen Brief zu behalten und er bewilligte das um so leichter, da er, wie ich nachher erfuhr, hatte Kopie davon nehmen lassen, um sie an seinen Hof zu schiffen.

Verschiedene andre Generale, die gegenwärtig waren, wünschten ihn zu lesen; und ich sah, wie viel Eindruk er auf ihre Gemüther machte: so wenig waren sie in ihrem Lande an einem Briefwechsel dieser Art gewöhnt. Da sie nicht wußten, daß es sich der König zum Gesez machte, auch dem geringsten seiner Unterthanen zu antworten; so hielten sie mich für einen Mann von gar grosser Wichtigkeit.

Nach Tische ließ mir der General sehr artig den Vorschlag thun, daß ich möchte mein Gepäk holen lassen. Ich nahm ihn mit Freuden an, da ich nichts, als den Rok auf dem Leibe bei mir hatte. Man fertigte einen Trompeter ab, der mir meinen Kammerdiener und eine Kalesche brachte, worinn meine nöthigsten Sachen und etwas Geld waren.

Ich blieb einige Tage im Hauptquartier, wo jedermann mir artig begegnete. Bloß das einzige kränkte mich, daß ich bei allen Feierlichkeiten, die man bei Gelegenheit der gewonnenen Schlacht gab, zugegen seyn, und Zeuge von allen den Beförderungen seyn mußte, die man im Heer vornahm, so wie von allen Gnaden-

bezeugungen, die man vertheilte, so bald der Kourier
von Petersburg angekommen war.

Acht Tage darauf kündigte man mir an, daß ich
nach Königsberg in Preußen reisen sollte, das damals den
Rußen gehörte, und daß ich dort meine weitre Bestimmung zu erwarten hätte.

Ich gehorchte; aber von dem Augenblik an, da ich
das Heer verließ, wurde ich ganz anders behandelt, als
bis dahin. Einer von den beiden Offizieren, welche den
Auftrag hatten, mich zu begleiten, stieg ohne Umstände
in meinem Wagen, und der andre stellte sich an die
Spizze von zwanzig Husaren, die man mir zur Bedekkung gab.

Wir reiseten durch Posen und Thorn: und wo wir
uns aufhalten musten, bewachte mich Tag und Nacht
hindurch eine Schildwache.

Bei der Ankunft in Königsberg ließ man mich in
ein Haus auf der Vorstadt abtreten und mein Führer
meldete mich beim General Korf, Kommandanten der
Stadt. Um Mitternacht kam er zurük um mich auf
das Schloß zu führen, welches dieser General bewohnte:
aber ich sah nur einen Bedienten, welcher mit einem Licht
in der Hand, mich in ein Zimmer führte. Mein
Offizier gesellte sich zu mir. Eine Schildwach stand an
der Thür, und eine zweite bewachte in einem kleinem
nahgelegenem Zimmer meine beiden Bedienten. Ich ließ
mir ein Bett aufschlagen und legte mich nieder.

P 3

Die traurigsten Betrachtungen fingen an, mich zu beunruhigen. In so einer Lage, wie damals die meinige war, mahlen sich alle Gegenstände der Einbildungskraft mit den schwärzesten Farben. Ich dachte, daß ich bald würde an Schweden ausgeliefert werden, um meinen Kopf auf einem Schaffott zu verlieren; oder daß ich ins tiefste Siberien würde verwiesen werden, um dort meine übrigen Tage im Schoosse eines Elendes zu verleben, das härter als der Tod ist; ohne daß irgend jemandlers führe, was aus mir geworden wäre. Indessen, sei es die Folge meiner natürlichen Munterkeit, oder sei es eine Art von Ahndung einer bessern Zukunft gewesen, kurz ich überwand jedesmal meine Furcht und entschloß mich zur Gedult.

Den folgenden Morgen kam ein Offizier von der Besazzung in die Stelle dessen, der mich von der Armee hingebracht hatte. Dieser betrug sich besser gegen mich, und ich konnte mich mit ihm unterhalten: es war ein Edelmann von sehr gutem Hause aus Liefland.

Gegen Mittag ordneten die Bedienten des Kommandanten eine Tafel mit drei Gedeken an; und einer seiner Sekretäre nahm die dritte Stelle ein. Dieser war ein Deutscher, der Weltkenntniß besaß; ich merkte, daß er Befehl erhalten hatte, mir in meiner Einsamkeit Gesellschaft zu leisten. Unsre Tafel wurde sehr gut besezt; und ich muß gestehn, daß man mir alle Artigkeit erwies, nur daß ich immer in meinem Zimmer eingeschlossen blieb, und daß ich stets eine Schildwache an meiner Thüre hatte.

Nach Tische besuchte mich der General selbst. Er war sehr artig gegen mich; er bezeugte mir sein ganzes Bedauern darüber, daß er durch die Befehle seines Hofes gezwungen wäre, mich so zu behandeln; aber übrigens bat er mich, über sein Haus, wie über das meine zu befehlen.

Er ließ hernach keinen Tag vorübergehn, ohne mich zu besuchen; und jemehr wir mit einander bekannt wurden, um desto mehr verdoppelte er seine Aufmerksamkeit und seine Gefälligkeiten gegen mich. Er vertraute mir sogar an, daß er in wenig Tagen Befehl erhalten würde, mich nach Petersburg zu schicken, wo man mich gern sehn möchte, und daß ich sicher bis zu Ende des Kriegs würde da behalten werden, damit ich nicht wieder dem Könige dienen könnte, der mir in seinem Briefe vom fünften September versprochen hatte, mich bald auswechseln zu lassen. Ich weiß nicht, aus welchen Beweggründen sich der russische Hof so betrug, ich kann bloß diese Thatsache versichern.

Den folgenden Tag rieth mir der General, mich zur Reise zu rüsten: und er war so gütig, mir ein Darlehn von zweihundert Dukaten anzubieten, die ich auch annahm, nachdem ich ihm meine Verschreibung darüber eingehändigt hatte. Er gab mir, obgleich in sehr gemäßigten Ausdrükken, zu verstehn, daß es mir in Petersburg nothwendig zuweilen am Nöthigen fehlen müsse. Wie viel Erkenntlichkeit bin ich nicht diesem gefälligen Mann schuldig! und wie oft habe ich nicht hernach Gelegenheit gehabt, mich an seine Reden zu erinnern!

Gegen Abend kam er noch einmal zu mir, und stellte mir den General Grafen von Czernichef vor. Der König hatte ihn auf sein Ehrenwort frei gegeben, um meine Auslieferung zu erleichtern. Er war nach seinem Range der vornehmste unter den russischen Gefangenen. Seine Majestät hatten ihm bei seiner Befreiung sagen lassen, daß alle übrigen Gefangenen seiner Nation ihm folgen sollten, so bald die Kommission zu Butow in Pommern über die Bedingungen der respektiven Auslieferungen würde überein gekommen seyn.

Er bezeugte mir die größte Rührung über das Betragen, das der König gegen ihn beobachtet hatte. Er versicherte mich, da er früher als ich nach Petersburg kommen würde; so würde er nicht ermangeln die Kaiserinn zu bitten, daß sie mich gleichfalls zurükschicken möchte, da ich wieder der erste unter den preussischen Gefangenen dem Range nach wäre. Aber er erinnerte sich nachher weder an das, was der König gegen ihn gethan, noch was er mir versprochen hatte.

Der Befehl kam an, daß ich von Königsberg abreisen sollte. Man gab mir zur Bedekkung meinen Offizier und zwanzig Grenadier. Am sonderbarsten wars, daß diese Grenadier diesen ganzen Weg zu Fuß machten, so baß wir erst den vierzigsten Tag nach unser Abreise in Petersburg ankamen. In meinem Leben habe ich nicht so viel von Langeweile gelitten; aber dieß war nur eine ganz kleine Probe von den übeln Begegnungen, die mir noch bevorstanden.

Wir reisten durch Memel, Riga, Narva. Man behielt mich immerdar im Auge. Ich sah keinen Menschen weiter, als meine Führer, einige Postmeister und einige Gastwirthe, mit denen ich nicht reden durfte. Erst im November kamen wir in Petersburg an.

Der Offizier, welcher mich führte, ließ mich in eine erbärmliche Hütte auf der Vorstadt abtreten; und den andern Morgen erstattete er Bericht von seinem Auftrage. Den Abend kam er zurük. Sein Stillschweigen über meine Bestimmung weissagte mir nichts gutes. Eine Stunde nachher brachte man ein Fuhrwerk von Seiten des Großkanzlers, Grafen von Woronzow, in welches ich nebst meinem Offizier stieg.

Wir machten Halt bei einer kleinen Hinterthür an dem Hause dieses Ministers. Man ließ mich eine sehr enge Treppe hinan in das Zimmer eines Sekretärs steigen, der mich sehr artig empfing. Er ließ mich niedersizzen, um den Großkanzler zu erwarten, der noch am Hofe war, und bot mir Erfrischungen dar, die ich aber, versenkt in tiefe Traurigkeit, nicht annehmen konnte.

Ich beschäftigte mich damit, eine französische Zeitung zu lesen, die auf dem Tisch lag; und wir unterhielten uns über die verschiednen Gegenstände, die darin enthalten waren. Ueber dieses frostige Gespräch verlief eine Stunde. Endlich ließ sich eine Klingel hören: der Sekretär ging in ein anderes Zimmer, welches an das anstieß, wo wir uns befanden, und nach einer Viertelstunde kam er zurük, entschuldigte es, daß ich so lange warten müßte, und sagte, der Großkanzler sei nach Hofe zurükgekehrt.

Auf eben diese Art verfloß noch eine Stunde. Es klingelte zum zweitenmal: der Sekretär ging hinaus, kam nach einigen Minuten zurük und führte mich in das andere Zimmer, wo ich den Großkanzler und einen andern Herrn vom Hofe fand. Der leztere war dergestalt mit Edelsteinen bedekt, daß ich nicht daran zweifelte, es sei der Graf von Schwalow, damaliger Liebling der Kaiserinn.

Als ich hineintrat, saßen sie in Lehnstühlen; sie standen mit sehr viel Würde auf und kamen mir entgegen. Der Großkanzler redete mich ganz gerade zu folgendergestalt an: "Obgleich der schwedische Hof unser "treue Bundesgenosse Sie zurükforbert und sehr wichti= "ge Beschwerden gegen Sie anbringt; so hat doch ihre "Kaiserliche Majestät mir befohlen, Ihnen zu sagen, daß "sie nie Ihre Auslieferung bewilligen wird, daß Sie "aber auch nicht nach Preussen in den Dienst des Kö= "nigs zurükkehren sollen. Sie wird für Ihren Unter-

„halt, Ihre künftige Lebenszeit hindurch sorgen, und
„Ihnen Ihre Bestimmung wissen lassen.‟

Dieses Kompliment schien mir höchst sonderbar,
und beinahe hätte ich mit lautem Lachen darauf geantwortet. Glüklicherweise redete mich jezt der Graf von
Schwalow an. „Woher kommt es, sagte er mit dem
„Ton der höchsten Würde, daß der König von Preussen
„unsre Kriegsgefangnen so hart behandelt, da er mit
„den Gefangnen der übrigen kriegführenden Mächte
„ganz anders verfährt? und warum hat er einen unsrer
„Offiziere rädern lassen?

Ich muß hier anmerken, daß man nach der
Schlacht bei Zorndorf im vorigen Feldzuge in der Stadt
Küstrin verschiedene Generale, Offizier und Soldaten
gefangen hielt, die man den Feinden abgenommen hatte,
und daß diese Soldaten, da sie um mehr als drei Vier-
theile stärker waren, als die preussische Besazzung, eine
Verschwörung anzettelten. Der König ließ Kriegsrecht
zur Untersuchung dieser Sache halten; man entdekte,
daß es beabsichtet war, die Besazzung zu ermorden, sich
der Thore zu bemächtigen und davon zu gehn. Ein Lieutenant war der Urheber dieser Verschwörung. Er
ward zum Rade verurtheilt, und dieses Urtheil ward
auch zum Warnungsbeispiel der Gefangenen an ihm vollzogen. Die Kaiserinn Elisabeth, die das Gelübde gethan hatte, während ihrer Regierung keinen Verbrecher
hinrichten zu lassen, glaubte wahrscheinlich, daß alle

übrigen Mächte verbunden wären, sich eben dieses Gesez zu machen. Sie ward so aufgebracht, als der Graf
von Czernichef, der mir zuvorgekommen war, ihr diese
Nachricht brachte, daß sie den Entschluß faßte, sich an mir
deshalb zu rächen: nicht dadurch, daß sie mich zum Tode verurtheilte, sondern indem sie mich in ein Gefängniß sezte, um nach russischer Art darinn behandelt zu werden, welches schlimmer als der Tod ist.

Ich antwortete ziemlich stolz dem Grafen von
Schwalow, daß die Strafe, welche der Offizier erlitten
hatte, von dem er mir die Ehre erwiese, mit mir zu sprechen, gar nichts ungerechtes an sich hätte, und völlig den
Gesezzen aller gesitteten Staaten gemäß sei, weil man ihn
überwiesen habe, daß er ein Komplott gemacht hätte,
um eine ganze Besazzung zu ermorden: was aber die
Behandlungsart der russischen Gefangenen betreffe, so
möchte er nur bedenken, daß die übrigen kriegführenden
Mächte sich nicht wie die Truppen Ihrer Kaiserlichen
Majesät aufgeführt hatten, welche die Hälfte der preussischen Dörfer in Brand gestekt, und sich jede Art von
Abscheulichkeiten in den Ländern des Königs erlaubt hätten; es sei natürlich, daß ein Monarch, dessen Unterthanen so behandelt würden, Repressalien brauche, man
könne aber nie die Preussen mit Recht anklagen, daß sie
irgend eine barbarische und unmenschliche That verrichtet hätten.

Ich war in diesem Augenblik so aufgebracht, theils über die Ankündigung des Großkanzlers, daß ich meine übrigen Lebenstage hindurch unglüklich seyn sollte, theils über den empörenden Ton des Grafen von Schwalow, daß ich gegen jedes Gefängniß, gegen Galgen und Rad trozte.

Der Großkanzler, dessen Karakter von Natur sehr sanft war, änderte den Gegenstand der Unterhaltung und fragte mich nach den verschiedenen Gefechten, die ich gegen ihre Truppen gehabt hatte. Er sagte mir manches schmeichelhafte über die kriegerischen Talente, die er in mir vorauszusezzen beliebte, er sezte hinzu, daß sie mir troz des Ungemachs, welches ich ihnen den Feldzug hindurch angethan hätte, doch ohne Ungerechtigkeit nicht ihre ganze Achtung versagen könnten.

Ich antwortete ihm mit der mir schiklichen Bescheidenheit; aber der Eindruk, den seine ersten Reden auf mich gemacht hatten, war zu stark, als daß ich meine ganze Aufmerksamkeit auf etwas anders hätte richten können. Ich frug ihn, ob die Kaiserinn entschlossen wäre, mich so strenge zu behandeln, als er mir die Ehre erwiesen hätte, mir anzukündigen, da ich doch niemals irgend etwas gethan hätte, wodurch ich mich zum Gegenstande ihres Zorns und ihrer Rache hätte machen können.

Ich stellte ihm vor, was die Regierungsveränderung betreffe, die man in Schweden beabsichtet hätte;

so müßten Ihro Kaiserliche Majestät besser, als irgend
jemand, daß Ihr Minister in Stockholm mit uns über
alles einverstanden gewesen sei, was man zum Glük
und Heil der Nation zu unternehmen, sich entschlossen
habe: wenn Ihre Kaiserliche Majestät sich nachher mit
dem Hofe von Frankreich verbunden habe, so sei das
kein Beweggrund für sie, mich aufzuopfern: da die in
Schweden vorgefallene Angelegenheit gar keinen Zu-
sammenhang mit meiner Lage als Kriegsgefangener habe, so würde Ihro Majestät zu gerecht sein, um nicht
diese beiden Umstände völlig von einander zu trennen:
wenn Sie an mir die üble Behandlung rächen zu müssen
glaube, welche nach Ihrer Behauptung ihren Gefangenen im Preußischen wiederfahren wäre, so sei sie die
unumschränkte Beherrscherinn meines Schiksals; allein
sie könne gewiß überzeugt sein, daß der König, welchem ich die Ehre hätte zu dienen, unterrichtet von der Behandlungsart, die ich zu erdulden haben würde, gegen
die Generale und Offiziers, die seine Gefangene wären,
gewiß Repressalien brauchen würde: wenn also meine
Person Ihro Kaiserlichen Majestät nicht besonders wichtig wäre, so würden ihr ihre eignen Unterthanen zu
lieb sein, um sie in einen Abgrund des Unglüks zu stürzen.

Der Großkanzler begnügte sich damit, statt einer Antwort zu mir zu sagen: „Gute Nacht Herr Graf:“ und ich
mußte mich also fortbegeben. Der Sekretär folgte sei-

nem Beispiel, führte mich durch den vorigen Weg wieder in die erbärmliche Hütte in der Vorstadt, wo man mich einquartiert hatte.

Den folgenden Tag ging der Offizier allein in die Stadt zurük, und erschien erst den Nachmittag wieder. Er vertraute mir unter dem Siegel der Verschwiegenheit an, daß man noch einmal über mich am Hofe Rath gehalten habe; er sei befehligt, wieder auf seinen Posten zurükzukehren; und er habe einige Verwirrung und Unentschlossenheit bemerkt.

Wir blieben beiderseits in derselben Bestürzung bis um neun Uhr des Abends, wo wir einen starken Mann aus der geheimen Kanzlei hereintreten sahn, welche in Rußland eben das, was in Spanien die Inquisition ist. Er sagte auf russisch zu meinem Offizier, daß wir ihm folgen sollten.

Ich fand an der Thür zwei zugemachte Schlitten. Man ließ mich in den einen und meine beiden Bedienten in den andern steigen. Der Offizier ward mir zur Seite gesezt; zwei Grenadier waren vorn auf meinem Schlitten, und zwei hinten mit aufgepflanzten Bajoneten. Der übrige Theil meiner Wache ward auf den zweiten Schlitten gesezt. Unser Führer ging voran: er allein saß auf einem dritten Schlitten.

Mit diesem Geleit und in dieser Ordnung reiste ich ab, ohne zu wissen wohin. Die ganze Zurüstung brachte mich auf die Gedanken, daß man Willens wäre, mich in das tiefste Sibirien oder Kamtschatka zu verweisen.

Wir gingen länger als eine Stunde durch die Stadt, und nachdem wir über das Eis der Newa gegangen waren, kamen wir in die Citadelle, wo man, obgleich sonst, wie in jeder Vestung das Thor alle Nacht zugemacht wird, es für uns offen gelassen hatte.

Unsre Schlitten hielten vor einem Hause still, das beinahe der Mittelpunkt der Citadelle war, und in dieses ließ man mich hineingehn. Ich fand nichts weiter als die reinen Wände, einen großen Ofen, einen Schemel, einen gemeinen Tisch und ein Licht. Man brachte meine Sachen. Man stellte eine Schildwache vor meine Thür und eine andre in das äussere Zimmer, wo meine Bedienten und die ganze Wache sich aufhielten. Unser Führer gab seine Befehle und ging fort.

Ein tiefes Stillschweigen herrschte bei uns; wir sahn uns blos an, ohne nur einen einzigen Laut vorbringen zu können. Der Offizier, der, wie schon gesagt, ein sehr guter Edelmann aus Lifland und von fürtreflichem Karakter war, hatte eben so wol seine Fassung verloren, wie ich selbst. Meine treuen Bedienten zerflossen in Thränen und vorzüglich mein Kammerdiener. Er war ein Schwede: hatte sein Vaterland und seine Eltern verlassen um mir zu folgen, und war seit funfzehn Jahren in meinen Diensten.

Ungeachtet der traurigen Lage, in die ich mich versezt sah, bemühte ich mich, sie zu trösten, nachher wandte ich mich an den Offizier und fragte ihm nach der Ursache seiner Traurigkeit. Er gestand mir aufrichtig, er
vermuthe nach diesem ersten Anfange, meine Bestimmung würde seyn, heimlich nach Siberien geschikt zu
werden; und gewöhnlich wäre die Wache die den Gefangenen gegeben würde, genöthigt, sie dahin zu begleiten,
und dort mit ihnen ihr Leben in Dunkelheit und Elend
zu verleben.

Das war für uns eine schrekliche Aussicht. Doch
that ich mein möglichstes um mich nicht ganz niederschla-
gen zu lassen, und beschäftigte mich mit nichts anhal-
tend, als was meinem Muth und die wenige Hofnung
stärken konnte, die mir übrig blieb.

Ich ermahnte diesen beklagenswerthen Offizier,
meinem Beispiel zu folgen und seinen Muth wieder zu
sammeln: „Wir sind beide keine Verbrecher, sprach ich
„zu ihm; seyn Sie gewiß, daß uns Gott nicht verlassen
„wird." Dieser süsse Gedanke tröstete mich mitten unter den Schrekken, die mich umgaben. Da es schon tief
in der Nacht war, so bemeisterte sich der Schlaf unser.
Ich hatte eine Matrazze meines Bettes in einen Winkel
meines Zimmers legen lassen, und legte mich nebst dem
Offizier darauf: meine Bedienten waren in einem andern
Winkel, und so entschliefen wir unter dem Schuz unsrer
Schildwachen.

Q

Um sieben Uhr früh wekte man den Offizier, der mir zur Seite schlief, und man befahl ihm, sich sogleich auf die geheime Kanzelei zu verfügen, welche in der Citadelle ihre Sizzungen hält. Ich erwartete, bei seiner Rükkunft abreisen zu müssen. Er kam nach der Abwesenheit von einer Stunde zurük, ohne mir aber einige Aufklärung über meine künftige Bestimmung geben zu können. Er sagte mir blos, daß er um seine Ablösung angehalten hätte, unter dem Vorwande, als sei er im Begrif, sich zu verheirathen.

Dieß war ein blosser Kunstgrif, den er wie so viel andre benuzte, um sich vor Siberien zu sichern. Die Kaiserinn hatte einmahl für allemahl verboten, daß man zur Bewachung der Gefangenen, Offiziere oder Soldaten dahin schikken sollte, die verehlicht wären, oder es eben werden wollten; da sie keine Unordnungen in den Familien verursachen oder der Bevölkerung ihrer Staaten hinderlich seyn wollte. Man hatte ihm also in der Kanzlei versprochen, ihn ablösen zu lassen.

Dieses waren alle Neuigkeiten, die er mir brachte. Wir blieben den ganzen Tag einer dem andern gegenüber. Man holte uns aus einem Gasthause ein elendes Mittagessen, das ich bezahlte. Der Kummer hatte meine Eßlust verscheucht, und ich war also bald mit meiner Mahlzeit fertig. Wir dachten an weiter nichts, als was aus uns werden würde. Man kann leicht denken, daß unsre Gedanken, vorzüglich die meinigen, nicht sehr lachend waren.

Die Nacht brach ein; und wir legten uns eben so zur Ruhe, wie in der vorigen. Den folgenden Morgen sagte er mir bei meinem Erwachen, daß er den erhaltenen Befehl vollbracht habe, sich meines Degens zu bemächtigen. Bis dahin hatte ich ihn immer behalten, ohne daß man irgend einen Versuch darauf gemacht hatte. Er entschuldigte sich darüber, daß er es mir nicht den Tag zuvor gesagt hätte: sein Befehl lautete, ihn mir im Schlaf abzunehmen und auf die Kanzlei zu bringen, „und diesem, sagte er, mußte ich mich doch unterwerfen." Ich scherzte mit ihm über diese Vorsicht und dennoch kränkte es mir in meinem Innersten. Dieser Tag verfloß eben so wie der vorige. Wir sahn keinen Menschen, und legten uns des Abends nieder, ohne etwas mehr von unserm künftigen Schicksal zu wissen.

Gegen eilf Uhr wekte man den Offizier und rief ihn heraus, weil jemand mit ihm sprechen wolle. Er kam eine Viertelstunde darauf wieder herein, und sagte mir, daß ein Offizier nebst einer neuen Wache da sei, um ihn abzulösen. Ich frug ihn, ob ich mich auch zur Abreise fertig machen sollte. Er antwortete, es gehe ihn ganz allein an.

Ich nahm also Abschied von diesem Rechtschaffenen: und nachdem ich ihm für die Menschlichkeit gedankt hatte, die er mir, seitdem ich ihm anvertraut war, erwiesen hatte, so zog ich einen Ring vom Finger, den ich noch behalten hatte, und bat ihn, denselben wie ein geringes Pfand meiner Dankbarkeit anzunehmen, und zum Andenken eines Unglüklichen, den er wahrscheinlich niemals wiedersehn würde. Ich beschwur ihn vorzüglich, daß er Gelegenheit suchen möchte, meiner Frau zu melden, daß ich noch am Leben sei.

Den Augenblik darauf trat der Offizier herein, der in seine Stelle kam. Er machte mir eine tiefe Verbeugung, die ich ihm erwiederte. Er stellte eine Schildwache an meine Thüre, und ging ins andre Zimmer.

Den folgenden Morgen erschien er wieder bei mir. Er bot mir auf russisch einen guten Morgen, und stattete in der geheimen Kanzlei seinen Bericht ab. Hernach habe ich erfahren, daß er dieses alle Morgen gethan habe, so lange meine Gefangenschaft dauerte.

Gegen zehn Uhr kam er in mein Zimmer zurük. Ich war angekleidet und ging traurig umher. Er legte mir einen Rubel auf den Tisch, und gab mir zu verstehn daß man so viel täglich für mich bestimmt habe. Ich gab ihm den Rubel wieder und dankte ihm, und bemühte mich, ihm verständlich zu machen, daß ich ihn nicht nöthig hätte. Meine abschlägige Antwort sezte ihn in Erstaunen. Er stattete Bericht davon ab, und von der Zeit an ließ man mein Mittagessen aus den Speisehause von einem Soldaten holen, und bezahlte es. Auch meinen Bedienten gab man es, und beinah so gut wie das meinige, und ohne daß man ihnen erlauben wollte, irgend etwas für mein eignes Geld zu kaufen.

Es wäre mir unmöglich gewesen, bei dieser elenden Kost lange zu bestehn und meine Kräfte schwanden von Tage zu Tage. Ich versorgte mich mit Thee, Koffee und Zucker und zum Abendessen brachte man mir Birkhüner und Caviar. Da ich den Geruch von Talglichten nicht ertragen konnte; so erlaubte man mir, mir Wachskerzen anzuschaffen. Die Frau meines wachhabenden Offiziers hatte meine Wäsche und ließ sich dafür artig bezahlen. Kurz, ausser dem kläglichen Mittagsessen, das man mir stets brachte, sorgte ich für alles, dessen ich bedurfte.

Auf diese Art lebte ich immerfort in gleicher Erwartung und in gleicher Furcht, und sah niemand als den Offizier, der niemals ermangelte den Morgen zu mir zu kommen, um mich zu sehn, ehe er in der Kanzlei seinen Bericht abstattete. Immer blieb ich, so wie meine Bedienten in tiefe Traurigkeit versenkt, und sah von Zeit zu Zeit aus dem Fenster; allein nur selten ward ich einen Vorübergehenden gewahr, bloß die Feiertage ausgenommen, wo eine Menge von Leuten nach einer Kirche gingen, die meinen Fenstern gegenüber war.

Dieß war für mich eine Zerstreuung und zugleich ein Vergnügen. Ich bemerkte, worinn sich die russische Kleidung von der in den übrigen Ländern unterschied, mit denen ich bekannt war. Die Frauenzimmer hatten

Q 3

einen Schnupftuch um den Kopf geknürft und waren
im Ganzen so geschminkt, daß ich Furien zu sehn glaubte.
Sie waren alle mit grossen Pelzen bedekt und fast alle in
Pantoffeln. Einige trugen sogar ihre Pantoffeln unterm Arm bis an die Kirchthür, und ich begrif nicht wie
sie so leicht durch den Schnee kommen könnten. Was
mir aber wenig Vergnügen machte war das Glokkengetö-
ne, welches man in Rußland, so zu sagen, Tag und
Nacht hört. Dieses ewige Geklingel ist ohne Zweifel
ein griechischer Kirchengebrauch, und nirgends ist es
vielleicht so unbequem, dicht an einer Kirche zu wohnen.

Die Wache auf der Citadelle ward alle Woche einmal gewechselt, aber die meine blieb stets dieselbe. Es
verfloß ein Monat, ohne daß sich das geringste in meiner
Lage änderte. Ich hatte nichts, was mich zerstreuen
konnte und mein trauriges Leben war ein erbärmliches
Einerlei. Ich empfand immer schwerer das ganze Ge-
wicht meiner Gefangenschaft. Ich bat um die Erlaubniß, Bücher kaufen zu dürfen, um mich mit den Todten zu unterhalten, da mir alle Gemeinschaft mit den
Lebendigen abgeschnitten war: man antwortete mir nicht.
Nachher habe ich erfahren, daß man nicht glaubte, mir
Bücher bewilligen zu dürfen, da der Befehl des Hofes
lautete, daß man mir kein Papier geben sollte. Gegen das Ende des Jahrs erlaubte man endlich, daß mir
ein Kalender zum Zeitvertreibe diente. Glüklicherweise

hatte ich noch einige Andachtsbücher behalten; das war meine ganze Büchersammlung.

Ich brachte drei Monate in dieser tödtenden Langenweile zu, so daß ich nichts vor mir hatte, als die Zitadelle, die Wände meines Zimmers, meine Wache und meine beiden Bedienten. Eines Morgens aber brachte mir der Offizier, da er mich, wie gewöhnlich besuchte, zwei Briefe, die man entsiegelt hatte. Sie waren von meiner Gattinn. Nachdem ich sie gelesen hatte, bat ich um die Erlaubniß, sie beantworten zu dürfen. Ich wünschte bloß sie zu benachrichtigen, daß ich noch am Leben sei, und dieß war auch die einzige Nachricht, die sie von mir selbst unmittelbar zu wissen wünschte. Man ließ mich wieder drei Monat ohne Antwort.

In dieser Zwischenzeit hatte mir meine Frau einen dritten Brief geschrieben und ihn an den schwedischen Gesandten Baron von Possen geschikt. Dieser Minister dachte so edel, daß er sich dafür verwandte, daß man mir erlauben möchte, ihn zu beantworten. Er stellte vor, daß man diesen Trost unmöglich einer abgehärmten Frau verweigern könne, welche sich der Verzweiflung überließe; so daß ich endlich nach sechs Monaten Gefangenschaft in mein Zimmer den geheimen Sekretair der Kanzlei und einen Adjutanten des Marschalls von Schmaloff hereintreten sah. Dieser Marschall war Präsident dieses heiligen Tribunals; und sein Adjutant übergab mir den Brief meiner Frau, wobei mir der Sekretär zu

gleich ein Stük Papier, ein Schreibzeug und eine Feder
darbot. Sie sagten mir, ich könne meiner Frau antworten, daß ich ihre drei Brief erhalten hätte und mich wol
befände; sie erklärten aber zugleich, daß ich nichts weiter
hinzusezzen und weder das Datum noch den Ort bezeichnen dürfte, an welchem ich schriebe.

Ich unterwarf mich diesem strengen Befehl des heiligen Gerichts. Der Sekretär legte meinen Brief
zusammen damit ich die Adresse darauf schriebe. Der
Adjutant warf einen mitleidigen Blik auf mich, indessen
sein Gesellschafter sein Inquisitoransehen ausübte; und
darauf begrüßten sie mich sehr ernsthaft und gingen fort.

Zwölf Monate verflossen noch eben so, wie zuvor.
Bücher hatte man mir verweigert. Ich hofte, man
würde mir doch ohne Schwürigkeit ein Klavier und Noten bewilligen: ich erhielt bloß das Klavier; da man
mir aber keine Noten ohne Papier geben konnte, so be-
sorgte man, die Befehle zu überschreiten und entschied
also, daß ich keine bekommen sollte.

Ich handelte um ein sehr mittelmäßiges Klavier.
Man forderte dafür zwölf Dukaten. Mir blieb nur
noch wenig Geld übrig, und ich sah mich also gezwungen aufs Klavier, wie auf die Noten Verzicht zu thun.

Ich fuhr also fort, ohne irgend eine Erquikkung
oder Zerstreuung zu leben; und mein Leben war warlich sehr verschmachtend, sehr eintönig. Indessen fühlte ich damals die Macht der Gewohnheit über den mensch-

lichen Geist. Die drei ersten Monden meiner Gefangenschaft schienen mir so lang, so unerträglich, daß ich
mich fähig fühlte, alles zu thun, um mich von der Bür-
de des Lebens zu befreien. Die drei folgenden waren bei
weitem nicht mehr so quaalvoll.

Mein Tag war folgendergestalt eingetheilt. Ich
stand um sieben Uhr früh auf; mein Frühstük beschäftigte mich bis acht: dann zog ich mich an, las darauf fast
eine Stunde: nach vollbrachtem Lesen spazierte ich in
meiner Stube beinahe zwei Stunden, bald durch meine traurigen Gedanken beunruhigt, bald in schöne Hofnungen eingewiegt. Um ein Uhr Nachmittags brachte
mir ein Soldat von meiner Wache das Essen. Ich war
noch zwei Stunden bei Tische; und theilte mein Mittag
mit meinen Bedienten, die in einem Winkel des Zimmers assen, und mit welchen ich plauderte, um die Zeit
zu tödten: um drei Uhr trank ich eine Schaale Kaffee.
Von drei Uhr an spazierte ich wieder zwei Stunden,
theils zur Zerstreuung, theils meiner Gesunheit halber.
Um fünf Uhr fing ich wieder an zu lesen, und las bis
acht. Ein sehr mäßiges Abendessen beschloß meinen
Tag, und um zehn Uhr legte ich mich nieder.

Dieß war mein Leben Tag für Tag. Allmählich
wurden mir der Offizier und die ganze Wache gewogen,
und fühlten alles mögliche Mitleid mit meinem Geschik.
Vorzüglich bemerkte ich zwei Grenadier von sehr lebhaf-
tem natürlichen Gefühl: sie gaben mir zu verstehn, daß

sie sehr gern in alles willigen würden, wodurch meine Uebel und meine Bekümmernisse gelindert werden könnten.

Einer von ihnen sagte mir eines Abends, der Offizier sei nicht da, und wenn ich auf den Wall spazieren gehn wollte; so würde ich die ganze Stadt erleuchtet sehn: es war einer von den Galatagen, die in Rußland sehr häufig sind. Ich war entzükt über das Glük, einige Augenblikke frei athmen zu können: wir gingen zusammen fort und durchliefen die ganze Festung.

Sie hat sechs Bastionen und Aussenwerke. Die Bauart derselben ist vortreflich und sehr regelmässig. Peter I hatte sie an der Mündung der Newa bauen lassen da er dort seine Hauptstadt anlegen und eine Seemacht auf dem Belt haben wollte.

Da wir diese Vestung durchliefen, fanden wir auf einen der Bastionen, an welchen die Newa fließt, eine Schanze, von welcher wir völlig die ganze Stadt übersehn konnten: für jeden andern als mich wäre das ein hinreissender Anblik gewesen; für mich, der ich seit langer Zeit nichts als die Wände meines Zimmers gesehn hatte, war es fast ein himmlisches Schauspiel. Die Kathedralkirche reizte meine Neugier. Es ist in Ansehung der Bauart eine der schönsten Kirchen. Mein Grenadier ging mit mir hinein: aber unglüklicherweise verschloß sich die Thür hinter uns, und zwar so fest, daß wir sie unmöglich von innen öfnen konnten. Ich

befürchtete, der arme Soldat würde sich vor Verzweiflung erhenken, um der Strafe zu entgehn, welcher er
sich ausgesezt hatte. Ich war blos seinetwegen in Unruhe, und während dem, daß er nach Mitteln suchte,
hinaus zu kommen, entdekte ich bei dem Schein einer
Lampe, die Tag und Nacht mitten in der Kirche brennt,
zwei prächtige Grabmäler, nemlich das Grabmal Peter
I und der Kaiserinn Anna. Ich sezte mich in den Zwi-
schenraum der sie von einander trennte, und dort überließ ich mich meinen Betrachtungen über die Unbeständ-
igkeit menschlicher Größe. Unterdeßen hatte mein
Soldat eine kleine Pforte entdekt, bei welcher eine
Schildwache von der Wache der Citadelle stand. Ich
drükte demselben ganz leise einen Dukaten in die Hand, und
dafür war er so gütig uns hinauszulaßen. Wir kehrten
frölich zu unserm traurigen Lager zurük, und dieß war
das erste und lezte mal, das ich dergleichen wagte.

Als ich achtzehn Monate gefangen geseßen hatte,
ward ich sehr gefährlich krank. Mein wachthabender
Offizier stattete davon Bericht ab, man schikte mir einen Arzt, dem es nicht an Fähigkeit fehlte und er fand,
daß ich das Flekfieber hatte. Man ließ es nicht an Arz-
neien fehlen und ich genas. Aber mein armer Kammerdiener wurde durch sein vieles Nachtwachen von eben
der Krankheit befallen. Der Arzt sparte auch an ihm
nichts, um ihn zu retten. Ich war meinerseits eben so
sehr für ihn besorgt, als er es um mich gewesen war,

aber alles war vergebens: nach einem vierzehntägigen
Krankenlager starb er.

Ich war unendlich gerührt bei dem Verluſt eines
ſo guten und treuen Bedienten. Seit funfzehn Jahren hatte ich das Glük ihn in meinen Dienſten zu haben, und ich war ihm viel Erkenntlichkeit ſchuldig für
ſeine Anhänglichkeit und für den Antheil, den er ſtets
an meinem Schikſal genommen hatte. Nur zwei Tage
nach ſeinem Tode erſt war ſein Grab fertig, und ſo lange wollte ich auch nicht erlauben, daß ſein Leichnam anderswo als in meinem Zimmer läge, wo er ſtets um
mich geweſen war. Ich weiß nicht, wohin man ihn
brachte, aber das weiß ich, daß ein Vater, der das Unglük hat ſein Kind zu verlieren, nicht troſtloſer ſein
kann, als ich es war.

Da ich noch nicht völlig hergeſtellt war, ſo fuhr
der Arzt noch in ſeinen Beſuchen fort. Ich benuzte dieſelben, um meine Bitte in Anſehung der gewünſchten
Erlaubniß einige Bücher ankaufen zu dürfen, zu wiederholen; und damit man es deſto williger zugeben möchte, bat ich blos um zwei oder drei Bücher der Moral
und der Religion. Aber man antwortete mir niemals,
und ſo oft ich mit meinem Arzt davon anfing, brachte
er das Geſpräch wieder auf meine Krankheit und auf die
Lebensordnung, die ich beobachten müßte.

Mein Beutel war bald erſchöpft, und mein Kleidervorrath war in noch kläglichern Umſtänden, ob ich

ihn gleich ·in den achtzehn Monden meiner Gefangenschaft ziemlich hatte schonen können. Ich bat um die
Erlaubniß, hundert Dukaten auf einen Wechsel ziehn
zu dürfen: aber meine Bitte war ohne Erfolg.

· · Von diesem Augenblik an entschloß ich mich fest,
um keine Gnade mehr zu betteln, alles von dem
Schuz der Vorsehung zu erwarten. Ich sezte meine gewöhnliche Lebensart fort, ohne irgend etwas von dem
zu erfahren, was außer meinem Zimmer vorging. Aber
eines Morgens kam mein Offizier zu mir hinein, und bat
mich, mit ihm ans Fenster zu treten. Er zeigte mir
dreihundert von unsern Gefangenen von der Kolbergi-
schen Besazzung. Man hatte sie, wie im Triumph
durch die Stadt geführt, um sie auf die Citadelle zu bringen, bis man die nöthigen Verfügungen getroffen haben würde, um sie weiter zu schaffen.

Ein andermal sagte er mir, wie in großem Vertrauen, daß die russische Armee in Berlin wäre. Ich
wurde leicht gewahr, daß man ihm dazu Auftrag gegeben hatte, denn er hatte stets sehr redlich gegen mich gehandelt: aber diejenigen, welche Barbaren genug waren, um meines Elendes zu spotten, und die dadurch
meinen Kummer zu mehren dachten, erhielten nicht ganz
das Vergnügen, was sie davon gehoft hatten. Ich
war so gut Herr über mich selbst, daß mich, dem Anschein nach, nichts rührte; und ich hörte diese Neuigkeit
mit kaltblütiger und gleichgültiger Mine.

Sechs Monate verflossen noch), ohne daß meine Lebensart und meine Lage sich im geringsten änderten. Zwei Jahre also waren in der härtsten Gefangenschaft überstanden.

Ich näherte mich dem Ende meines Unglüks. Mein Offizier kam eines Morgens mit einer Feder und einem Blatt Papier in der Hand, und mit sehr geschäftsvoller Mine, zu mir herein. „Ich habe Befehl, sprach er, „Sie schriftlich aufsezzen zu lassen, was Sie an Klei„dung oder an Wäsche etwa nöthig haben." Voll Unwillen darüber, daß man mir alles, sogar Bücher verweigert hatte, und fest entschlossen, nicht weiter die Rolle eines Supplikanten zu spielen, antwortete ich mit sehr entscheidendem Ton: „ich habe nichts nöthig." Meine Antwort sezte ihm in Erstaunen und Verwirrung. Er ging fort; und es verflossen noch ungefähr acht Tage, ohne daß ich von etwas reden hörte.

Nach Verlauf dieser Zeit sah ich ihn wieder mit einem großen Ballen erscheinen. „Was ist das?" fragte ich ihn. Ich habe Befehl, antwortete er, Ihnen dieß zuzustellen, damit Sie sich ankleiden. — „Ist es auf Befehl der Kaiserinn?" — das weiß ich nicht. — Ich nahm den Ballen, und warf ihn in eine Ekke des Zimmers. „Niemand, sezte ich hinzu, „außer der Kaiserinn hat hier das Recht mir Geschenke „zu machen."

Nach einer Stunde kommt er zurük und sagt mir, der Ballen sei von Seiten der Kaiserinn selbst geschikt. Sogleich nehme ich das Pak wieder, und bitte den guten Offizier inständig, Ihrer Majestät meinen unterthänigsten Dank, und die Versicherungen meiner Erkenntlichkeit gegen Ihre Gnade zu vermelden.

Ich war sehr neugierig doch zu erfahren, worinn dieses Geschenk bestehe; und eröfnete das Pak, so bald ich allein war. Es enthielt zwei Schlafröke, einen mit Pelz zum Winter, und einen andern von chinesischem Zeuge zum Sommer; vier Oberhemden von Baptist, ein Paar Pantoffeln, zwei Paar seidne und zwei Paar zwirnene Strümpfe.

Ich pakte alle diese Sachen wieder ein, fest entschlossen, sie als ein Fideikommiß meiner Nachkommenschaft zu überlassen, wenn ich je so glüklich sein sollte, zu Hause zurükzukehren; da ich indessen aus diesem unerwarteten Ereigniß schloß, daß in Ansehung meiner eine Veränderung vorgegangen sein müsse; so hielt ich aufs neue um die Erlaubniß an, Bücher zu kaufen. Der Offizier kam sogleich, und kündigte mir mit aller Freude, deren seine Seele empfänglich war, die Erlaubniß an, alles zu kaufen, was ich wollte.

Ich ließ sogleich Bücherverzeichnisse aus den Buchhandlungen holen; ich suchte mir die Bücher aus, die mir anstanden, und bald war mein Zimmer durch eine Bibliothek verziert. Ich war entzükt darüber, mich

endlich mit Vergnügen beschäftigen zu können: aber nur
nach vier Wochen erst erfuhr ich, woher diese Veränderung meiner Lage kam.

Der König hatte mich mehrere male vergebens zurückgefordert: man war seinen Forderungen stets unter
dem Vorwande ausgewichen, daß ich krank sei; so daß
er endlich, aufgebracht über die hartnäckige Weigerung
des russischen Hofes, nicht nur die Auswechselung der
Gefangenen abgebrochen, und seinen Kommissair, den
General von Wyllich zurükgerufen; sondern sogar den
Generalmajor von Tiesenhausen aus dem russischen und
den Obrist von Lilienberg aus dem schwedischen Heer
auf die Vestung geschikt und förmlich erklärt hatte, daß
ihre Köpfe ihm für den meinigen haften sollten. Da
man nun in Petersburg wußte, wie fest Seine preußische Majestät auf Ihren Entschlüssen beharrte; so entschloß man sich, mich frei zu lassen, und nach Preußen
zurükzuschiken, ob man sich gleich sonst vorgesezt hatte,
es nicht zu thun. Um mich also in einen schiklichen
Stand dazu zu sezzen, daß ich mich zum Könige begeben könnte, fand es die Kaiserinn rathsam, mir das
erwähnte Geschenk zu machen.

Endlich kam der Augenblik meiner Befreiung.
Eines Morgens erwache ich und steige aus dem Bett,
um meine gewöhnliche Beschäftigung vorzunehmen. Auf
der Citadelle wurden drei Kanonen schnell hinter einander abgefeuert. Der Offizier stürzt in mein Zimmer

und meldet mir, daß die Kaiſerinn geſtorben, und Peter III zum ruſſiſchen Thron gelangt ſei. Mein Erſtaunen war um ſo größer, da ich gar nichts von ihrer
Krankheit gewußt hatte; denn man hatte mir dieſelbe
als das größte Geheimniß verborgen. Man denke ſich
den Eindruk, den jezt dieſe Nachricht auf mich machte.
Ich kannte ſeit langer Zeit die Denkungsart des neuen
Kaiſers, ſeinen Enthuſiasmus für den König von Preuſſen und ſeine Anhänglichkeit an Schweden. Ich zweifelte gar nicht mehr daran, daß ich aus meinem Kerker
befreit werden würde: aber ich fühlte zugleich, daß ich
noch würde etwas Gedult haben müſſen, weil ihn in
den erſten Augenblikken ſeiner Regierung wahrſcheinlich
Angelegenheiten von größerer Wichtigkeit, als die meinigen, hindern würden, an mich zu denken.

Ich verlebte alſo den Tag wie gewöhnlich, und
blätterte in den Büchern, die ich eben angeſchaft hatte.
Aber gegen Abend höre ich Geräuſch: ein Adjutant
des Kaiſers tritt herein, und kündigt mir nebſt meiner
Freiheit an, daß Seine Majeſtät mir einen Wagen von
Hofe ſchikken, und daß ich mich zu ihm begeben ſoll. Er
befiehlt der Wache fortzugehn, und dem Offizier, bloß
eine Schildwache an die Hausthür zu ſtellen, um aller
Unordnung vorzubeugen.

Es wäre unmöglich den Zuſtand zu beſchreiben, in
welchen ich bei einer in dieſem Augenblik ſo unerwarteten Neuigkeit gerieth: ich war völlig außer mir. Ich

R

bat den Adjutanten, die Versicherung meiner unterthä-
nigen Ehrfurcht und meiner lebhaften Dankbarkeit zu
den Füssen Seiner kaiserlichen Majestät zu legen, und
den Kaiser zugleich zu beschwören, daß er mir erlauben
möchte meine Aufwartung bis auf den folgenden Tag zu verschieben, weil mein Gemüth und mein Blut in solch einer Bewegung sei, daß ich wenigstens einiger Stunden
bedürfe, um wieder zu Sinnen zu kommen.

Der Adjutant frug mich erstaunt, ob ich im Ern-
ste es noch verschieben wollte, aus dem Kerker hinauszugehn: da er mich aber genauer ansah und gewahr
ward, wie blaß ich war, und wie sehr ich zitterte; so
gestand er, daß ich wohl daran thäte. Wir redeten
ab, daß er mir den andern Morgen um zehn Uhr die
Kutsche wieder schikken sollte.

So bald er mich verlassen hatte, fing ich an, Gott
für meine Befreiung zu danken, und dann verlor ich
mich den übrigen Theil des Abends und fast die ganze
Nacht hindurch, in Betrachtungen, welche nothwendig bei so einer Veränderung des Schiksals, sich in meiner Seele hervordrängen mußten.

Wer sich in solch einer Lage befunden hat, mag
sich die Verwandlung denken, die in meiner ganzen Seele jezt vorging. Ich stand zwischen zwei Extremen.
Seit fünf und zwanzig Monden und drei Tagen seufzte
ich im Elende, in vier Mauern eingeschlossen und von
jedem Trost entblößt: und jezt sollte ich auf einmal in

die große Welt zurükkehren, Theil nehmen an den Ergözlichkeiten, an den Festen und Huldigungen eines glänzenden Hofes, da ein neuer Kaiser den Thron bestieg.

Den folgenden Morgen ließ mir der Großkanzler
Graf von Woronzow sagen, daß er mich in seinem Hause erwarte und mich selbst Seiner kaiserlichen Majestät
vorstellen wolle.

Ich kleidete mich an, und gerade um zehn Uhr
war die Kutsche des Hofes vor der Thür. Ich ließ meinen Bedienten mit meinen alten Sachen in meinem Zimmer und fuhr geraden Wegs zum Großkanzler. Er
umarmte mich; er nahm einen ganz andern Ton an,
als zwei Jahr vorher bei unsrer ersten Unterredung,
weil sich die Umstände geändert hatten; er sagte mir,
er sei entzükt, mich wieder in Freiheit zu erblikken; ich
möchte alles Vergangene vergessen; er wolle, so viel in
seinem Vermögen stehe, alles anwenden, was zu meiner Zufriedenheit beitragen könnte, und mache sich ein
inniges Vergnügen daraus, mich dem Kaiser selbst vorzustellen.

Ich war in Uniform; denn ich hatte eine, die
noch ziemlich war, aber ich hatte keinen Degen. Er
ward es gewahr. „Ei! Herr Graf! sagte er, was
„haben Sie mit dem Degen gemacht, den Sie bei Ih-
„rer Ankunft trugen?" Die geheime Kanzlei, antwortete ich, hat ihn mir bei meinem Eintritt in die Citadelle
abnehmen lassen. Ich erzählte ihm auf eine scherzhafte

R 2

Weise die Geschichte davon, die ich schon angeführt habe, und ich vergaß die behutsamen Maaßregeln nicht,
die man zu nehmen rathsam gefunden hatte, und die
mir ein unauflösliches Räthsel waren. Er lachte darüber mit mir.

Er führte mich darauf in ein anderes Zimmer,
wo die Frau von Woronzow an ihrem Nachtische saß;
und ich unterhielt mich eine halbe Stunde mit ihr, da indessen der Großkanzler nach Hofe gefahren war, um in
Betref meiner Vorstellung, vom Kaiser Befehle zu holen. Er brachte mir einen Degen, gerade wie die unsrigen sind. Der Kaiser selbst entäußerte sich desselben,
um mir damit ein Geschenk zu machen; er ließ bloß das
Port-Epee abnehmen: und da er reichlich mit dergleichen preussischen versorgt war; so ließ er einen andern
ummachen.

Meine Vorstellung ward bis auf den folgenden Tag
verschoben, welches ein Sonntag war, damit sie desto
glänzender würde, weil an diesem Tage sich der ganze
Adel am Hofe versammlet. So viel merkte ich dem
Großkanzler bei seiner Rükkunft ab. Er behielt mich
indessen zu Mittage. Er hatte, wie gewöhnlich, eine
Menge von Gästen, und bei dieser Gelegenheit hatte ich
das Vergnügen, den General Korf wiederzusehn, der
mir in Königsberg so viel Freundschaft erwiesen hatte.
Er hatte eine der höchsten Bedienungen in Petersburg,
er war Großmeister der Policei. Ich sprang ihm an

den Hals, so bald er hereintrat: ich umarmte ihn zärt=
lich und dankte ihm herzlich für alle die Güte, wo=
mit er mich überhäuft hatte. Wir wurden beide so sehr
erweicht, daß wir Thränen vergoßen. Ich war von
der reinsten Dankbarkeit gegen ihn durchdrungen; und
er empfand seinerseits diese süße Wonne, welche stets
den Redlichen und Tugendhaften beim Anblik derer
durchströmt, denen er Gutes erwies, und deren Unglüks=
fälle ihn rührten. Der Großkanzler, der ein Schwa=
ger des General Korf war, schien selbst an allen den
Empfindungen Theil zu nehmen, die wir bei dieser an=
genehmen Zusammenkunft fühlten. Beim Aufstehn
von Tische bat mich Korf ein Zimmer bei ihm anzuneh=
men, das er in seinem Hause hätte für mich zubereiten
laßen, so lange, als ich in Petersburg bliebe. Ich be=
zeugte ihm meinen Dank dafür in Ausbrüllen, die ihm
den Grad meiner Rührung schildern mußten.

Allein ich war, was man kaum begreiflich finden
wird, so vollkommen daran gewöhnt, zwischen meinen
vier Mauern zu leben, daß ich mich nicht enthalten konn=
te, darum zu bitten, daß man mich bis zu meiner Ab=
reise nach Preußen darinn laßen möchte; so stark sind
die Bande der Gewohnheit über den Geist und über das
Herz des Menschen! der Graf von Woronzow und der
General Korf erstaunten gleich stark über meinen Ent=
schluß; da sie mir aber vorstellten, daß es der Kaiser
vielleicht übel deuten würde, wenn ich noch, da er mir

R 3

meine Freiheit wiedergegeben hätte, hartnäffig darauf
bestände, meine Wohnung nicht zu verändern, so versprach ich den folgenden Tag zum Herrn von Korf zu
ziehn.

Ich kehrte den Abend noch zur Citadelle zurüf,
und machte mich fertig, sie endlich auf ewig zu verlaffen.

Bei meinem Erwachen schifte der General Korf zu
mir, um mich darum zu bitten, daß ich zu ihm kommen möchte, ließ mir auch zugleich sagen, sein Schwager sei frank, und er werde mich also, an seiner Statt
bei Hofe vorstellen. Ich begab mich also zu ihm mit
meinem sämmtlichen Gepäf, welches aus ziemlich viel
Büchern und einem sehr leichten Kleidervorrath bestand;
und zur bestimmten Zeit begaben wir uns nach Hofe.

Korf stellte mich, sich zur Seite in die Gallerie,
durch welche der Kaiser gehn mußte, um die Meffe zu hören.
Es war eine Menge von vornehmen Herrn da. Sobald der
Kaiser erschien, stellte mich Korf Seiner Mejestät vor. Ich
warf mich ihm zu Füßen, um ihm für seine Güte gegen mich zu danken. Kaum konnte ich einige Töne hervorbringen und diese Bewegung drükte mehr aus, als
die beredteste Rede hätte ausdrüffen können. Der Kaiser gab mir nach der Landessitte seine Hand zu küffen,
und sagte zu mir: „ich bin erfreut, bei meiner Thron-
„besteigung sogleich Gerechtigkeit gegen Sie üben zu kön-
„nen, und dem Könige Ihrem Herrn dadurch einen Be-

„weis von meiner Denkart und von meiner aufrichtigen
„Freundschaft gegen ihn zu geben.‘‘

Die Kaiserinn folgte mit ihrem ganzen Hofstaat,
um auch in die Messe zu gehn. Korf hatte die Güte,
mich Ihrer Majestät ebenfalls vorzustellen. Sie gab
mir gleichfalls die Hand zu küssen, und beantwortete in
den gnädigsten Ausdrükken das lakonische Kompliment,
was ich an sie zu richten die Ehre hatte. Die meisten
von denen, welche in der Gallerie versamlet waren, begaben sich in die Kapelle. Korf führte mich in den
Stuhl des Hofes. Der Kaiser sprach dort einigemal
mit mir, und stets mit demselben gütigen Ton; vorzüglich blieb er bei seiner Anhänglichkeit gegen den
König.

Beim Hinausgehn aus der Kapelle kam der Oberstallmeister zu mir und sagte mir, daß ich bei Hofe essen
sollte. Mein Führer ward gleichfalls eingeladen.

Die Tafel war sechzig Gedekke stark. Der Kaiser
und die Kaiserinn saßen neben einander. Man sezte
mich mit Korfen dem Kaiser gegenüber, und kaum hatten wir uns gesezt; so redete er mich an.

„Sie können nicht viel davon wissen, was in
„Preussen vorgeht. Es freut mich, Sie versichern zu
„können, daß der König sich wohl befindet, ob er gleich
„bis jezt gezwungen gewesen ist, sich links und rechts zu
„schlagen: aber ich hoffe, alles das soll bald ein Ende
„haben.‘‘ Die ganze Gesellschaft war sehr aufmerk-

R 4

sam. Ich antwortete blos durch ein ehrerbietiges Stillschweigen.

„Wie lange, sezte er hinzu, haben Sie in der Citadelle gesessen?" Sire, erwiederte ich, fünf und zwanzig Monate und drei Tage. — „Hat man Sie, „fuhr er fort, wohl behandelt und gut gehalten?" Ich wußte nicht, was ich ihm antworten sollte. „Reden „Sie, sprach er, Sie haben nichts zu befürchten." — Weil Seine Majestät es mir befehlen, fuhr ich fort, so will ich Ihnen nicht verheelen, daß ich mich stets sehr übel befunden habe. Ich war beständig in vier Mauern eingeschlossen, ohne irgend eine Erquikkung, oder Zerstreuung. Ich habe nicht einmal die Erlaubniß erhalten können, einige Bücher zu kaufen.

Bei diesen Worten mäßigte die Kaiserinn, die, wie jederman weiß, das Lesen gar sehr liebt und sehr gelehrt ist, nicht weiter ihren Unwillen. „Das ist barbarisch" rief sie mit lauter Stimme.

Der Kaiser fing wieder an: „Was thaten Sie „denn, um die Zeit zu tödten?" nichts, sagte ich zu ihm, als daß ich mich meinen schwarzen Gedanken überließ, und mich zuweilen noch mit Hofnungen der Zukunft einwiegte. -- „Lassen Sie uns das alles verges= „sen" sezte er hinzu: und das Gespräch fiel auf allge= meinere Materien.

Hiebei fand ich viel Vergnügen an der Rolle, die in diesem Augenblik Schwalow, der ehmalige Liebling

der Elisabeth spielte, der mich, als ich wie Gefangener
gebracht ward, mit so viel Troz und Selbstgenügsam-
keit empfangen hatte. Er war bei diesem Mittagsmahl
zugegen, wie auch der Marschall von Schwalow Präsident der geheimen Kanzlei. Alle die, welche gegen sie
einen persönlichen Haß hegten, oder ihr Ansehn beneide-
ten, richteten ihre Augen auf sie: die ganze Gesellschaft
richtete ihre Aufmerksamkeit auf ihr Benehmen.

Nach aufgehobener Tafel ging man in ein andres
Zimmer, um Koffee zu trinken und befahl mir, zu folgen. Der Kaiser kam heran, um sich mit mir zu unterhalten. Ich benuzte diesen günstigen Augenblik und er-
flehte mir zwei Gnadenbezeugungen; nemlich fürs erste,
daß ich eine Estafete an den König von Preussen schikken
und ihm melden dürfte, nicht nur, was Seine Kaiserliche Majestät mir für Gnade erwiese, sondern auch,
was für freundschaftliche Dinge Sie mir in Ansehung
Seiner gesagt hätten; fürs zweite daß ich wieder in Dienst
gehn dürfe, ehe der Feldzug anginge.

Das erste erhielt ich ohne Schwürigkeit. Der Kaiser antwortete mir, ich könne an den König schreiben,
was ich nur wolle, und ihm besonders melden, daß Sein
erster Adjutant nächstens abreisen würde, um ihm seine
ganze Freundschaft zu versichern, und um ihm die Versicherung zu wiederholen, daß er nicht eher die Waffen
niederlegen wolle, bis er ihm den Frieden verschaft haben würde. Meine zweite Bitte bewilligte er aber nur

R 5

unter der für mich sehr schmeichelhaften Bedingung, daß
ich bei ihm bleiben sollte, bis der König ihm einen Minister geschikt hätte. Ich sollte dem Könige zugleich melden, daß er wünsche, derselbe werde aus den Offizieren
des preussischen Heers erwählt. Ich eilte sogleich zu
Hause und meldete dem Könige alle Umstände des Vor-
ganges; und da mir nichts mehr am Herzen lag, als
bald zurükzukehren, so drang ich vorzüglich darauf, wie
nothwendig es sei, die Sendung eines Ministers zu beschleunigen; denn ich war in Verzweiflung darüber, daß
ich in den beiden vorigen Feldzügen nicht da gewesen war:
ich nahm mir zugleich die Freiheit ihn zu versichern, daß
ich unterdessen, nach meinen geringen Einsichten für die
Angelegenheiten Seiner Majestät wachen würde; daß
mich der Herr von Keith, der englische Minister mit seinem Zutrauen beehre; und daß dieser Minister, der in
den Angelegenheiten sehr gewandt sei, ersezzen werde,
was mir an Talenten und an Erfahrenheit in der Politik
mangle, vorzüglich da ich zwei Jahr eingeschlossen und
völlig von der Gesellschaft abgeschnitten gewesen sei. Meine Estafette reisete ab; und den folgenden Tag ward der
Adjutant des Kaisers abgefertigt.

Ich war fast täglich bei Hofe; und wenn der Kai-
ser in grosser oder kleiner Gesellschaft Mittag oder Abends
Tafel hielt, so ermangelte er selten, mich einzuladen.
Er ging von Zeit zu Zeit des Abends zu verschiedenen
Grossen, denen er gewogen war, und bald begab er sich

allein dahin, bald mit der Kaiserinn. Man erwies mir
die Ehre, mich und den Minister des Londner Hofes zu
diesen Gesellschaften zu ziehn.

Das Gespräch wurde zuweilen sehr wichtig. Der
Kaiser verheelte niemals seine Denkungsart gegen den
König, und da England die einzige Macht war, welche
damals mit Preussen im Bündniß stand, so drükte er sich
vor dem Minister desselben mit viel Naivetät aus.

Eines Abends sprach er zu mir. „Schlagen Sie
„Ihrem Freunde Keith vor, daß er mich morgen Abend
„in seiner Wohnung zu Tische bitte. Die Minister der
„übrigen Höfe werden sich vielleicht darüber ärgern: allein
„daraus mach' ich mir wenig." Ich ging zum Herrn
von Keith, und sagte ihm dies wieder. Er fand
sich dadurch so geschmeichelt, daß er sogleich zum Kaiser hinantrat und ihm für die auszeichnende Gnade dankte
we:nit er ihn beehren wollte.

Den folgenden Abend ward dieß Abendessen gegeben. Zehn oder zwölf Personen, alle vom Kaiser gewählt, waren eingeladen. Der Fürst war sehr heiter
und von sehr guter Laune. Das Gespräch betraf fast
blos den König von Preussen. Ich erinnere mich, daß
der Kaiser einen Ring vom Finger zog, um ihn mir zu
zeigen: „kennen Sie das Gemählde, sagte er zu mir,
„das auf diesem Ringe ist?" — Ja, Ihro Majestät,
antwortetee ich, es ist das Bild des Königs. — Ein jeder wünschte es zu sehn: der Ring ging rund um die Ta-

fel herum; und ich hatte das Vergnügen, daß alle Gäste einstimmig und um die Wette die Lobeserhebungen des
Königs anstimmten.

Den folgenden Tag brachte man mir von Seiten
des Kaisers einen Beutel mit 500 Rubeln, und den Befehl nach Hofe zu kommen. Zu gleicher Zeit meldete sich
der Offizier von der Wache der Citadelle bei mir: er
brachte mir meinen Degen wieder, der bis dahin in der
geheimen Kanzlei war verwahrt gewesen, so wie auch die
Briefe, die man mir erlaubt hatte, aus meinem Kerker
an meine Frau zu schreiben: man hatte sich gar nicht die
Mühe gegeben, sie abzuschikken.

Ich schenkte meinen Degen diesem Offizier, über
den ich mich nie hatte beklagen können, und legte noch
hundert Rubel hinzu: aber auffer mir vor Unwillen darüber, daß man die Briefe an meine Frau zurükbehalten
hatte, ging ich sogleich zum Großkanzler um mich über
solch ein Verfahren zu beschweren. Er war sehr aufgebracht darüber. „Aber trösten Sie sich, sprach er: der
„Kaiser hat so eben diese schrekliche Kanzlei auf ewig auf-
„gehoben.“ — Das ist sehr schön, erwiederte ich, allein demungeachtet wird meine Frau bis jezt in der schreklichsten Ungewißheit über mein Schiksal geblieben seyn. —
Das Uebel war geschehn; es gab kein ander Mittel dagegen, als Geduld.

Ehe ich mich beim Kaiser zur Tafel begab, sah ich
eine Zeremonie mit an, die am Feste der drei Könige ge-

bräuchlich ist, daß nemlich alle Fahnen der Besazzung eingesegnet werden. Alle Soldaten waren unter den Waffen. Der Kaiser ritt vorauf vor dem ersten Regiment der Leibwache. Vor der Kaiserinn gingen mehr als zweihundert Bischöfe, Mönche und andre Geistlichen und sie begab sich zu Fuß an die Ufer der Newa bis zu dem Gebäude, wo diese Zeremonie immer geschieht, und das man deßhalb im Wasser hält. Jedes Regiment schikte seine Fahnen nebst seinen Trommeln und seiner ganzen Musik dahin. Alle Priester fingen darauf an zu singen und der erste Bischof segnete die Fahnen ein, die er nach der Reihe in den Fluß tauchte. Die Citadelle und die Admiralität schossen dreihundert Stükke ab, die Regimenter feuerten dreimal.

Nach geendigter Ceremonie ging die Kaiserinn mit ihrem ganzen Zuge wieder aufs Schloß; und der Kaiser immer an der Spizze des ersten Regiments Leibwache defilirte mit der ganzen Besazzung.

Das darauf folgende Mittagsmahl war hundert Gedekke stark. Man sezte mich wieder den Kaiserlichen Majestäten gegenüber; und der König von Preussen, seine Heere, seine Schlachten machten den vornehmsten Gegenstand des Tischgesprächs aus.

Nach aufgehobener Tafel, da der Kaiser und die Kaiserinn weggegangen waren, that mir der General Korf den Vorschlag die Kaiserinn Elisabeth, deren Tod mein Ungemach geendigt hatte, auf dem Parabebett zu

sehn. In andern Umständen wäre mir dieß Schauspiel
gleichgültig gewesen: allein die Art, womit mich diese
Fürstinn hatte behandeln lassen, machte mich neugierig,
ihre Leiche zu sehn. Ich folgte meinem Führer. Der
Graf von Schwalow begleitete uns: und da sein Zim=
mer an der verstorbnen Kaiserinn ihres stieß; so lud er
uns ein, bei ihm Koffee zu trinken.

Wir fanden den Sarg in einem grossen Saal, der
schwarz ausgeschlagen und mit Laubwerk und Blumen=
kränzen von Silberstoff verziert war: man hatte das Zim=
mer so erleuchtet, daß das Auge kaum den Glanz der
Wachskerzen ertragen konnte: der Sarg war mit einem
Goldstoff bedekt, den man mit silbernen Spangen einge=
faßt hatte, und stand auf einer Erhöhung von einigen
Stufen: eine reiche Krone zierte das Haupt der Ver=
storbnen. An der Seite des Sarges saßen vier Damen
in grossen Trauerkleidern mit einem ungeheuer grossen
Flor der hinter ihnen schlepte. Auch eine Kammerdame
war für immer da. Zwei Offizier von der Leibwache in
ihrer Dienstkleidung waren oben und unten: an den
Füssen des Sarges war ein Archimandrit. Dieser hatte
eine Bibel vor sich, worinn er mit lauter Stimme las,
bis ein andrer ihn ablöste. Selbst die Nacht hindurch
wird dieses Lesen nicht unterbrochen. Man hatte auf
Sesseln und um den ganzen Sarg herum die Kaiserliche
Krone, die ausserordentlich prächtig und mit grossen Di=
amanten besezt ist, nebst verschiedenen andern alten Kro=

nen der Reiche Casan, Astracan und Siberien, alle Orden des Reichs nemlich den des heiligen Andreas, des heiligen
Alexander Newski, der heiligen Anna und der heiligen Ka-
tharina, so wie auch die preussischen, schwedischen und polnischen Orden umhergelegt.

Der General Korf hatte mir vorhergesagt, daß es
gebräuchlich sei, die Hand der Leiche zu küssen; und ich
hatte ihm geantwortet, daß ich nicht Willens wäre, mich
nach dieser Sitte zu richten, nicht nur, weil mir nichts
so ekelhaft schiene, als einen Todten zu küssen, sondern
auch, weil ich mich eben nicht sehr über die Behandlungsart zu freuen hatte, die mir von dieser Fürstinn bey ihrem Leben wiederfahren war. Da er sich indessen, so wie
alle übrigen, welche hineingingen, dieser Zeremonie unterwarf, so wollte ich mich nicht vor allen andern aus-
zeichnen, und unterdrükte meinen Widerwillen.

Wir unterhielten uns einen Augenblik mit den Damen, die im Dienst waren, und scherzten mit ihnen
über den Handkuß. Hernach gingen wir zum Grafen
von Schwalow.

Sein Zimmer war ganz unglaublich prächtig. Gold,
Silber, reiche Zeuge, Uhren, Gemählde, alles war
daran verschwendet. Wir tranken Koffee bei ihm. Er
vernachläßigte keine von den kleinen Aufmerksamkeitsbe-
zeugungen, die man Personen, die man achtet, erwei-
set. Ich sagte zu mir selbst: „ist dieß der Mann, den
„ich vor zwei Jahren gesehn habe?“

Der Kaiser hatte mir befohlen wieder in seinem Kabinet zu ihm zum Abendessen zu kommen. Ich fand daselbst eine ganz andere Gesellschaft, als beim Mittagsessen. Es war die Gräfinn W*** die er zur Maitresse gewählt hatte: sie war weder schön noch artig; sie hatte weder Geist, noch feine Lebensart: aber bei dieser Sache, wie bei jeder andern, darf man nicht über den Geschmak streiten, und ein jeder hat den seinigen. Diese Dame gefiel mir um so weniger, da es eine Menge weit schönerer gab. Einige Hofleute waren auch bei dieser Abendtafel, aber von Fremden weiter niemand als der englische Gesandte und ich.

Die Unterhaltung bei Tafel war sehr munter und dieselbe dauerte ziemlich tief in die Nacht. Der Kaiser war ein grosser Liebhaber von dieser Art von Vergnügen; doch hinderte ihn das nicht alle Vormittage auf die Geschäfte zu wenden.

Ich erinnere mich, daß er sich eines Morgens um neun Uhr in den Senat begab: dieß ist das höchste Kollegium im Rußland, und die Vornehmsten des Landes haben darinn ihren Siz. Seine Kaiserliche Majestät wußte wol, daß diese Herren die Angelegenheiten sehr langsam und nachlässig betrieben, und sehr wenig arbeiteten. Er wollte sie also überraschen. In der That waren damals nicht mehr, als zwei Sekretär da. Da man aber in der Stadt sogleich erfuhr, daß der Kaiser im Senat sey; so sah man die Herren sehr schnell herbeieilen.

Seine Majeſtät gab ihnen keinen harten Verweis, wie
ſie vermuthet hatten. Er ſagte ihnen nur: er hoffe daß
ſie künftig fleiſſiger und genauer bei Erfüllung ihrer Pflichten ſeyn würden.

Ein andersmal ging er gleichmäſſig auf die Synode
oder das Oberconſiſtorium, um auch die Biſchöfe an
mehr Fleiß oder weniger Faulheit zu gewöhnen, und indem Seine Majeſtät jeden Tag, ſo zu ſagen, mit einem
neuen Beweiſe ihres Anſehens und ihrer Wachſamkeit
bezeichnete, ſo erwarb er den Beifall und die Liebe aller
Unterthanen.

Einige Zeit nachher erſchien er wieder im Senat,
um ihm zu erklären, daß von dieſem Augenblik an der
ganze Adel des Reichs die Freiheit erhalte, zu dienen,
oder nicht zu dienen, oder nach Belieben den Dienſt zu
verlaſſen, je nachdem es ſeinem Vortheil und den Umſtänden gemäß ſei. Nichts konnte eine lebhaftere und
allgemeinere Freude hervorbringen, denn bis zum Antritt ſeiner Regierung hub man in den Provinzen die
Edelleute mit Gewalt aus, und zwang ſie, die Waffen
zu tragen.

Es kamen Abgeſchikte aus allen Provinzen an, um
dem Kaiſer zur Thronbeſteigung Glük zu wünſchen.
Er nahm ſie gnädig auf, ohne ſie aufzuhalten, damit
ſie, ſo bald ſie wollten, zurükkehren könnten.

Er ſung oft, wie ich ſchon angeführt habe mit
der Kaiſerinn bei einigen ſeiner Hofleute zum Abendeſſen:

S

weit öfter aber speiste er Abends in seinem Kabinet in kleiner Gesellschaft.

Auch die Kaiserinn hatte alle Morgen ihre Gesellschaft. Ich ging ziemlich regelmäßig hin, um ihr meine Aufwartung zu machen. Sie nahm jedermann so huldreich als gesprächig auf. So viel Mühe sie sich indessen auch darum gab, munter zu scheinen; so konnte man doch eine verborgene Traurigkeit bei ihr wahrnehmen. Sie kannte besser als irgend jemand die feurige Gemüthsart ihres Gemahls, und vielleicht ahnte ihr damals schon was nachher geschah.

Jeden Abend war ebenfalls Gesellschaft bei ihr und sie lud jedesmal diejenigen dazu ein, welche sich dabei befanden. Ich war ziemlich oft unter der Zahl dieser Gäste. Da diese Fürstinn unendlich viel Geist besizt, und immerdar am lesen viel Geschmak gefunden hat, so sprach sie über alles mit solch einer Anmuth, daß ein jeder, der das Glük hatte, sich ihr zu nähern, zur Bewunderung hingerissen ward.

Eines Abends war ich bei ihr. Der Oberstallmeister N... des Kaisers Günstling trat herein und sagte mir ins Ohr, daß man mich in der ganzen Stadt suche um mit ihm bei der Gräfinn zu Abend zu speisen: anders pflegte man die Favoritsultanin nicht zu nennen. Ich bat ihn, es so einzurichten, daß man mich für heute vergäße, da ich mich unmöglich von der Abendmahlzeit bei der Kaiserinn losmachen könnte. Er wußte nicht wie er das sogleich anstellen sollte: da er aber ein artiger Mann und mein Freund war; so sagte ich ihm ganz offen ohne Umschweife: „Es ist Ihre Sache. Unmöglich „kann ich der Kaiserinn erzählen, was vorgeht; ich blei‑ „be wo ich bin; ziehn Sie sich, so gut als möglich, nebst „mir aus der Schlinge." Er ging fort und ich zweifel‑ te gar nicht daran, daß es ihm gelingen würde, meinen Absichten nachzukommen. Aber auf einmal hören wir ein Geräusch: die beiden Thürflügel öfnen sich: der Kai‑ ser tritt herein, grüßt sehr verbindlich die Kaiserinn und ihren ganzen Kreis, ruft mich mit der lachenden und gnä‑ digen Mine, die er stets hatte; nimmt mich beim Arm, und sagt zur Kaiserinn: „Verzeihen Sie, Madam, daß „ich Ihnen heut einen von ihren Gästen entführe: diesen „Preussen habe ich in der ganzen Stadt suchen lassen." Die Kaiserinn lachte, ich machte ihr eine tiefe Verbeu‑ gung und ging mit meinem Führer fort.

Bei diesem Abendessen befanden sich wie gewöhnlich alle die Damen, welche die Gesellschaft, oder, wenn man lieber will, den Hofstaat der Favoritinn ausmachten.

Den folgenden Tag kehrte ich zur Kaiserinn zurük, welche ohne die Begebenheit des vorigen Tags zu erwäh‑ nen, mir lächelnd sagte: „speisen Sie stets zu Abend bei „mir, wenn Sie keine Abhaltung haben;" und ich benuz‑ te diese Erlaubniß nachher.

Den folgenden Tag, welches ein Festtag war, speiste ich bei Hofe. Man setze mich bei Tisch wieder dem

S 2

Kaiser gegenüber, der mich nur von seinem Freunde dem
Könige von Preussen unterhielt. Ihm waren auch die
kleinsten Umstände seiner Feldzüge bekannt: er hatte
Nachricht von allen seinen Anordnungen im Kriegswe-
sen: er kannte die Uniform und die Stärke aller seiner
Regimenter. Sein Enthusiasmus ging so weit, daß
er laut erklärte, er wolle bald alle seine Leute auf eben den
Fuß sezzen, so wie er es auch wirklich kurze Zeit darauf
that. Alle alten Uniformen wurden verwandelt und der
Kaiser selbst legte die seine zuerst ab.

Der Marschall von Rozomowsky war bei dieser
Mahlzeit zugegen. Der Kaiser fragte ihn nach Neuigkeiten von seinem Bruder, der Oberjägermeister und erster Günstling der verstorbenen Kaiserinn gewesen war.
Er antwortete Seiner Majestät, er sei unpäßlich und
müsse das Zimmer hüten. „Geht" (sagte der Kaiser
zu einem von den diensthabenden Offizieren, deren immer
fünf oder sechs hinter seinem Stuhl standen) „geht und
„fragt in meinem Namen den Oberjägermeister, wie er
sich befände."

Der Bote kam nach wenigen Minuten zurük; denn
Herr von Rozomowsky, als ehemaliger Liebling der verstorbenen Kaiserinn, hatte sein Zimmer im Schlosse behalten. Er sagte Seiner Kaiserlichen Majestät, der Oberjägermeister werfe sich zu seinen Füssen, er danke unterthänigst für seine Gnade, und hoffe innerhalb wenigen
Tagen ausgehn zu können. Zugleich sezte er hinzu, daß

ihm diese Gesandschaft ein Geschenk von tausend Ru=
beln eingebracht hätte. Der Kaiser mußte darüber la=
chen, und alle, die gegenwärtig waren, ergözten sich
ebenfalls daran. Man schloß aus diesem Beweise von
ausschweifender Großmuth, daß Herr von Rozomowsky
bis dahin wegen der Gesinnungen seines neuen Monar=
chen sehr in Unruhe gewesen, und durch diese unerwartete
Botschaft entzükt seyn müsse.

Nach aufgehobener Tafel erwies mir der Kaiser die
Ehre, daß er selbst mich einlud, den folgenden Tag in
seinem Kabinet zu speisen, und sagte mir, er freue sich
mir dort etwas für mich sehr Neues zeigen zu können.
Ich begab mich zur gewöhnlichen Zeit hin, und fand dort
den Generallieutenant Werner von unsern Husaren, den
die Russen gegen das Ende des vorigen Feldzugs in Pom=
mern gefangen genommen hatten. Der Kaiser hatte ihn
aus Königsberg in Preussen kommen lassen, um bei ihm
zu bleiben, bis seine Offizier die von unsern Heeren ge=
fangen genommen waren, zu ihm zurükgeschikt würden.
Ich freute mich gar sehr, seine Bekanntschaft zu machen
und wir verbanden uns um so genauer, da wir ein ganz
gleiches Interesse hatten. Ich nuzte diese Zusammen=
kunft, und bat den Kaiser, mich jezt abreisen zu lassen
da er den Herrn von Werner bei sich hatte, und erin=
nerte ihn an die verschiednen Gründe, die ich schon an=
geführt hatte. Er antwortete mir ich solle nicht eher
nach Preussen zurükkehren, bis der Minister des Königs,

angekommen sei, und er sezte im Scherz hinzu, wenn
ich noch weiter darum in ihn dränge, so würde er mich
wieder nach der Citadelle bringen lassen. Dieß einzige
Wort verschloß mir den Mund.

Ich mußte noch vierzehn Tage warten, bis ich Ant=
wort auf meinen Brief an den König erhielt, den ich
durch eine Estafette hatte abgehen lassen: unterdessen sah
ich auch das Leichenbegängniß der Kaiserinn Elisabeth.

Diese Zeremonie wurde mit viel Pomp und Pracht
vollzogen, aber auf die trauervollste Art. Die Leiche der
Kaiserinn sollte in der Kirche der Zitadelle beigesezt wer=
den, wo sich, wie ich schon angemerkt habe, die Grab=
mäler der russischen Regenten befinden; und die Entfer=
nung vom Schloß bis zur Citadelle beträgt ungefähr eine
halbe deutsche Meile. Man hatte also von Brettern eine
Art von Brükke so wol in den Straßen als über das Eis
der Newa vom Schloß bis zur Kirche gelegt. Um zehn
Uhr Vormittags wurden alle Glokken der Stadt angezo=
gen, und die ganze Besazzung stellte sich in Reihen, die
ganze Strekke lang, wo der Leichenzug vorbei muste.

Dreihundert Grenadier vom ersten Regiment Leib=
wache eröfneten den Marsch und mehr als dreihundert
Priester mit ihrer geistlichen Kleidung folgten ihnen paar=
weise und sangen Lieder. Alle Kronen und alle Orden,
deren ich oben erwähnt habe, wurden von großen Herren
getragen, die immer einzeln gingen und einen Kammerherrn
zur Seiten hatten. Ein Reiter, der von den Füßen bis

zum Haupt geharnischt war saß auf einem Paradepferde das von zwei Bereitern geführt ward. Der Sarg wurde auf einer Art von Wagen von acht Pferden gezogen, war mit schwarzem Sammt überzogen und mit einem schwarzen, sehr reich mit silbernen Spangen besezten Tuche bedekt. Der Himmel, eben so reich besezt, ward von Generalen und Senatoren getragen, welche einige O ffi zier von der Leibwache begleiteten. Der Kaiser folgte unmittelbar nach dem Sarge mit einem grossen schwarzen Mantel umgeben, dessen Schleppe zwölf Kammerherrn trugen, die jeder eine brennende Wachskerze in der Hand hatten. Der Prinz George von Hollstein kam nach dem Kaiser als sein nächster Verwandter, und dann der Prinz von Hollstein-Bek. Die Kaiserinn folgte auch zu Fuß und hielt in der Hand ebenfalls eine brennende Wachskerze und hatte gleichfalls einen Mantel um, den alle ihre Hofdamen ihr nachtrugen. Dreihundert Grenadier endigten den Zug.

Alle Minuten ward ein Stük abgeschossen, von dem Augenblik an, da der Zug aufbrach bis zu dem, da der Sarg in die Kirche gesezt ward; und dann wurden ununterbrochen dreihundert andre von der Citadelle und von der Admiraudät abgebrannt.

Man behielt dieselbe Ordnung nach der Beerdigung wie bei der Rükkehr zum Schlosse bei.

Ein jeder speiste zu Hause und brachte den Abend so einsam zu, als ob Betrübniß und Schmerz noch so

aufrichtig und wahr gewesen wären: aber vom folgen=
den Tage an ward gar nicht weiter an Elisabeth gedacht,
als ob sie nie gelebt hätte. Das ist der gewöhnliche
Weltlauf: alles geht vorüber; alles wird vergessen.

Der Geburtstag des Kaisers fiel ein. Seine Kai=
serliche Majestät wollte ihn auf dem Schloß Czarkozelo
feiern, das vier teutsche Meilen weit von Petersburg
liegt. Der ganze Hof begab sich dahin. Man bat die
vornehmsten Herren und Damen aus der Stadt, und
unter den Fremden den englischen Minister, den Herrn
von Werner und mich. Auch konnte das Schloß, so
groß es auch ist, kaum so viel Menschen fassen. Die
Gräfinn von W....., welche den Titel einer Hofdame
führte, war gleichfalls da.

Dieses Fest war sehr prächtig. Man fing den Tag
mit dem Gottesdienst an; und das Te Deum ward beim
Geräusch der Kanonen gesungen. Der Kaiser war da=
bei zugegen, aber die Kaiserinn, welche um dem Wil=
len ihres Gemahls zu gehorchen, diesen Morgen der
Gräfinn den Orden der heiligen Katharine hatte erthei=
len müssen, hatte eine Unpäßlichkeit, weshalb sie das
Zimmer hüten mußte. Sie verließ dasselbe die ganzen
acht Tage lang nicht, da dieses Fest dauerte, bis zu dem
Augenblik, da man zur Stadt zurückkehrte.

Bis zu dieser Epoche müßte man vielleicht zurük=
gehn, um den Ursprung von der Staatsveränderung
im Juli 1762 zu bestimmen. Man sieht aus den an=

geführten Umständen, daß der Kaiser die Delicatesse der Kaiserinn nicht genug schonte, diese aber auch nicht Herrschaft genug über sich selbst besaß, um ihre Unzufriedenheit und ihren Verdruß ganz zu verheelen.

Die Vergnügen und Feierlichkeiten dauerten in Petersburg fort; und den Tag darauf, daß man dahin zurükgekehrt war, ließ mich der Kaiser in seinem Kabinet zur Mittagstafel einladen. Die Gesellschaft war zahlreich.

Schon waren wir bei Tische, da brachte man mir einen Brief vom Könige von Preussen. Ich wollte ihn in die Tasche stekken, um ihn nach aufgehobener Tafel zu lesen; der Kaiser aber, welcher gewahr ward, daß es ein Brief vom Könige sei, wollte, daß ich ihn sogleich läse. „Sie sehn so heiter aus, sagte er, daß „Ihnen dieser Brief gewiß viel Vergnügen gemacht hat? „Und was enthält er?" Ich gab ihm sogleich den Brief, und bat ihn, denselben durchzulaufen, wenn er es für rathsam hielte; und das that er auch mit seiner gewöhnlichen Lebhaftigkeit und seinem ganzen Enthusiasmus für den König.

Folgendes war der Inhalt dieses Briefes:

„Ich bin so stark als möglich von den Unfällen ge- „rührt, die Sie ausgestanden haben und habe allen er- „sinnlichen Antheil daran genommen. Sie wären längst „geendigt gewesen, wenn es blos auf meinem guten „Willen beruht hätte; und Sie hätten ein angenehmes

G 5

„Schikſal genoſſen, das Ihren Verdienſten gemäß ge=
„weſen wäre. Urtheilen Sie ſelbſt, mit welchem Ver=
„gnügen ich in Ihrem Briefe vom 19ten des vorigen
„Jänners die Nachricht von den Entſchluſſe las, den
„Seine kaiſerliche Majeſtät, der Kaiſer aller Reuſſen
„gefaßt hat, Sie wieder in Freiheit zu ſezzen, und Ih=
„rer Unſchuld auf eine ſo auszeichnende Art die ſchuldi=
„ge Gerechtigkeit wiederfahren zu laſſen. Dieſe groß=
„müthige That, womit Seine kaiſerliche Majeſtät Ihre
„Thronbeſteigung bezeichnet hat, befeſtigt bei mir die
„vortheilhafte Vorſtellung, die ich ſtets von ihrer Den=
„kungsart gehabt habe, und wird ein ewiges Denkmal
„ihrer Gerechtigkeit und ihrer großen Seele ſein. Dieſe
„That hat mich in die lebhafteſte Verwunderung geſezt,
„die ich nicht beſſer glaubte zu erkennen zu geben, als
„indem ich auf der Stelle und ohne Löſegeld alle ruſſiſche
„Kriegsgefangne die ſich in meinen Staaten befinden
„freigegeben, und ſie an die ruſſiſchen Generale auf den
„Grenzen habe abliefern laſſen. Auch habe ich nach
„Stettin Befehl geſandt, daß man den ſchwediſchen
„Obriſt Lillienberg in Freiheit ſezze, den ich, um Re=
„preſſalien zu brauchen, in Verhaft hatte nehmen laſſen.

„Uebrigens zweifle ich keinesweges, daß Seine
„kaiſerliche Majeſtät dem gnädigen Verſprechen gemäß,
„welches ſie Ihnen gethan hat, Ihnen nicht auch die
„Erlaubniß ertheile, zu mir zu kommen, wo es für
„mich ein ſehr großes Vergnügen ſein wird, Sie wie=

„derzusehn, und Ihnen Ihr ausgestandenes Unglük
„vergessen zu machen. Mein Obrist, Adjutant und
„wirklicher Kammerherr, der Baron von Golz, den ich
„abschikke um Seiner kaiserlichen Majestät zu ihrem Re-
„gierungsantritt Glük zu wünschen, und Dieselben von
„meiner ganzen Achtung und Freundschaft zu versichern,
„wird Ihnen weitläuftiger sagen, daß meine Gesinnun-
„gen gegen Sie immer dieselben sind; ich beziehe mich
„auf das, was er Ihnen in meinem Namen sagen wird,
„und bitte Gott, daß er Sie in seinen höchsten und hei-
„ligen Schuz nehme.

„Breslau, den 10ten Februar 1762.

Friedrich.“

So bald der Kaiser diesen Brief ausgelesen hatte,
sagte er ganz laut mit Lebhaftigkeit. „Der König will
„es mir also zuvorthun? Ich habe einen Gefangenen
„frei gelassen, und er giebt mir alle die meinigen wie-
„der?“ Sogleich ruft er einen Adjutanten: „geht,
sprach er, „geht sogleich aufs Kriegsdepartement: man soll
„Befehle ausfertigen, in allen meinen Staaten, und
„allenthalben, wo preußische Kriegsgefangene sind,
„(die meisten von ihnen waren nach Sibirien geschikt)
„ich will, daß sie nicht nur ihre Freiheit erhalten, son-
„dern, daß sie hierherkommen, damit sie von hier zu
„ihren Fahnen zurükgeschikt werden, wie es sich geziemt.‘
Darauf wandte er sich zum Generallieutenant Werner,

der mit uns bei Tafel war: „Mein General, fuhr er
„fort, Sie haben gleichfalls Ihre Freiheit, Sie kön-
„nen nach Preußen zurükkehren, so bald es Ihnen be-
„liebt.“

Da er mir nicht ein gleiches sagte, und mir bloß
den Brief wiedergab; so trat ich ihn an nach aufgehobener Tafel, und wiederholte meine Bitte, auch mich
abreisen zu lassen. Ich erhielt weiter nichts zur Antwort, als daß mir das erlaubt sein sollte, so bald der
Baron Golz anskäme, und daß ich bis dahin nicht wieder davon sprechen möchte; wenn ich nicht Lust hätte,
die Citadelle wieder zu sehn.

Ich erhielt bald darauf einen zweiten Brief vom
Könige zur Antwort auf denjenigen, den ich ihm mit
der gewöhnlichen Post geschikt hatte, um ihm genau alles zu berichten, was zu seinem Vortheil vorging;
und ich fand bald Gelegenheit, ihn ebenfalls dem Kaiser
mitzutheilen, dessen gute Gesinnungen dadurch sehr bestätigt werden konnten. Er war folgendergestalt abgefaßt.

„Breslau, den 17ten Februar 1762.“

„Ihre Depeschen vom 24ten Jänner habe ich er-
„halten; und zweifle nicht daran, daß die Antwort,
„die ich auf Ihr erstes abgeschikt habe, Ihnen wohl
„geworden sei. Ich habe meinem Obersten und wirk-
„lichen Kammerherrn, Baron von Golz Ihrentwe-

„gen Aufträge gegeben, ben ich an ben Hof geschikt
„habe, wo Sie sich aufhalten, um Seiner Kaiserli=
„chen Majestät zum Antritt Ihrer Regierung Glük
„zu wünschen, und ich hoffe, daß er angekommen
„sein wird, ehe Sie diesen Brief erhalten. Die
„Neuigkeiten, welche Sie mir melden, sind mir un=
„endlich angenehm. Ich weiß Ihnen um so viel
„mehr Dank dafür, da ich bis jezt keinen eingerichte=
„ten Briefwechsel in Rußland habe, und alles, was
„ich davon weiß, nur durch den englischen Minister
„erfahren habe. Besonders bin ich äusserst gerührt
„durch die freundschaftlichen Gesinnungen, welche
„der Kaiser gegen mich äussert. Ich fühle den gan=
„zen Werth derselben, und Seine Kaiserliche Maje=
„stät kann von meiner Seite auf eine vollkommene
„Erwiederung rechnen. Ich habe auch Ursach, mir
„zu schmeicheln, daß ich durch das Zuvorkommen,
„womit ich ihm einen Beweis von meiner persönli=
„chen auszeichnenden Achtung gegeben, da ich alle
„russische Gefangene losgelassen habe, ihm darüber
„keinen Zweifel übrig lassen, und ein Grund mehr
„sein wird, um Ihnen Ihre völlige Freiheit zu ver=
„schaffen, daß Sie ungesäumt in mein Hauptquar=
„tier zurükkehren können. Ich erwarte diesen Au=
„genblik mit einer Begierde, die eben so groß ist, als
„meine Achtung gegen Sie; und ich werde stets Ver=
„gnügen daran finden, Ihnen Beweise meines Wohl=

„wollens zu geben. Außerdem bitte ich Gott, daß
„er Sie in seinen höchsten und heiligen Schuz
„nehme."

„Friedrich."

Der König hatte eigenhändig dabei geschrieben:

„Ich erhalte weiter keine Nachrichten aus Ruß-
„land, außer denen, welche Sie mir schreiben. Also
„werden Sie mir Vergnügen machen, wenn Sie mir
„alles, so genau als möglich, melden."

Auch ermangelte ich nicht, ihm mit jeder Post die
wichtigen Nachrichten einzusenden, die der englische Gesandte und ich sammeln konnten.

Herr von Golz kam nach vierzehn Tagen an, und
ich machte mich fertig, bald dem General Werner zu
folgen, der schon voraus gereist war. Ich machte meine Abschiedsbesuche; und da mein Reisegeräth sehr leicht
war, so entschloß ich mich, als Kourier zu reisen, um
meine Reise desto schneller zurükzulegen. Sechs Wochen waren seit meiner Befreiung verflossen, und ich
hatte die ganze Zeit hindurch in Petersburg alles mögliche Vergnügen genossen, allein die Erinnerung an die
Citadelle beunruhigte noch meine Einbildungskraft; und
ich konnte mich nicht schnell genug davon entfernen. Ich
gestehe sogar, daß mir, da ich schon lange fort war,
noch oft geträumt hat, wie ich noch daselbst eingeschlos-

sen sei, und daß mein Gemüth dadurch so in Bewe= gung gesezt ward, daß ich fast jedesmal vier und zwan= zig Stunden hindurch ein hizziges Fieber darauf hatte.

Ich reiste bis Königsberg, ohne anzuhalten: dort aber, glaubte ich, mich einen Tag aufhalten zu müssen. Ich traf dort den Adjutanten von Peter III, der von da nach Petersburg zurükkehrte. Er war unendlich zufrie= den mit der schmeichelhaften Aufnahme beim Könige. Ich sezte mit der vorigen Geschwindigkeit meine Reise hernach fort, und begab mich nach Breslau zu Seiner Majestät. Sie geruheten mich höchst gnädig aufzuneh= nien. Ich warf mich ihm zu Füssen, um für alles zu danken, was er während meiner traurigen und elenden Gefangenschaft gethan hatte. Doch wußte ich nur erst das wenigste davon. Der König hielt sich nicht lange bei Komplimenten auf, und sprach mit mir bald von wichtigen Gegenständen. Ich erzählte ihm die genaue= sten Umstände alles dessen, was ich gesehn oder gehört hatte; und nach meinen geringen Einsichten vorzüglich aber auf das Ansehn des englischen Gesandten Herrn von Keith, der mit einer großen Rechtschaffenheit zu= gleich eine gründliche Kenntniß der Staatsangelegenhei= ten und unendlich viel Erfahrung besaß, wagte ich es, dem Könige zu versichern, daß nicht nur dieser Feldzug der lezte sei, sondern daß auch der Friede dem Begehren und Wunsche Seiner Majestät gemäß geschlossen wer= den würde.

Ich war nur zwei Tage in Breslau; so kam ein
Kourier von Peter III an. Er hatte Befehl, sich an
mich zu wenden, damit ich suchen möchte seine Abferti=
gung so viel möglich zu beschleunigen, daß er an seinen
Bestimmungsort zurükkehren könnte. Er brachte dem
General von Czernichef, welcher dreißigtausend Russen
als Hülfsvölker im österreichischen Heer unter seiner An=
führung, und seine Winterquartiere in Mähren hat=
te, den Befehl, durch Schlesien nach Polen zurükzu=
kehren, so bald es die Jahrszeit erlaubte, sich in Be=
wegung zu sezzen: das machte in Wien ein ausserordent=
liches Aufsehn.

Zwei Tage nachher folgte ein zweiter Kourier die=
sem ersten. Er sollte den General Czernichef in den
Staaten des Königs erwarten, und ihm den Befehl von
seinem Monarchen einhändigen, daß er seine Truppen
mit den preussischen vereinigen, und in allen Stükken
den Befehlen Seiner Königlichen Majestät nachkommen
sollte.

Man kann leicht denken, welche Bewegung die
Nachricht von dieser Veränderung hervorbrachte. Alles
athmete bei uns Zufriedenheit und Freude.

Die acht Tage hindurch, welche ich in Breslau
zubrachte, machte ich sehr fleissig Seiner Majestät die
Aufwartung, welche, ungeachtet der Strapazen, eine
vollkommene Gesundheit genoß, und ich hatte das Glük
zugleich den Prinzen von Preussen zu sehn, der von

Berlin gekommen war, um seinen ersten Feldzug zu
thun. Die Natur hat ihm alle die Gaben ertheilt, wel=
che dem Krieger nöthig sind, Stärke, Muth, Thätig=
keit, einen richtigen Blik und Liebe zum Ruhm: seit sei=
nem Eintritt in diese Laufbahn hat er sich stets so ange=
kündigt, als er sich nachher bei jeder Gelegenheit und
besonders im Feldzuge von 1778 gezeigt hat.

Mein Regiment stand unter dem Prinzen Eugen
von Würtemberg, dessen Heer seine Winterquartiere in
Meklenburg und schwedisch Pommern hatte; und da ich
von Seiner Majestät Abschied nahm, um mich dahin
zu verfügen, sagten sie mir, daß ich es, so bald ich könn=
te, nach Schlesien führen sollte. Ohne Zweifel wollte
mich der König nicht der Gefahr aussezzen meinen Lands=
leuten in die Hände zu fallen; denn mein Regiment war
blos während meiner Gefangenschaft gegen das schwedi=
sche Heer gebraucht.

Ich reiste über Berlin, und da hatte ich endlich
die Freude, meine Frau wiederzusehn, die mir entgegen
gekommen war. Man kann sich leicht unser Entzükken
denken, wenn man sich an die Umstände erinnert, die
bei meiner Gefangenschaft vorfielen, und an alle Ge=
rüchte, die in Betref meiner verbreitet waren. Bald
hatte man versichert, daß ich todt, und bald, daß ich
an Schweden ausgeliefert sei: alle diese Umstände erfuhr
ich von meiner Frau.

T

Sie erzählte mir auch, daß mich der König durch
den General Wyllich hatte zurükfordern lassen gegen die
russischen Gefangenen, die er schon los gegeben hatte:
daß aber der russische Hof immer Auswege gesucht habe,
um es nicht zu thun; bald unter dem Vorwande, ich sei
so weit entfernt, daß meine Rükkehr viel Zeit wegnehmen
müste; bald unter dem, ich sei unterwegs krank geworden;
über diese Ausflüchte wären acht Monat verstrichen, während welcher die Auswechselung der Gefangenen ihren alten Gang gegangen sei: endlich habe Seine Majestät ihrem Kommissar befohlen, alle Verhandlungen dieser Art
abzubrechen, und von Butow zurükzukehren, wenn ich
noch nicht dort angekommen wäre, und den russischen
Kommissarien zu sagen, wie Seine Majestät mit Erstaunen und Unwillen an allem diesem Zaudern und Aus-
flüchten gewahr werde, wie wenig man gegen sie Achtung und Aufmerksamkeit hegen müsse; daß sie also eben
in Spandau den Generalmajor von Lüsenhausen und in
Magdeburg den schwedischen Obrist Lillienberg habe in
Verhaft nehmen lassen; daß diese beiden Offiziere bis zu
meiner Rükkehr in enger Verwahrung bleiben, und daß
die Behandlung, welche ich zu dulden hätte, die ihrige
bestimmen, und ihr Leben für das meinige stehn sollte.

So bald man in Rußland und Schweden Nachricht davon erhielt, was in Spandau meinetwegen vorgefallen war, so war die Furcht vor gerechten Repressalien
allgemein. Ob mir also gleich der russische Großkanzler

im Namen seiner Gebieterinn angekündigt hatte, daß ich
mein Leben im Gefängniß enden sollte; und ob man gleich
gewiß voraussah, daß ich nach erhaltner Freiheit nicht
unterlaffen würde, diese verhaßte Erklärung bekant zu
machen; so entschloß man sich doch, mich zurükzu-
schiffen.

Bei dieser Gelegenheit schikte mir die Kaiserinn Elisabeth das erwähnte Geschenk, damit ich im Stande wäre, nach Preussen zurükzukehren und dort gehörig zu erscheinen. Die Krankheit dieser Monarchinn machte, daß
alles ins Stekken gerieth, und durch ihren bald erfolgen-
den Tod kamen die Angelegenheiten in solch eine Lage,
daß mir, so wie ich schon angeführt habe, kein andrer
Wunsch übrig blieb, als meinen Dienst wieder anzufangen.

Meine Frau versicherte mich ferner, sie habe alles
gewagt, um zu wissen, ob ich noch lebte, und wo ich
wäre: aber nie sei es ihr geglükt, nur einige Aufklärung
über mein Schiksal zu erhalten, so geheimnißvoll hatte
der russische Hof meine Gefangenschaft gehalten. Mich
wunderte das weiter nicht; denn der englische Gesandte,
Herr von Keith, der zwei Schritt weit von der Citadelle
wohnte, in welcher ich saß, konnte mich, ungeachtet der
genauesten Nachforschung nicht entdekken.

Ich hielt mich in Berlin vierzehn Tage auf, um
mein Feldgeräth zu besorgen. Darauf reiste ich mit meiner Frau nach Stettin, wo sie sich während meiner un-

seeligen Gefangenschaft angesezt hatte: da sie aber seit
unser Trennung nicht in Schweden gewesen war; so reiste
sie bald darauf dahin. Wir mußten dort Verfügungen
unser Güter wegen treffen, und unsern einzigen Sohn
dort abholen, den mein Bruder bei meiner Widerwärtig-
keit in Stokholm zu sich genommen hatte.

Ich ging wieder zu meinem Regiment, das unter
der Anführung des Prinzen von Würtemberg in Meklenburg in den Winterquartieren stand: da aber Schweden
um diese Zeit einen besondern Frieden mit dem Könige
geschlossen hatte, so wurde das Heer, welches der Prinz
von Würtemberg anführte, für Schlesien bestimmt.

Wir brachen auf und da wir in Breslau ankamen,
befahl mir der König mit meinem Regiment zum Generallieutenant Werner zu stoßen, der in Oberschlesien ein
Korps anführte und Befehl hatte den Einfall zu hindern,
womit es von dem Kaiserlichen General Beck bedroht war.

Mein Regiment bestand aus zwei Bataillons: und
ausserdem hatte ich noch vier Grenadierbataillons unter
mir, die der König an Wernern zur Verstärkung schikte. Ich traf diesen General in Ratibor.

Wir brachen sogleich auf, um den General Beck
anzugreifen, aber er zog sich bei unserer Annäherung nach
Mähren zurük.

Ich ward abgeschikt, um die Stadt Teschen einzu-
nehmen, worinn dreihundert Mann zur Besazzung la-

gen. · Ich bemächtigte mich derselben ohne viel Mühe und faßte Posten daselbst. Nach meinem Bericht kam der General Werner mit seinen übrigen Leuten dahin und befahl mir nach Mähren hineinzudringen und zu brandschazzen. Dieser Auftrag war, nach meiner Denkungsart, der unangenehmste, den er mir geben konnte. Ich bat ihn, dieses Geschäft einem andern aufzutragen, der es gewiß weit besser verrichten würde, als ich: allein er mochte nun glauben, daß ich als Anführer von Freibataillons das Plündern sehr gut verrichten würde, oder er mochte mich für uneigennüzziger ansehn, als viel andre; genug er verlangte Gehorsum.

Ich erhielt blos soviel, daß man mir bei dieser schreklichen Verrichtung einen Kriegskommissar mitgäbe, der, erfahrener als ich in diesen Angelegenheiten, in den Städten oder Dörfern, durch welche wir kämen, umherliefe, um mit der Liste und dem Anschlage in der Hand, die vorgeschriebenen Summen einzufordern, und der so viel Härte des Karakters besäße, um den armen Einwohnern alles fortzunehmen, was sie an Vieh und Pferden besässen.

So hatte ich nach dieser Anordnung nichts weiter auf mir, als meine Mannschaft anzuführen, ihren Marsch nach meinem Gutdünken anzuordnen, und sie vor jedem Angrif zu sichern.

Wir durchstrichen auf diese Weise einen grossen Theil von Mähren. Man nahm ohne Mitleid den Leu-

ten Vieh und Geld fort. Wuth und Verbitterung waren damals so hoch in diesem Kriege gestiegen, daß man
sich nicht darauf einschränkte, den Soldaten allen mögli-
chen Schaden zuzufügen, die Gefangenen einzuschliessen
und hart zu behandeln, sondern selbst die Einwohner
ihrer Habseligkeiten beraubte: und leider! war dieses
unmenschliche Betragen wechselseitig.

Immer erinnere ich mich nur mit Schmerz an das
jammervolle Schauspiel, welches diese Verrichtung mir
darstellte. Die Bauern mit Weib und Kind bestanden darauf ihren Heerden zu folgen, und nichts war im Stande, sie davon zu trennen. Sie schrien erbärmlich, und
vergossen die häufigsten Thränen.

Wir hielten einst in einem Dorfe an, um auszuruhn. Das Schloß gehörte einer Dame von Stande:
Sie nahm mich nebst unsern Offizieren sehr artig auf.
Ihr Hauswesen war in sehr gutem Stande, und sie be-
wirthete uns mit einer treflichen Mahlzeit.

Unterdessen war mein Kriegskommissar bei ihrem
Haushofmeister gewesen, um von ihm tausend Dukaten
Brandschazzungsgeld, so wie auch alles Vieh und alle
Pferde aus dem Dorf und vom Schlosse zu fordern.
Dieser berichtete es in aller Eil seiner Herrschaft.

Auf diese Nachricht kam sie mit weinenden Augen
zu mir und beklagte sich über diese Grausamkeit. Ich erklärte ihr, es stehe nicht in meiner Macht, bei den Ver-
theilungen etwas abzuändern. Sie erwiederte, sie wolle

gern die geforderte Summe bezahlen, wenn man nur
ihren armen Unterthanen ihr Vieh liesse, das ihr ganzes
Vermögen und ihren ganzen Schatz ausmache. Ich gestehe es, ich war in diesem Augenblik eben so betrübt,
als sie selbst. Ihre Rede wurde von Schluchzen unterbrochen, und was meinen innern Widerwillen noch
mehr vergrösserte, war der Anblik ihrer beiden reizenden
Töchter, die ihrer verehrungswerthen, bekümmerten
Mutter zur Seite standen und bitterlich weinten.

Alles mögliche hätte ich in diesem Augenblik thun
wollen, um vorzüglich diese beiden liebenswürdigen Kinder zu verbinden: ihre Thränen machten in meinen Augen ihre Schönheit noch rührender. Ich dachte auf einen Ausweg, um ihren Kummer wenigstens zu lindern
und ihnen zu beweisen, daß ich nicht ein grausamer Bar-
bar sei." Madam! sagte ich zu ihrer Mutter, beruhigen
„Sie sich: befehlen Sie Ihren Leuten, daß sie ihre Heer-
„den begleiten und verlassen Sie sich auf mich. Sie sol-
„len bald Ursache haben, mit mir zufrieden zu seyn."

Da ich sie verlassen hatte, befahl ich, daß das Vieh
was ihr und ihren Unterthanen gehörte, während des
übrigen Theils von unserm Zuge, von der ungeheuern
Menge andern Viehes getrennt werde, dessen wir uns
bemächtigt hatten.

Meine Verrichtung glükte vollkommen und da ich
wieder zum Herrn von Werner kam, bezeugte er mir seine Zufriedenheit darüber. Diesen Augenblik benuzte ich

um mein gegebenes Versprechen zu erfüllen. „Mein
„General, sagte ich, Sie sehen, daß ich Ihnen eine
„Menge von Dingen mitbringe: ich hoffe aber, Sie
„werden mir dafür ein Geschenk bewilligen, da ich der
„Anführer bei dieser Verrichtung gewesen bin. Ich bit-
„te nicht um Geld (ich mußte überdem, daß er vom Kö-
„nige die Erlaubniß erhalten hatte, dieses für sich zu be-
„halten, und daß er eben nicht ganz fühllos gegen die
„Reize des Goldes war) ich bitte blos um dieses Vieh,
„das ich von dem übrigen habe trennen lassen.“ Das
bewillige ich Ihnen von ganzem Herzen, antwortete er.

Sogleich rief ich alle Leute meiner guten Dame
zusammen; und kündigte ihnen an, daß sie ihr Vieh ruhig nach ihrem Dorf zurücktreiben könnten. Ich ließ sie
durch einen Trompeter begleiten, damit sie ohne Unfall
hinkämen. Ihre Dame war durch dieses mein Verfahren so gerührt, daß sie allen ihren Verwandten in Schlesien auftrug, mir dafür ihre Dankbarkeit zu bezeugen.
Da empfand ich völlig, daß es nächst dem Vergnügen,
Gutes zu thun, kein größeres giebt, als gefühlvolle und
dankbare Herzen sich verbindlich zu machen.

Unser Marsch war eben so ermüdend als gefahrvoll
gewesen, und wir bedurften gar sehr der Ruhe: aber den
Tag nach meiner Rückkehr erhielt der General Werner
Befehl, zum Prinzen von Bevern zu stoßen, der mit
einem andern Korps nach Troppau geschikt war, und
dort die fernern Befehle Seiner Majestät zu erwarten.

Wie groß war unsre Verwunderung, da wir bei unsrer Ankunft die große eben vorgegangene Staatsveränderung in Rußland erfuhren, in welcher Peter III sein Leben verloren und die Kaiserinn, seine Gemahlinn, unter dem Namen Katharine II den Thron bestiegen hatte. Der General Czernichef hatte bei dieser Gelegenheit von seinem Hofe Befehl erhalten, die Armee des Königs zu verlassen, und ohne Verzug mit den dreißigtausend Russen zurükzukehren. Wir waren also genöthigt, die Lükke auszufüllen, welche diese übereilte und unerwartete Abreise verursachte.

. Diese Begebenheit war unter diesen Umständen für den König sehr traurig, vorzüglich da er in Ungewißheit war, was für eine Parthei die Kaiserin ergreifen würde, und jetzt auf seine eigne Stärke wieder eingeschränkt wurde.

Wir stießen zum Heer des Königs in Peterswalde zwischen Schweidnitz und Reichenbach, wo Seine Majestät ihr Hauptquartier hatten. Der Herzog von Bevern nahm sein Lager zwischen Reichenbach und dem Dorfe Beil auf den Anhöhen: dahin lagerte sich auch das ganze Korps, das er mitgebracht hatte, außer meinem Regiment und fünfhundert Husaren, womit mir der König befahl, das Dorf Langenbiel wegzunehmen, das eine halbe Meile von Peterswalde liegt.

Die Kaiserlichen waren dicht neben uns auf einer Anhöhe gelagert, und da sie sich bis zum Anfange die-

ses Dorfs ausdehnten; so gab es täglich kleine Gefechte zwischen beiden Heeren: da sie aber aus der jezt ge-
nommenen Stellung des Königs vermutheten, daß er
Schweidniz belagern wollte, so machten sie bald Anstalten dazu, diesem Ort zu Hülfe zu kommen.

Der General Beck, der sich auch mit dem Heer
des Marschalls Daun vereinigt hatte, ward abgeschikt,
um dem Herzog von Bevern in die Seite zu fallen; aber
er ward zurükgetrieben.

Der General Brentano kam durch das Ende des
Dorfs herab, wo ich stand. Ich machte ihm den Boden Schritt vor Schritt streitig, ob er gleich bei weitem
stärker war: aber der König, welcher sah, daß sich alles
zu einem ernsthaften Treffen neige, ließ mir sagen, daß
ich mich gegen Peterswalde zu ziehen möchte.

Ich ward lebhaft von allen Seiten angegriffen, da
ich meine Posten und die vier Feldstükke zurükziehn wollte, die ich an der Seite des Dorfs auf einer erhabenen
Spizze hingestellt hatte; und ich hatte alle mögliche Mühe, dem Feinde Widerstand zu thun. Ich eilte funfzig
Schritt zurük, und dann stand ich wieder, um meine
Mannschaft zusammen zu bringen, und die Kaiserlichen daran zu hindern, daß sie mich nicht ganz in Unordnung bringen möchten. Ein Schuß zerschmetterte mir
den Arm; ich zog mich dennoch immer in ziemlicher
Ordnung zurük, troz aller Kanonenkugeln, die auf uns

regneten, und obgleich das Musketenfeuer sehr lebhaft
war. Endlich kamen wir nach Peterswalde.

Ich war so schwer verwundet, daß ich nicht länger
zu Pferde bleiben kounte. Man legte mir den ersten
Verband an, und die Wundärzte sagten mir dabei nicht
viel tröstliches: allein ich kannte die Stärke meiner Lei-
besbeschaffenheit und beruhigte mich.

Der König, von meinem Zustande unterrichtet,
ließ mir sagen, daß ich nach Breslau gehn und mich
dort heilen lassen möchte. Er gab sogar Befehl an seinen Leibarzt Cothenius, der daselbst über seine Kran-
kenhäuser die Aufsicht hatte, daß er selbst für mich Sorge tragen sollte.

Ich ließ meinen Wagen und mein Reisegeräth holen, um abzureisen. Unterdessen erfuhr ich, daß die
Kaiserlichen Kolonnen von den Höhen herabkämen um
den König anzugreifen, daß Seine Majestät befohlen
hätte, sich zu rüsten, und daß er sich in Schlachtordnung stelle, um sie gut zu empfangen. Ich war
eben nicht sehr im Stande, wieder ein Pferd zu besteigen, aber die Neugierde, den Ausgang dieser Schlacht
selbst mit absehn zu wollen, gab mir neue Kräfte.

Der Marschall Daun ließ seine Reiterei vorrükken,
welche sich, von Fußvolk unterstüzt, in der Ebene aus-
dehnte. Der König befahl dem Prinzen von Würtemberg, sogleich mit vier Regimentern Dragoner und Husaren, die bei der Hand waren, über sie herzufallen:

und dieser Angrif geschah so lebhaft und heftig, daß die feindliche Reiterei genöthigt wurde, sich unordentlich zurükzuziehn, und daß sie beim Weichen ihr Fußvolk in Unordnung brachte, welches in den engen Päſſen war, durch welche sie sich zurükziehn mußte.

Ich will es jezt nicht unternehmen, hier die genauern Umſtände dieser glänzenden Schlacht zu liefern: denn meine Lage erlaubte mir nicht, allen Bewegungen beider Heere zu folgen; und überdem kann man sie leicht in verschiednen Nachrichten finden, die über diesen Krieg und die Feldzüge des Königs ans Licht getreten sind. Ich will bloß anmerken, daß Daun genöthigt ward, dem Entwurf, Schweidniz Hülfe zu bringen, zu entsagen, und sich in die Gebirge zurükzuziehn, und daß der König die Belagerung dieses Orts fortsezte und ruhig zu Ende brachte.

Ich begab mich nach Breslau, um dort meinen Arm heilen zu laſſen. Man wollte ihn anfangs mir abnehmen: allein ich bat so dringend den Oberchirurgus der bei mir war, ihn mir, wo möglich, zu erhalten, daß er sich damit begnügte, nach Gutbefinden darinn zu schneiden und fortzunehmen, und mir die strengſte Lebensordnung vorzuschreiben. Drei Monat waren hinreichend zu meiner völligen Geneſung.

Der Prinz Heinrich führte das Heer des Königs in Sachsen an, und er hatte es mit der Reichsarmee, vereinigt mit den Kaiserlichen unter dem General Had=

dik, zu schaffen. Serbelloni und der Prinz von Stolberg hatten die Preussen genöthigt, ihren Posten in Freiberg zu verlassen.

Der König brach nach der Einnahme von Schweidnitz auf um den Prinz Heinrich die nöthige Verstärkung zu bringen, damit er sich in Sachsen halten könnte. Eher aber Seine Majestät zum Heere kam, hatte der Prinz, sein Bruder, die Schlacht bei Freiberg geliefert, durch welche er es den größten Feldherrn gleich that: die Verbündeten verloren dabei breitausend Todte oder Verwundete, viertausend Gefangene, achtundzwanzig Kanonen und neun Fahnen.

Der Wiener Hof bat um Frieden; und da der König ebenfalls keinen heißern Wunsch hatte, als seinen Unterthanen denselben endlich zu verschaffen, so wurden die Unterhandlungen sehr bald in Hubertsburg angefangen. Frankreich und England hatten ihren Frieden zu Fontainebleau den 29ten November 1762 geschlossen. Oesterreich, Sachsen und Preussen schlossen den ihrigen den 15ten Februar 1763. Jede dieser drei Mächte bekam den Besitz alles dessen wieder, was sie durch das Glük der Waffen verloren hatten; und folglich ward Sachsen wieder dem Könige von Polen eingeräumt.

So endigte sich dieser ewig merkwürdige Krieg, der ganzer sieben Jahre dauerte, der dem österreichischen Hofe hundert und sechs und zwanzig Millionen Thaler kostete, und dem Könige hundert und vierzehn; der in so viel Ländern Verwüstung und Elend verbreitete; in welchem so viel tausend Menschen und eine Menge von großen Offizieren und Generalen blieben.

Vom Anfange des Frühlings an, dachte man auf nichts als die Heimkehr, und alle Regimenter machten sich auf den Weg nach ihren Besazzungen. Der König kam nach Berlin, wo sich in einer siebenjährigen Abwesenheit eine Menge von Geschäften für ihn gehäuft hatte.

Mein Regiment ging mit der pommerschen Kolonne. Ich war von meiner Wunde fast völlig wieder hergestellt. Ich verließ Breslau, um unterwegs zu meinem Regiment zu kommen, und schrieb an den König, und bat ihn um Befehle in Ansehung unsrer weitern Bestimmung.

Wir sollten uns nach Stettin begeben: aber auf unsrer ersten Station vor dieser Stadt händigte mir der Generalmajor Ramin, der diese Kolonne führte, die Befehle des Königs ein: der Inhalt derselben war, mein Regiment solle unter die Pommerschen vertheilt und meine Offiziere verabschiedet werden.

Es giebt wenig Begebenheiten in meinem Leben, die mir unangenehmer gewesen wären. Sie war mir um so kränkender, je weniger ich sie vermuthete. Wir legten funfzehnhundert an der Zahl die Waffen nieder. Ich hatte so viel Sorgfalt auf dieses Regiment verwandt, daß es in eben so guter Ordnung und vielleicht

in befferm Stande war, als viele von den ältern. Man
vertheilte die Soldaten : und meine Offizier und ich,
vierzig an der Zahl, wovon wenigstens zwei Drittheile
die Ehrenvollen Beweise ihrer Tapferkeit an sich trugen,
wurden für frei von unsrer Verbindlichkeit erklärt, oder
um mich lakonischer auszudrükken, verabschiedet.

Indessen ließ uns der General Ramin in Erwar=
tung näherer Befehle vom Könige, in Stettin Quar=
tiere anweisen. Ich war ohne Zweifel höchst beküm=
mert, aber meine armen Offiziere waren es noch mehr,
als ich selbst. Ich schrieb an den König ungefähr fol=
gendes:

„Sire,

„Seit meiner Ankunft in Damm mit dem Regi=
„ment, dessen Anführer zu sein ich die Ehre hatte,
„habe ich, den Befehlen gemäß, die Ew. Majestät
„an den General Ramin geschikt haben, die Waffen
„niedergelegt; da die Soldaten unter die übrigen
„pommerschen Regimenter vertheilt werden sollen.
„Allein, so sehr als billig durch das Schiksal meiner
„Offiziere gerührt, nehme ich mir die Freiheit, Ew.
„Majestät meine ehrfurchtsvollen Vorstellungen in
„Betref ihrer zu Füßen zu legen, und Sie daran zu
„erinnern, daß Sie mir am 20ten April 1758 ver=
„sprochen hatten, sie sollten im Frieden beibehalten
„werden. Diese Verheißung hat mir den Vortheil
„verschaft, daß ich in meinem Regiment lauter Offi=

„ziere habe, die durch ihr Verhalten, ihren Eifer,
„ihre Tapferkeit sich würdig gezeigt haben, einem so
„großen Monarchen zu dienen: Geruhen Sie, Sire,
„diese braven Männer mit ihrer Gnade zu beehren.
„Durch ihre Verabschiedung würden sie, meisten-
„theils, genöthigt werden, um Allmosen zu flehen.
„Was mich betrift; so bitte ich Ew. Majestät mir
„meinen Abschied und die Erlaubniß zu ertheilen,
„daß ich mich in irgend einem Winkel Ihrer Staa-
„ten begeben dürfe, wo ich ruhig das Ende meiner
„Laufbahn erwarten könne."

„Ich verharre mit der tiefsten Ehrfurcht,

„Ew. K. Majestät,

„Stettin, den 21ten März
1763.",

„unterthänigster und gehorsamster
„Diener."

Zwei Tage darauf brachte mir eine Estafette einen
Brief des Königs, den er mir bei seiner Abreise nach
Berlin geschrieben, den man aber, aus Versehn einen
Umweg durch Schlesien und Sachsen hatte nehmen
lassen.

Seine Majestät befahlen mir in diesem Briefe
mich geraden Wegs nach Berlin zu verfügen.

Ich war in Verzweiflung darüber, daß ich ihn nicht früher erhalten hatte. Dadurch wäre ich der Unannehmlichkeit entgangen, bei Vertheilung meines Regiments zugegen zu sein, und allen den Verdruß zu empfinden, der davon eine unausbleibliche Folge war.

Ich antwortete sogleich dem Könige, daß ich seine Befehle in Stettin allererst erhalten habe, und daß meine Gesundheit so schlecht sei, daß es mir unmöglich wäre diese Reise zu machen: Da ich aber nicht wolle, daß Seine Majestät mich zu den Leuten rechnen, die, unbeständig und unentschlossen, ohne Beweggründe alle Augenblicke ihre Meinung ändern; so bäte ich Sie, mich mit einer Antwort auf meinen Brief vom 21ten März zu beehren.

Ich hatte nicht lange darauf zu warten. Seine Majestät schrieb mir sehr gnädig, daß er nicht habe unterlassen können, mein Regiment unter die alten zu vertheilen, die eine Verstärkung nöthig hätten; daß meine Offizier auf Pension gesezt werden sollten, bis sich Gelegenheit darböte, sie irgendwo anzustellen: was mich insbesondre betreffe, so antwortete er mir nichts auf den Punkt wegen meines Abschieds; sondern befahl mir, so bald es meine Gesundheit erlaube nach Berlin zu kommen und mich dort anzusezzen, mit dem Zusaz, daß das Patent eines Generalmajors mich dort nebst dem Gehalt erwarte, das mit diesem Range verknüpft ist.

Ich traf also mit meiner Frau und meinem Sohn alle erforderliche Verfügungen, mich den erhaltnen Befehlen gemäß verhalten zu können.

Der König war noch in Berlin: er nahm mich auf das schmeichelhafteste auf und ernannte mich zum Generalmajor in der Armee nebst dreitausend Thalern Gehalt. Bald nachher reiste er nach Potsdam, und da ich wegen meines gelähmten Arms das Bad brauchen mußte; so entschloß ich mich nach Freienwalde zu gehn.

Bei meiner Rückkehr riefen mich Seine Majestät zu sich, und behielten mich bis zum zwanzigsten December bei sich, zu welcher Zeit man sich gewöhnlich nach Berlin zum Karneval begiebt.

Niemals sind die Feste, welche dann in dieser Hauptstadt statt haben, zahlreicher oder prachtvoller gewesen. Es befanden sich viel Fremde von verschiedenen Nationen da; und Minister kamen fast von allen europäischen Höfen, um dem Könige zu dem glücklicherfolgten Frieden Glück zu wünschen.

Derjenige, welchen der Großherr in eben dieser Absicht sandte, hielt seinen Einzug zu Pferde, geführt von dem Adjutanten des Königs, der ihn an der Gränze empfangen und auf dem übrigen Theil des Weges für ihn bezahlt hatte. Ein zahlreicher Haufe ging vor ihm her und folgte ihm auch zu Pferde bis zu den Palast, den man zu seiner Wohnung fertig gemacht hatte. Um ihm Ehre zu erweisen und zugleich aller Unordnung vorzubeugen', gab man ihm eine Wache von funfzig Mann unter einem Offizier von der Besazzung. Den Tag nach seiner Ankunft ward er von dem ersten Kammerherrn, Baron von Pöllniz in einer Kutsche mit sechs Pferden, hinter welcher noch einige andre mit Leuten von seinem Gefolge fuhren, beim Könige zur Audienz geführt. Als er im Saal erschien, stellte sich der König an die Seite des Throns und stüzte sich, stehend mit einer Hand auf einen Tisch. Er sezte seinen Hut auf; und da der Baron von Pöllniz den Gesandten vorgestellt hatte; so erklärte der Dollmetscher die Rede desselben.

Im Afange dieser Zeremonie herrschte ein grosses Stillschweigen: aber plözlich drangen die Leute vom Gefolge des Gesandten, denen man den Eintritt in den Saal nicht hatte erlauben wollen, damit nicht das Gedränge zu groß würde, mit Gewalt in die Thüren und schrien, sie müßten den König sehn. Man ließ sie hinein und sie stellten sich hinter den Gesandten.

Das Gerdusch hörte auf; und der Graf von Fink, erster Minister des Königs, antwortete auf die türkische Rede vermittelst eben des Dollmetschers.

Der Gesandte, anstatt sich fort zu begeben, erstieg die Stufen des Thrones, näherte sich ohne Umstände dem Könige und küßte ihm den Arm, woran sich alle, die gegenwärtig waren, belustigten. Der König selbst konnte sich nicht des Lächelns enthalten.

U 2

Darauf machte der Gesandte die eingeführten Ver-
beugungen, und ging mit den Leuten von seinem Gefolge fort, die eben so vergnügt als er darüber zu seyn
schienen, daß sie den König gesehn hätten. Der Baron von Pöllnitz führte ihn wieder in seinen Pallast, wo
ein sehr grosses Mittagsmahl auf ihn wartete das Seine
Majestät ihm hatten zubereiten lassen, und verschiedene
von uns, waren, nach den dazu gegebenen Befehlen,
dabei zugegen.

. Unsre Gerüchte waren nicht nach seinem Geschmak.
Er wünschte daß wir von denjenigen essen möchten, die
seine Köche bereitet hätten: allein diese schmekten uns
noch weit weniger. So bediente sich also ein jeder nach
seinem Belieben; und es schmekte uns allen gut auf
diese Weise.

Das Porzelan und der Nachtisch gefielen diesem ot-
tomanischen Minister dennoch sehr. Er bemächtigte sich
desselben, ließ es durch seine Leute forttragen und sagte,
daß ihm das gehöre. Den folgenden Tag ließ er dem
Könige die Geschenke des Großherrn übergeben. Sie
bestanden in einigen Stükken türkischer Zeuge, und einem Duzzend schlechter Pferde, welche er wie man sprach,
in Polen statt der mitgegebenen, die er zu seinem Vortheil verhandelt hatte, wieder angekauft haben sollte.
Er besaß eine unglaubliche Geldgierigkeit: Auch kostete
er dem Könige, die vier Monate hindurch, die er in Berlin zubrachte, vierzigtausend Thaler; und die prächtigen

Geschenke, welche ihm für den Großherrn mitgegeben wurden, beliefen sich an Werth wenigstens eben so hoch.

Gegen diese Zeit schrieb mir mein Bruder, aus Schweden, daß man dort Anstalten zu einem neuen Reichstage mache; daß die Nation im Ganzen mit der Regierungsverwaltung sehr unzufrieden sei; daß man das eben so sehr über den Krieg sei, den man auf Anrathen des französischen Hofes mit dem Könige von Preussen geführt habe; daß man mit Unwillen auf die ungeheuren Ausgaben blikke, welche dieser Krieg veranlaßt habe, ohne irgend einigen Vortheil zu bringen; daß man endlich eben so sehr durch das schändliche Betragen des schwedischen Heers in Unwillen gesezt, als erniedrigt sei, da, einige tapfre Offizier ausgenommen die an der Spizze kleiner Haufen einige treffliche Thaten verrichtet hatten, der ganze übrige Theil sich bloß durch Unwissenheit und Unentschlossenheit ausgezeichnet habe.

Seine Meinung war, ich solle jezt für mich thätig seyn und die günstige Stimmung unsrer Nation benuzzen. Er versicherte mich, ihr wären jezt die Augen über die verflossenen Begebenheiten aufgegangen; dennoch habe er, ungeachtet seiner bisherigen Bemühungen, erst einen einzigen Punkt in Betref meiner auswirken können, nemlich die Zurüknahme des Befehls an die schwedischen Minister an fremden Höfen, mich zurükzufordern und allenthalben, wo ich seyn möchte, aufs heftigste zu verfolgen.

U 3

Diese Art von zurükgenommnem Schritt geschah
äusserst sonderbar. Man erklärte, das Verbrechen,
dessen ich beschuldigt und überwiesen sei, sei zwar von der
Art, daß es nie vergeben werden könne: allein wegen
meiner Familie wolle man mich doch in einem fremden
Lande in Ruhe lassen. Ich lasse von dieser Erklärung
die beschimpfenden Ausdrükke fort, in denen sie abgefaßt war.

Nach dem Briefe meines Bruders bat ich Seiner
preussischen Majestät, ihrem Minister dem Baron von
Coccej, der schon nach Stokholm abgereist war, den Befehl zu geben, daß er sich für die Aufhebung meines Pro-
cesses verwenden möchte. Zu gleicher Zeit wandte ich
mich an einige Freunde in Rußland, und auf ihr Bitten gab die Kaiserinn dem Grafen Ostermann ihrem Gesandten in Stokholm, den Auftrag, nach bestem Vermögen die Verwendungen des preussischen Ministers zu
unterstüzzen. Der Antheil, den zwei grosse Mächte an
meinem Schiksal nahmen, mußte ohne Zweifel meine
Feinde auf andre Gedanken bringen, die mich ohne persönlichen Beweggrund haßten und ich schmeichelte mir mit
glüklichem Erfolge. Der Baron von Coccej meldete mir
bald, daß der Reichstag eröfnet sei; daß der Graf Ostermann ihm die Befehle seiner Monarchinn in Ansehung
meiner mitgetheilt, daß sie beide schon bei dem Departe-
ment der auswärtigen Angelegenheiten eine Vorstellung
meinetwegen eingereicht hätten; daß aber dieselbe sehr

überflüssig sei, da auf dem Reichstage nur ein Dutzend einzeln Männer von Adel wären, die noch ihre Feindschaft und Wuth gegen mich beibehalten, alle übrigen Mitglieder dieser Versammlung hätten einmüthig beschlossen, aus dem schwedischen Jahrbüchern die schreklichen Begebenheiten auf den Reichstage von 1756 auszutilgen; das Vergangene in eine ewige Vergessenheit zu begraben, allen denen völlige Amnistie zu bewilligen, die in dieser Zeit unglüklich geworden wären, und ihnen alles wiederzugeben, was man ihnen damals genommen hatte; endlich, da man das Leben denen nicht wieder schaffen könne, denen man es damals genommen habe, wenigstens ihre Familien wieder in Besitz ihrer Güter und Würden zu sezzen.

So endigte sich zu: meinem Trost eine Angelegenheit, bei welcher ich öfter als einmal in Gefahr gewesen war, meinen Kopf zu verlieren. Ich bezeugte allen denen, die sich so großmüthig für mich verwendet hatten, meinen innigsten Dank; und faßte den vesten Entschluß den übrigen Theil meiner Tage dem Dienst des Königs von Preußen, meines ersten Wohlthäters zu widmen.

Ich sezte mich in Berlin an, wo alle meine Geschäfte darinn bestanden bei den Musterungen zugegen zu seyn, die der König jährlich im Mai mit seinen Völkern vornimmt, und mich im Anfange des Herbsts nach Potsdam zu den Waffenübungen zu verfügen.

U 4.

Berlin ist ohne Widerrede eine der schönste Städte in Europa. Man findet daselbst eine sehr liebenswürdige Gesellschaft. Der Adel und die Fremden von Stande sind stets einer guten Aufnahme an dem Hofe der Königinn gewiß, einer Fürstinn, die wegen ihrer Frömmigkeit, Menschlichkeit, Liebe zu den Unglüklichen, wegen ihrer sanften, feinen und immer gleichen Sitten unendlich ehrwürdig ist: und alle Prinzen und Prinzeßinnen des Königlichen Hauses tragen nicht weniger zu den Annehmlichkeiten dieses reizenden Aufenthalts bei. Allein ich habe stets so viel Geschmak an der Landwirthschaft gefunden, daß ich mich entschloß in der Gegend von dieser Hauptstadt ein Landgut zu kaufen. Ich brachte einen Theil des Sommers daselbst mit meiner Frau zu; und verbesserte meine Besizzung so gut, daß ich meine Einkünfte davon verdoppelte.

Dennoch war dieses patriarchalische meinen Neigungen so angemessene Leben nicht von langer Dauer: der König that mir in einem Schreiben den Vorschlag, eine Reise nach Schweden zu thun. Seine Majestät stand damais in sehr genauer Verbindung mit dem rußischen Hofe; und da dieser Hof gewahr geworden war, daß der schwedische an dem französischen Sistem und Interesse blinden Antheil nahm; so glaubte man, daß ich vielleicht geschikter als irgend ein andrer dazu wäre, eine Veränderung in den Gemüthern zu bewirken. Die Königinn von Schweden vermochte sehr viel über den König; und man wußte, daß diese Fürstinn ehedem in mich viel Zutrauen gesezt hatte.

Ich nahm diese Art von politischer Sendung um so williger an, da ich in den Gränzprovinzen Verwandte, Freunde und Güter hatte die ich gar sehr wünschte, wiederzusehn: aber ich bat den König, daß er mir erlauben möchte, nicht nach Stokholm selbst zu gehn, im Fall daß ich voraussehn könnte, daß meine Verhandlung unnüz seyn würde. Ich wollte mich bei einem an Frankreich ergebenen Hofe keinem kalten Empfange aussezzen, und überdem war die Wunde meines Herzens noch nicht völlig geheilt. Seine Majestät stellten es mir frei, nach den Umständen zu verfahren.

Ich reiste mit meiner Frau ab und so bald ich den schwedischen Boden betrat, sah ich, daß meine Vermuthung nur gar zu gegründet war. Ich schrieb blos an Seine schwedische Majestät daß ich häuslicher Angelegenheiten halber in mein Vaterland gekommen, daß es mir aber, da ich sogleich nach Berlin zurükreisen müste, unmöglich sei, mich ihm zu Füssen zu werfen.

Seine Majestät antworteten sehr gnädig: und legten mir zugleich den grossen Degenorden bei.

Ich besuchte meine Verwandten und einige meiner alten Freunde. Ich traf einige Verfügungen wegen meiner Güter, die seit zehn Jahren von Bedienten verwaltet waren: und hernach kehrte meine Frau nebst mir wieder nach Berlin zurük, wo wir unsre vorige Lebens-

U 5

art und unsre gewöhnliche Beschäftigung wieder an-
fingen.

Indessen faßte der Prinz Heinrich den Vorsaz, die
Königinn von Schweden seine Schwester zu besuchen,
die er sehr zärtlich liebte. Er sprach mit mir davon und
gab mir sogar den Auftrag, daß ich den Antrag über-
nähme. Also schrieb ich dem Großmarschall des Stock-
holmer Hofes, dem Grafen von Bielke, der mir antwortete, daß Seine Königliche Hoheit überzeugt sein
könne, daß seine Schwester, der König, die ganze königliche Familie und alle Schweden sich eben so sehr dadurch geschmeichelt finden, als entzükt darüber sein würden, wenn sie das Glük hätten, dieselben zu sehn, und
einige Zeit zu besizzen.

Nach diesem Briefe entschloß sich der Prinz, die
Reise nach Schweden zu unternehmen, und hielt beim
Könige, seinem Bruder, um die Erlaubniß dazu an,
daß ich ihn begleiten dürfte. Außerdem nahm er in
sein Gefolge noch zwei Adjutanten, zwei von seinen Hof-
kavalieren, einen Sekretär und einen Arzt.

Wir reisten mitten im Sommer von Berlin ab.
Da wir in Anklam waren, welches die lezte Stadt in
des Königs Staaten an der schwedischen Gränze ist; so
besuchte der Prinz die Gräfinn von Schwerin, die Wittwe' des Feldmarschalls, der in der Schlacht bei Prag geblieben war, und indem wir ein Frühstük einnahmen,
was sie uns vorsezzen ließ, meldete man einen schwedi-

schen Obersten, der gekommen war, um Seine königliche Hoheit zu empfangen, und dieselben bis nach Stockholm zu führen.

Wir reisten nach Greifswalde, wo der Gouverneur von schwedisch Pommern, der Graf von Lieven,
den Prinzen empfing und zur Mittagstafel einlud.

Nach aufgehobener Tafel besahn wir die Akademie
und Bibliothek; und gegen Abend kamen wir unter Ab-
feurung des Geschützes nach Stralsund. Man erwies
dem Prinzen eben dieselben militärischen Ehrenbezeugungen, wie dem Könige selbst, und so hatten Seine Majestät befohlen, ihn allenthalben zu empfangen, wo er
durchreisen würde.

Der Contreadmiral, Graf von Wrangel kam mit
einem Linienschif von siebzig Kanonen nebst zwei Fregatten, um ihn nach Schweden überzusetzen. Man hatte
zugleich den Hofmarschall, Grafen von la Gardie, und
zwei Kammerherrn mitgeschikt.

Der Prinz ruhte zwei Tage in Stralsund aus,
wo er beim Gouverneur wohnte; und von da an gab
der König von Schweden alle Reisekosten, und sorgte
dafür, daß wir allenthalben eine sehr wohlbesezte Tafel
fanden.

Wir schiften uns auf das Schif des Admirals ein,
wo man für den Prinzen ein Zimmer zubereitet und gehörig möblirt hatte. Auch wir wohnten sehr gut im
Schiff. Die Wagen und Kutschen wurden auf die bei-

den Fregatten gebracht. In der Nacht lichtete man die Anker und wir seegelten mit einem günstigen, aber so gelinden Winde, daß wir zwei Tage in See blieben.

Der Admiral ließ zur Belustigung des Prinzen während der Ueberfahrt, die Schiffe einige Kriegsübungen vornehmen, und den britten Tag kamen wir in Carlskron an. Bei der Einfahrt in den Hafen kündigte der Admiral die Ankunft Seiner königlichen Hoheit durch einen Kanonenschuß an, und die ganze schwedische Flotte antwortete darauf. Sie gab mehr als tausend Kanonenschüsse.

Wir legten uns vor Anker: und sogleich kamen einige Schalupen, um den Prinzen nebst seinem Gefolge ans Land zu sezzen. Der Graf von Wrangel sagte mir zum voraus, daß der Feldmarschall, Graf von Fresen komme, um von Seiten des Königs dem Prinzen zu seiner Ankunft Glük zu wünschen, und daß er sich in der ersten Schalupe befinde. So bald er in unser Schiff getreten war, ging ich ihm entgegen, um ihn zu umarmen. Ich wußte sehr wohl, daß er viel Feindschaft gegen mich bezeigt hatte, und daß mein Todesurtheil auf dem Reichstage 1756 durch seine Hände gegangen war: aber durch diesen guten Empfang, den er vielleicht nicht erwartete, wollte ich ihn überzeugen, daß ich alles Vorige völlig vergessen habe, und daß mein Herz unfähig dazu sei, Feindschaft und Haß zu behalten.

Wir wurden hernach gute Freunde: er schenkte
mir sein Zutrauen, und ist sich immerfort gleich geblieben. Diese Gerechtigkeit muß ich ihm hier, wie so vielen andern wiederfahren lassen, mit welchen ich bei dieser Reise meine Bekanntschaft und Freundschaft erneue-
te. Ich beeiferte mich, ihnen bei jeder Gelegenheit zuvorzukommen; und kam allen ihren Wünschen entgegen.

Ich führte den Graf von Fresen zum Prinzen, um
ihn vorzustellen. Seine königliche Hoheit befand sich
nebst dem ganzen Gefolge in dem Saal des Schiffes um
ihn zu empfangen. Der Marschall hielt an ihn eine
sehr artige Anrede und der Prinz beantwortete sie mit
jener zaubervollen Anmuth und Feinheit, welche an
ihm bekannt ist.

Wir verließen das Schiff, welches uns hinüber-
gefahren hatte, und da der Prinz in die Schalupe stieg,
ließ der Admiral hundert Kanonen abfeuern.

Wir gingen in die Stadt durch eine erstaunliche
Menge Volks. Die Admiräle, die Offiziers der Flotte, die Besazzung und eine Menge von Vornehmen,
die aus ihren Provinzen gekommen waren, um dem
Prinzen ihre Aufwartung zu machen, fanden wir auf
unserm Wege.

Der Reichsrath, Graf von Salnclair empfing ihn
bei dem Hause, das man zu seiner Wohnung zurecht
gemacht hatte, und hielt im Namen der Königinn seiner Schwester eine kurze Anrede an ihn.

Wir hielten uns zwei Tage in Carlskron auf, bis die Wagen und Kutschen, die man auf die Schiffe vertheilt hatte, angekommen und wieder in Stand gesezt waren. Der Prinz nuzte diese Zeit um alle Anstalten bei der schwedischen Flotte und die bewundernswerthe Lage des Hafens zu sehn.

Ich glaube nicht, daß irgend einer in der Welt eine vortheilhaftere Lage hat. Das Bekken, wo die Flotte liegt, kann zwei hundert Kreigsschiffe fassen; und der Hafen ist so gebauet, daß man vermittelst einer Brükke, an welcher alle Schiffe befestigt sind, hinein-geht, in welches man will. Zwei gegeneinander liegende Forts schüzzen den Eingang dieses Bekkens, welches in dieser Rüksicht viel Aehnlichkeit mit der Enge der Dardanellen hat, ihnen aber in Ansehung der Bauart und der Anordnung sehr überlegen ist, wenn man nach den Nachrichten des Barons von Tott darüber urtheilt. Die Entfernung von einem Fort bis zum andern beträgt beinahe einen Kanonenschuß, und an beiden Seiten ist eine Batterie mit der Wasserebene gleich, von hundert Vierundzwanzigpfündern, die von hinten durch gute Wälle gedekt wird.

Die Stadt Carlskron ist auf einen Felsen gebauet, und wenn die Brükken zerstört sind, durch welche sie mit dem festen Lande zusammenhängt; so ist die Stadt unüberwindlich.

Man hat in dem Felsen Hölungen angebracht, in welche die Schiffe, wenn sie ausgebessert werden müssen, durch Schleusen hinein und herausgelangen können.

An allerbewunderungswürdigsten aber ist ein ungeheurer Bezirk, den man am Ufer des Meers erbauet hat, und in welchem vierzig Schiffe im Trofnen liegen können, bis man sie ausrüsten und sich ihrer bedienen will. Alsdann öfnet man die Schleuse; und das Wasser, welches durch Kanäle hineintritt, erhebt allmählig die Schiffe, und stößt sie von dem Orte, wo sie erbauet sind, ins volle Meer. Dieses Werk ist warlich des Genies der alten Römer würdig. Wir durchliefen es, indem wir das Wasser des Meers mehr als dreißig Fuß hoch über unsern Häuptern hatten.

Der Prinz fertigte einen seiner Kavaliere ab, um in seinem Namen den König und die Königin zu komplimentiren, und so bald unsre Kutschen im Stande waren, sezten wir unsre Reise fort. Der Graf von Sainclair und der Marschall von Fresen begleiteten uns bis Stockholm.

Der Hofmarschall sorgte dafür, daß wir allenthalben eine vortrefliche Tafel fanden, und immer lieber bei einem guten Edelmann als in den Posthäusern abstiegen, wo wir nicht so bequem hätten wohnen können. Einige von denen, bei welchen wir unterwegs einkehrten, hatten Häuser wo die Anordnung, der Reichthum

und der Geschmak in dem Hausgeräth um nichts gerin-
ger waren, als man sie anderswo findet.

Die Königinn kam auf unsrer lezten Station dem
Prinzen entgegen, und sie speisten zusammen zu Mittage.

Der Hof war zu Drottningholm, wo er gewöhnlich die angenehme Jahrszeit zubringt. Wir kamen
gegen Abend daselbst an. Die Prinzen, die Prinzessinnen und eine Menge von grossen Herren waren beim
Empfange des Prinzen zugegen. Die Königinn führte
ihren Bruder in des Königs Zimmer; und nachher führte man auch uns hinein, um vorgestellt zu werden. Ich
wurde besonders sehr gnädig vom Könige, von der Königinn und dem ganzen königlichen Hause aufgenommen.

Feste, Schauspiele, Spaziergänge, alles ward angewandt, um dem Prinzen seinen Aufenthalt in Drottningholm angenehm und seine Vergnügen mannigfaltig
zu machen.

Man hatte festgesezt, vier Wochen dort zuzubringen; und nach der Zeit wollte man sich nach Stockholm
begeben, von wo der Prinz sich vorgesezt hatte, gegen
den Winter durch Dännemark zurückzugehn: allein man
ward bald genöthigt, andre Verfügungen zu treffen.

Da die Kaiserinn von Rußland erfahren hatte,
daß der Prinz Heinrich in Schweden sei; so hatte sie an den
König von Preußen geschrieben: Sie hoffe, seinen Bruder jezt auch bei sich zu sehn, da er sich in ihrer Nach-

barschaft befände. So bald der König diesen Einla-
dungsbrief erhielt, sandte er ihn sogleich durch einen
Kourier Seiner königlichen Hoheit zu; so daß gar nicht
weiter die Rede davon war, durch Dännemark zurükzukehren, sondern den Weg nach dem Belt zu nehmen.

Zugleich hatte die Kaiserinn durch ihren Minister
in Stockholm, den Grafen von Ostermann das Anerbieten thun laßen, daß sie selbst zur Ueberfahrt nach Petersburg Schiffe schikken wolle; allein der schwedische
Hof und die Königinn insonderheit, die mit Bedauern
den Zeitpunkt näher rükken sah, wo ihr Bruder abreisen sollte, wollten alles geben, was zu dieser Reise nöthig wäre.

Da ich vorzüglich dieses zu besorgen hatte; so be-
sprach ich mich darüber mit den Offizieren der Flotte. Es
war schon spät im Jahr, und zu fürchten, die Schiffe
möchten einfrieren, oder Stürme die im Herbst sehr
häufig auf dem Belt sind, möchten uns nach einer Insel verschlagen, ohne daß es uns möglich wäre das feste
Land zu erreichen. Es wurde beschlossen, auf Galeeren
nach Finnland zu reisen, und von dort aus unsern Weg
nach Petersburg zu Lande fortzusezzen.

Wir blieben noch vier Wochen in Stockholm, wo
man dem Prinzen immerfort Feste, Schauspiele und
Bälle gab, um ihm täglich jedes Vergnügen zu verschaffen, das nach seinem Geschmak wäre, und um den Gedanken zu verscheuchen, daß er sich bald von einer Schwe-

X

ster trennen würde, die ihm so theuer war. Man ließ das Regiment der Leibwache vor ihm Waffenübungen anstellen: man zeigte ihm sorgfältig alles, was nur in dieser Hauptstadt sehenswerth ist, und der Kronprinz begleitete ihn nach Upsal, das zehn Meilen weit von Stockholm liegt, wo er die Akademie besehn wollte.

Gegen das Ende des Monats September reisten wir auf zwei Galeeren von Stockholm ab. Der Kronprinz und Prinz Friedrich wollten den ersten Tag unsrer Schiffarth mit ihrem Onkel darauf zubringen. Der Herzog von Südermanland reiste damals in fremden Ländern und befand sich gerade in Frankreich.

Den Tag nach unsrer Abfarth erhob sich ein heftiger Sturm. Der widrige Wind nöthigte uns, einen Hafen zu suchen. Wir brachten zwei Tage auf einer Insel zu, verließen dieselbe aber wieder, so bald es das Wetter erlaubte; und nach einer Farth von achtundvierzig Stunden gelangten wir nach Abo, der Hauptstadt des Herzogthums Finnland.

Diese Stadt hat einen Bischof und ein Gerichtstribunal; auch hat daselbst der Statthalter der Provinz seinen Siz: aber sie ist wenig bevölkert. Man sieht dort noch die traurigen Spuren von den Zerstörungen und Verwüstungen, die in dem ganzen Reich die blutigen und hartnäckigen Kriege Karls XII verursachten.

Im ganzen ist die Provinz Finnland seither immer unglücklich gewesen: und es ist ausgemacht, daß sie dreimal so viel Einwohner und Einkünfte haben könnte, als sie jezt hat.

So bald unser Fuhrwerk im Stande war, sezten wir unsern Weg fort, immer noch auf Kosten des schwedischen Hofes. Wir legten funfzig Meilen zurük ohne anzuhalten, denn so weit ist es von Abo nach Hellsingfort.

Der Feldmarschall, Graf von Erenswerd empfing den Prinzen in dieser lezten Stadt unter dem Getöse der Kanonen: er führte ihn zu der Vestung, die er auf einem Felsen zur Bedekkung der Bucht hatte bauen lassen, worinn die schwedischen Galeeren liegen, und da er Seiner Königlichen Hoheit alle Ehrenbezeugungen erweisen wollte, die ihr Rang und ihre vortrefliche Eigenschaften forderten; so verwandte er auf diese Gelegenheit eine ausserordentliche Pracht: denn in dem Augenblik, wo der Prinz in die Vestung eintrat, wurden auf einmal zweihundert Stükke von vierundzwanzig und dreißig Pfunden gelöset; und das donnerte so fürchterlich, daß man allenthalben, außer auf einem Felsen, ein Erdbeben hätte besorgen können.

Die Begleitung aus Schweden folgte uns bis zur russischen Gränze. Dort aber fanden wir einen Kammerherrn der Kaiserinn, der gesandt war, um Seine königliche Hoheit zu empfangen, und ihm alles darzubieten, was er auf seiner übrigen Reise nöthig haben könnte.

X 2

Wir kamen nach Friedrichsham, und von Friedrichsham nach Wiburg; und auch die Gouverneurs
dieser Stadt empfingen den Prinzen mit Kanonenschüf-
sen. Endlich kamen wir, vier Tage nach der Abreise
von den russischen Gränzen, in Petersburg selbst an.

Der Generallientenant Bibikoff war auf die lezte
Station gekommen, um Seiner königlichen Hoheit im Namen seiner Monarchinn Glük zu wünschen und uns in
den Palast zu führen, den man zu unsrer Wohnung
zurecht gemacht hatte.

Wir trafen daselbst den Großkanzler Graf von Panin, den auch die Kaiserinn dahin geschikt hatte, um in
ihrem Namen Seiner königlichen Hoheit ihre Freude
über seine Ankunft zu bezeugen. Ich bekam den Auftrag, sogleich Ihro kaiserliche Majestät zu komplimentiren. Der Graf von Panin, der mich sonst schon in
Schweden gekannt hatte, nahm mich mit sich, um
selbst mich der Kaiserinn vorzustellen, die sich gerade
im französischen Schauspiel befand, wo man das
„Gespenst mit der Trommel" spielte. Ich ward in ihre
Loge gebracht, und indem ich sie eben anrede, rührt
man die Trommel auf dem Theater. Ich schwieg still,
weil ich glaubte, daß im Hause Feuer ausgekommen
sei. Die Kaiserinn und alle die um sie waren, lachten
laut auf, und ich that ein gleiches; da ich meinen
Mißverstand einsah, und unterließ meine Rede, die
ich kaum angefangen hatte.

Der Graf Panin führte mich hernach zum Großfürsten, der in seinem Zimmer war, und nachdem ich
ihm im Namen des Prinzen mein Kompliment gemacht
hatte, kam ich in unserm Palast zurük, wo man uns
ein sehr köstliches Abendessen auftrug.

Den folgenden Tag begab sich Prinz Heinrich gegen Mittag nach Hofe, begleitet von mehreren Wagen
mit sechs Pferden, und einer Menge von Pagen, Reit-
knechten und andern Personen zu Pferde. Die Wachen erwiesen ihm eben die Ehrenbezeugungen wie der
Kaiserinn selbst: allein nach dieser ersten Audienz und
einem sehr großen Mittagsmahl, das diese Monarchinn
ihm an diesem Tage bei Hofe gab, dachten sie unterein-
ander nicht weiter an Etikette oder Zeremoniel. Der
Prinz speiste zu Mittag und zu Abend mit der Kaiserinn,
wenn er wollte; und in seinem Palast, wir mochten da
sein, oder nicht, war die Tafel Mittags und Abends
immer gleich gut besezt. Ihro kaiserliche Majestät hatten alles so angeordnet, daß sich der Prinz nach Belieben ohne allen Zwang belustigen konnte.

Sie gab ihm Schauspiele und Feste aller Art.

Die Pracht dieses Hofes geht unendlich weit über
die Vorstellung die man sich gemeinhin davon macht.
Man urtheile darüber nach einem Fest, das dem Prinzen auf dem Lustschloß Czarkozelo gegeben wurde, welches vier deutsche Meilen weit von Petersburg liegt.

Nachdem wir bei Hofe zu Mittage gespeist hatten, sezte sich die Kaiserinn in einen unermeßlichen Schlitten, woran sechzehn Pferde zogen, und welcher bedekt und allenthalben mit Spiegeln umgeben war, wodurch das Bild aller Gegenstände gleichsam unendlich oft wiederholt ward. Der Prinz, der Großfürst, verschiedene Damen und Herren von Hofe, waren in diesem kleinen beweglichen Palast um die Kaiserinn versammlet, sechzehn Personen an der Zahl, und ich hatte die Ehre dabei zu sein.

Unser Schlitten brach auf, da es Abend ward. Da man zu diesem Fest alle Personen von Rang bei Hofe und in der Stadt eingeladen hatte; so folgten unserm Schlitten über zwei tausend andre, einer hinter dem andern. Alle waren dabei in Domino maskirt.

Ohngefähr tausend Schritt von Petersburg fanden wir einen Triumphbogen der sehr groß und erstaunlich erleuchtet war, unter welchem wir durchfuhren. Alle tausend Schritt hatte man immer einen neuen Ruheplaz angebracht, und so wie man sich demselben näherte; ward man auf der einen Seite eine stark erhellte Pyramide, und auf der andern einen Lustplaz gewahr, auf welchem Bauern und Bäuerinnen tanzten. Auf jedem dieser Lustplätze waren die Tanzenden von einer neuen Nation, die man an ihrem Kostum, ihren Tänzen und ihrer Musik sehr leicht erkannte. An der Spiz-

ze jedes Haufens fah man zwei Neuvermählte, wie auf
einer Bauernhochzeit.

Endlich war in einiger Entfernung vom Schloß
Czarkozelo ein fehr hoher Berg, der den Vesuv vorstellte, und von der Spizze deffelben erhob sich ein Kunst-
feuer, welches so eingerichtet war, daß es ununterbrochen brannte, bis alle Schlitten nach der Reihe vorbei-
gefahren waren.

Wir traten ins Schloß und der Glanz der Kerzen
verblendete uns. Man tanzte in zwei weiten Sälen
Menuetten, Polonoisen und englische Tänze zwei Stunden hindurch, und beim Schluß des Balls löste man
an der Seite des Schloffes hundert Kanonen.

Darauf löschte man in weniger, als einer Minu-
te alle Wachsterzen aus, und bat uns an die Fenster
zu treten, von wo wir ein höchst prächtiges Feuer-
werk abbrennen fahn, das fast eine Stunde dauerte,
und sich wieder mit hundert Kanonenschüssen endigte.

Die Lichter wurden wieder angesteckt, und man
tanzte noch bis Mitternacht, dann sezte man sich zur
Tafel. Das Abendeffen entsprach der Pracht des übrigen Festes. Es waren über fünfhundert Gedekke; hernach tanzte man wieder bis Morgens um vier Uhr.

Die Kaiserinn begab sich in ihr Zimmer. Der
Großfürst, Prinz Heinrich und sein Gefolge, verschie-
bene Damen und Herren von Hofe, für welche man Zimmer im Schloß zurecht gemacht hatte, verschwanden zu

X 4

gleicher Zeit; und alle die nicht unterkommen konnten,
reisten wieder nach Petersburg. Man ruhte den folgenden Tag aus, und den nachfolgenden kehrten wir in
die Stadt zurük, wo neue Vergnügen uns wieder erwarteten.

Der Prinz speiste fast täglich zu Mittage bei Hofe: zu Abend aber speiste er gewöhnlich mit der Kaiserinn in dem Gemach, was diese durchlauchtige Monarchinn ihre Einsiedelei nennt.

Diese nimmt einen ganzen Flügel des kaiserlichen
Schlosses ein, und besteht in einer Gemähldegallerie,
in zwei großen Zimmern zum Spiel, und einem andern
wo man an zwei großen Confidenz Tafeln speiset, und diesen
verschiedenen Stükken zur Seite ist ein bedekter und wohl
erleuchteter Küchengarten. Man spaziert in diesem Garten zwischen Bäumen und einer ungeheuren Menge
Blumentöpfe: man sieht und hört darinn Vögel von
aller Art, vorzüglich Kanarienvögel. Man heizt vermittelst unterirrdischer Öfen, und troz des strengen Klima
genießt man dort die sanfteste und gemäßigte Luft. Auch
giebt es dort Ananas, Pomeranzenbäume, Citronen
und Blumen von aller Art.

Dieses Gemach was schon an sich so angenehm ist,
wird es noch mehr durch die daselbst herrschende Freiheit.
Man ist da völlig ungezwungen: die Kaiserinn hat alle
Etikette daraus verbannt. Man spaziert, man singt,
und ein jeder thut, was am meisten nach seinem Ge-

schmal ist. Die Kaiserinn ißt nicht zu Abende: aber während des Essens spricht sie gewöhnlich mit denen, die zu Tische sizzen.

Ich hatte oft die Ehre, mich mit ihr zu unterhalten: und in einem dieser vertrauten Gespräche hatte sie die Gnade, mir eines Abends die Geschichte der lezten Staatsveränderung zu erzählen. Ihre Sprache, ihre Augen, ihr Gesicht, ihre Stellung, kurz alles an ihr mahlte die heftige Bewegung, welche diese große Fürstinn im Innersten ihres Herzens empfand. Ich sah in ihrer ganzen Erzählung, Reinheit, Rechtschaffenheit, Wahrheit und Kunstlosigkeit.

Diejenigen, welche, wie ich, das Glük gehabt haben, sich ihr zu nähern und ihre wahren Gesinnungen auszuforschen, lassen ihr die verdiente Gerechtigkeit wiederfahren: aber der große Haufen, der nie anders, als nach dem Schein zu urtheilen versteht; aber die Boshaften, die nicht an die Tugend glauben, und die allenthalben nur Schwärze und Verbrechen sehn; aber die auswärtigen Nationen, denen die geheimen Triebfedern und wahren Ursachen von Begebenheiten nur sehr spät, und oft nach Jahrhunderten erst bekannt werden. — Diese haben mit einer übermäßigen Strenge über sie gerichtet. Die billigere, partheilosere Nachwelt wird sie ohne Zweifel bloß beklagen.

Peter III war kein Fürst, dessen Genie zur Verwaltung eines so weitläuftigen Reichs, wie das russische,

X 5

weitumfaſſend genug geweſen wäre. Indeſſen (ich ſelbſt
bin ein Zeuge ſeines Verhaltens beim Antritt ſeiner Regierung) that er Anfangs nichts, das nicht weiſe war,
nichts, das nicht einen Monarchen ankündigte, der
ſein Volk liebte und ſich mit deſſen Glük beſchäftigt;
nichts, wodurch er nicht die Liebe ſeiner Unterthanen
und die Achtung fremder Nationen gewann.

Wenn er ſich irrte, ſo erlaubte er, daß diejenige,
welche er mit ſeinem Zutrauen beehrte, es ihm zeigten;
und er kehrte gern von ſeinen Irrthümern zurük, weit
entfernt davon, ſeinen Ruhm in einer ſteten Untrüg-
lichkeit zu ſuchen. Ich habe Beweiſe davon bei verſchiedenen wichtigen Thatſachen, die ich aber nicht anführen
darf.

Er war ſtarker Zuneigungen fähig; und ſelbſt bei
denen, die er nicht liebte, oder über die er glaubte, ſich
zu beklagen zu haben, erkannte er laut und freimüthig
die guten Eigenſchaften und die Dienſte an, die ſie ihm
und dem Publikum ſchäzbar machten.

Auch war man in den erſten Zeiten ſehr mit ihm
zufrieden: und die Vergleichung ſeines Betragens mit
dem Benehmen der Eliſabeth ſeiner Vorgängerinn fiel
gänzlich zu ſeinem Vortheil aus. Man achtete ſich glüklich, ihn zum Monarchen zu haben, und man erwartete
jede Art von Glük unter ſeiner Regierung. Allein ſehr
bald verwandelte er ſich. Er hatte, wie ich ſchon erzählt habe, die Comteſſe W... zur Maitreſſe, und

unvermerkt überließ er sich ihrem ganzen Eigenwillen, ohne Maaß darinn zu halten. Er ergab sich dem Trunk. Jeder Tag wurde unter Festen und Lustbarkeiten verlebt. Er lebte blos für den Zirkel seiner Günstlinge von beiden Geschlechtern, die seine Neigungen und seinen Geschmak hatten.

Die Kaiserinn mußte das anstößig finden, und es war sehr schwer ihren Unwillen und ihre gerechte Empfindlichkeit völlig in sich zu verschließen. Die Gemüther verbitterten sich immer mehr und mehr. Der Kaiser war, seiner Maitresse halben, unerträglich geworden; und um ungehinderter seine Leidenschaften zu befriedigen, faßte er den Entschluß, sich auf einmal die Kaiserinn und seinen Sohn den Großfürsten vom Halse zu schaffen, besonders sprach er von dem leztern auf eine Art, die sich im mindesten nicht für einen Monarchen ziemt.

Man erfuhr, er habe die Absicht, sie in das innerste Siberien zu verweisen und dort einsperren zu lassen, und dann seine Maitresse zu heirathen.

Der Graf von Panin, Gouverneur des Großfürsten, den der Kaiser seit einiger Zeit ziemlich übel behandelte, und seine Nichte die Prinzessinn von Aschkow, obgleich die Schwester der Favorite, waren die ersten welche die Idee und den Plan zu einer Regierungsänderung entwarfen.

Bald verband sich mit ihnen eine Menge von Miß-
vergnügten oder vielmehr von Personen, welche der Kaiserinn ergeben waren.

Die beiden Orlow, denen es weder an Kühnheit
noch an Muth fehlte, bedienten sich bei dieser Gelegenheit der ganzen Gewalt, die sie über das Gemüth der
Kaiserinn besaßen, rissen sie, so zu sagen, ohne ihren
Willen hin, und zwangen ihr die Einwilligung dazu ab,
daß man für ihre und ihres Sohns Sicherheit besorgt
wäre.

Der Kaiser mit seinem Serail in Oranienbaum
eingesperrt, machte eine Art von Kapitulation. Er
entsagte dem Thron, und verpflichtete sich, bloß in das
Herzogthum Hollstein sein Erbland zurückzugehn: allein
diejenigen, welche diese Angelegenheit geleitet hatten,
überlegten hernach ihren persönlichen Vortheil. Sie befürchteten, wenn sie diesen Fürsten ruhig abreisen ließen;
so möchte er einst, durch irgend eine große Macht unterstützt, wieder den Thron in Besiz nehmen, von
dem man ihn verstoßen hatte, und dann möchten sie selbst
schimpflich auf einem Schaffot ihr Leben enden. Sie
entschlossen sich also, ihn aus dem Wege zu räumen,
und sein Tod ward als die Wirkung einer Hämorrhol-
dalkolik oder eines Schlagflusses dem Publikum bekannt
gemacht. Ich weiß die besondern Umstände zum Theil
von denen, die bei dem elenden Ende Peter III entweder selbst thätig oder Augenzeugen davon gewesen sind.

Seit dieser Zeit sizt Katharine II auf dem russischen Thron; und niemals ist dieses unermeßliche Reich
von einer Fürstinn regiert worden, welche mehr die Bewunderung des ganzen Europa und die Liebe aller ihrer
Unterthanen verdient hätte. Was hat sie nicht bis jezt
geleistet! durch wie viel trefliche Thaten und heilsame
Anordnungen hat sie nicht den Ruhm ihrer Regierung
verewigt! Wenn die heutigen Russen keine Aehnlichkeit
mehr mit ihren Vorfahren in verflossenen Jahrhunderten haben; so muß man Peter I, so muß man Katharinen II
vorzüglich diese erstaunliche und unbegreifliche Verwandlung zuschreiben.

Diese erhabene Fürstinn vernachläßigte nichts, was
dem Prinzen Heinrich seinen Aufenthalt in Petersburg
angenehm machen konnte. Täglich gab sie ihm irgend
ein neues Fest, oder verschafte ihm irgend ein neues
Vergnügen.

Sie feierte den 18ten Jänner ihren Geburtstag;
und bei dieser Gelegenheit schikte sie ihm einen sehr
großen Brillanten, welchen die Kenner vierzigtausend
Thaler werth schäzten: das Bildniß Ihrer Kaiserlichen
Majestät war in diesen Ring eingefaßt.

Sie machte ihm viele andre reiche Geschenke, zum
Beispiel den Orden des heiligen Andreas, dessen Platte
ganz und gar mit schönen Brillanten besezt war, die
vollständige Sammlung aller goldnen russischen Schau=
münzen, prächtige Pelze von Zobeln und schwarzen

Füchsen, nebst verschiedenen andern Sachen von großem
Werth.

Die Großmuth der Kaiserinn erstreckte sich auf alle
die, welche den Prinzen auf seiner Reise begleitet hat=
ten, oder in seinem Dienst waren.   Ich erhielt einen
Zobel und eine goldne Tabatiere mit Diamanten besezt.
Die Adjutanten und die Kavaliere des Prinzen erhielten
ebenfalls prächtige Dosen; unter die Bedienten endlich
wurden hundert Dukaten vertheilt.

Seine Königliche Hoheit wünschten vor der Abrei=
se aus Rußland noch Moskau zu sehn, das hundert
deutsche Meilen weit von Petersburg liegt.   Die Kai=
serinn befahl sogleich alles, was ihm nur diese Reise an=
genehm machen konnte, und die Verfügungen wurden
so wohl genommen, daß der Prinz innerhalb weniger
als vier Tagen in Moskau ankam.   Seine Königliche
Hoheit verweilten daselbst vierzehn Tage, und man gab
unterdessen unaufhörlich die glänzendsten Feste.   Der
Prinz besah dort alles, was seiner Wisbegiede und sei=
ner Aufmerksamkeit würdig sein konnte, und kehrte her=
nach eben so schnell zurük, als er hingereist war.   Zu
meinem großen Bedauern war ich nicht bei dieser Reise
zugegen: eine Krankheit hielt mich in Petersburg zurük.
Ich mußte einige Tage das Zimmer hüten; so bald ich
aber wieder hergestellt war, ließ mich die Kaiserinn nach
Hofe einladen, wo ich meine Zeit sehr angenehm ver=
lebte.

Der Prinz ward bei seiner Rükkehr von Ihrer Kaiserlichen Majestät mit den vorigen Beweisen ihrer Achtung und ihrer Zuneigung empfangen; und die Feste nahmen wieder ihren Anfang. Aber nicht alle Zeit wurde den Vergnügen gewidmet, auch die politischen Angelegenheiten kamen an die Reihe; und damals wurde der berühmte Theilungstraktat von Polen entworfen und zu Stande gebracht, den man hernach mit einem erstaunlichen Glük vollführen sah, ohne daß irgend eine Macht es hätte verhindern können.

Jedermann kennt die Zerstükkung der Republik Polen, durch Oesterreich, Rußland und Preussen.

Was soll man davon denken? Ich kann und will nicht diese politische Aufgabe hier auseinandersezzen. Nur das will ich sagen: jeder Staat, in welchem Zwietracht und innere Kriege herrschen, muß früh oder spät in Nichts versinken oder der Raub seiner Nachbaren werden; und zum Heil der polnischen Nation begnüge ich mich mit dem Wunsch, daß sie einst ihre vorige Verfassung verbessern möge. Wie kann wohl ein Land glüklich werden, wo der Monarch mit den rechtschaffensten und reinsten Absichten fast aller Mittel beraubt ist; wo sich die monarchische Macht mit der republikanischen nicht so wohl gegenseitig mäßigt, als vielmehr durchkreuzt und gerade gegen-einander läuft; wo alles entweder Herr oder Sklave ist, wo die innern Uneinigkeiten ewig sind und sich unaufhörlich erneuen!

Der Prinz wünschte noch vor seiner Abreise die berühmte Insel Kronstadt zu sehn, die vier teutsche Meilen von Petersburg liegt. Hier gründete Peter I die russische Seemacht. Das Gebäude kann funfzig Linienschiffe enthalten; aber das schwedische behält den Vorzug. Die Galeeren befinden sich an einem andern Ort. Ohne alle Nationalvorliebe fand ich, daß die Russen noch weit davon entfernt wären, sich in Ansehung der Seemacht mit uns messen zu können.

Endlich reisten wir gegen Ende des Februars von Petersburg ab. Der Winter war sehr strenge: allein wir hatten vortrefliche Schlitten. Die Wagen wurden auf Schlittengestelle gesezt; und alle diejenigen, welche Seine königliche Hoheit während ihres Aufenthalts in Rußland bedient hatten, begleiteten dieselben bis an die Gränzen von Kurland, wo der Herzog Seine königliche Hoheit mit der größten Pracht empfing.

Wir sahn in Mitau den berühmten Herzog von Biron, den Vater des regierenden Herzogs, welcher unter der Regierung der Kaiserinn Anna so viel Aufsehn gemacht hatte. Er war in Sibirien gefangen gehalten worden, bis Peter III zum Thron gelangte, wo er nebst allen übrigen, welche bei den vorigen Regierungsänderungen aufgeopfert waren, wieder zurückberufen wurde.

Er war damals über achtzig Jahr alt, und dennoch hatte er eine frische Gesichtsfarbe und eine in die-

sem Alter sehr seltne Gegenwart des Geistes. Er hatte eben mit Einwilligung der Kaiserinn von Rußland
und des Königs von Polen das Herzogthum an seinen
Sohn abgetreten. Er lebte in einer einsamen Ruhe
nebst seiner Gemahlinn, die vordem sein Glük und seine
Unfälle mit ihm getheilt hatte.

Der Prinz Heinrich hielt sich nur einen Tag in
Mitau auf; und wir sezten unsern Weg immer in
Schlitten über Memel und Königsberg bis zehn Meilen
von Berlin fort, wo wir die Wagen wieder auf Räder
sezten.

So bald wir zurükgekehrt waren, begab sich der
Prinz nach Potsdam zum Könige und blieb dort zwei
Tage. Auch ich ward dahin gerufen, und da die im
Frühlinge gewöhnlichen Waffenübungen herannahten;
so behielten mich Seine Majestät bei sich.

Ich fing eben die Lebensart wieder an, die ich vor
meiner Reise nach Rußland geführt hatte, und theilte
meine Zeit zwischen meine Lieblingsbeschäftigungen auf
dem Lande und die Gesellschaften in Berlin und
Potsdam.

Der Prinz Heinrich begab sich wie gewöhnlich auf
sein Schloß in Rheinsberg; und mit dem lebhaftesten
Schmerz trennte ich mich von diesem Prinzen, mit dem
ich eine so angenehme Reise gethan, der mich mit seinem Vertrauen beehrt, mit so viel Güte überhäuft, und
bei dessen lehrreiche Unterhaltung ich so süße Augenblik-

Y

ke verlebt hatte. Vierzehn Tage nach seiner Abreise
schikten mir Seine königliche Hoheit ein Päkchen auf der
Post, und schrieben mir eigenhändig einen bezaubernden
in den gnädigsten Ausdrükken abgefaßten Brief. Ich
fand in dem Päkchen eine prächtige goldne Tabatiere
mit Diamanten besezt; und was noch bei weitem ihren
Werth in meinen Augen erhöhte, so war sie mit dem
Gemählde dieses großen Prinzen verziert. Er sagte mir
in seinem Briefe.

„Sie haben zu meinem Vergnügen in Schwe-
„den und Rußland die Vertheilung der verschiedenen
„Geschenke übernommen, welche ich auszutheilen
„hatte: jezt ist es billig, daß ich Ihnen endlich das
„meinige schikke. Ich wünsche, daß dieses geringe
„Unterpfand meiner Gesinnungen Ihnen eben den
„Grad von Vergnügen verursache, mit welchem ich
„es Ihnen anbiete.“

Er lud mich zu gleicher Zeit ein, ihn, so oft es
meine Geschäfte erlauben würden, in Rheinsberg zu besuchen; und das habe ich hernach mit immer gleichen
Eifer gethan, und es war mir nichts angenehmer, als
wenn ich eine Gelegenheit fand, ihm meine Aufwartung
zu machen.

Rheinsberg ist einer der herrlichsten Oerter die
ich kenne. Das Schloß daselbst ist nicht groß; aber es
hat eine wunderbarschöne Lage. Es würde schwer halten, irgendwo zaubervollere Aussichten anzutreffen,

Einerseits ist ein weitausgedehnter Landsee; und ihn gegenüber sind englische Gärten, gleich verschönert durch
Natur und durch Kunst. Man trift die größtmögli-
che Abwechselung und einen auserlesenen Geschmak bei
der Vertheilung der Alleen, der bedekten Gänge, der
Grotten, der Lusthäuser.

Der Park oder das Wäldchen, das man beim
Eintritt in die Gärten betritt, ist eben so bemerkens-
werth wegen der Auswahl und Schönheit der Bäume,
wegen der Länge und Richtung der Alleen, wegen der
Menge von Lusthäusern, die man von Zeit zu Zeit antrift. Weit vorzüglicher aber, als alle diese verschiedenen Reize wird dieser so anmuthsvolle Aufenthalt, durch
die Aufnahme, auf welche man dort stets bei Seiner
königlichen Hoheit rechnen kann.

Man kennt zu Rheinsberg weder Zwang noch Etikette. Der Prinz selbst wacht darüber, daß die Personen, welche bei ihm sind, alles bekommen, was zu ihrer Bequemlichkeit und zu ihrem Vergnügen dienen
kann: und er mischt so viel Feinheit in sein Betragen,
und seine Aufmerksamkeiten, daß alles aus der Natur
des Orts herzukommen scheint, den man bewohnt, und
nicht von der Ueberlegung des großen Prinzen, den
man besucht.

Seine Unterhaltung ist so anziehend, daß man
nicht müde wird, ihn zu hören. Gewöhnlich betrift sie
die mancherlei Materien der Staatskunst, und der Re-

gierung; daß Interesse der verschiedenen Mächte in Europa gegen einander; den Karakter großer Männer aus den vergangnen Jahrhunderten, oder derer, die jezt am Ruder der Staatsangelegenheiten stehn; die Ursachen und wichtigsten Ereignisse der lezten Kriege; die Sitten, Gebräuche, Gesezgebung, Handel, Betriebsamkeit, Macht und Reichthümer der ansehnlichsten Nationen; endlich Künste und Wissenschaften, alte und neue Litteratur. Man sieht nicht allein, daß der Prinz viel gelesen, viel beobachtet, viel gedacht hat; sondern daß man auch schwerlich weisere und partheilosere Urtheile fällen kann.

Er hat eine sehr leichte Aussprache: nie fehlt es ihm an angemessenen Ausdruk; und dieses beweist am besten die Klarheit und Deutlichkeit aller seiner Vorstellungen.

Um diese Zeit starb der König von Schweden, und der Erbprinz sein Sohn und Nachfolger, der nebst dem Prinz Friedrich seinem Bruder eine Reise nach Frankreich gemacht hatte, wollte von da durchs Brandenburgsche zurükkehren, und einige Zeit in Berlin verweilen, um den König seinen Onkel, und die ganze königliche Familie von Preußen kennen zu lernen.

Der König trug mir auf, ihm entgegen zu reisen, für alles auf seiner Reise Sorge zu tragen und mich zu erkundigen, wie er aufgenommen zu werden wünsche.

Der Erbprinz erklärte mir, daß er das Inkogni-
to verlassen würde, das er gegen seinen Onkel nicht nöthig habe. Er gab mir bloß den Auftrag, Seine Majestät zu bitten, daß sie ihm bei seiner Ankunft in Potsdam erlauben möchte, gerade zu ihm zu gehn, um ihm
nebst seinem Bruder seine ehrfurchtsvolle Liebe zu bezeugen.

Ich richtete seinen Auftrag aus und deshalb richtete ich mich so ein, daß ich einige Stunden vor Ankunft des neuen schwedischen Monarchen in Potsdam
ankam.

Alle Generale und alle Offiziere des Oberstabes
von der potsdamschen Besazzung waren bei seiner Aufnahme auf dem Schlosse. Ich nahm mir die Freiheit
Seine Majestät an die Bitte ihres Neffen zu erinnern;
allein anstatt ihn in ihrem Zimmer zu erwarten, ging
der König hinaus, um ihn beim Aussteigen aus der
Kutsche zu empfangen.

Eben so sehr geschmeichelt als überrascht durch eine
so freundschaftliche Aufnahme, schwang sich der König
von Schweden, so zu sagen, aus seinem Wagen. Der
Prinz Friedrich that desgleichen: die beiden Könige umarmten sich zärtlich; und Seine preussische Majestät
führten ihre beiden Neffen in ihr Zimmer, wo sie eine
halbe Stunde zusammen zubrachten.

Man ging zur Tafel; und nach Aufhebung derselben führte der König von Preussen selbst seinen Neffen

Y 3

in das Zimmer, das er für ihn hatte zurechtmachen lassen: und hernach zeigte der Prinz Heinrich, der nach Potsdam gekommen ward, um seine beiden Neffen zu sehn, die er schon seit seiner Reise nach Schweden kannte, ihnen alles sehenswerthe in der Stadt, in Sans-Souci und im neuen Palais.

Den folgenden Tag ruhte man sich aus; aber am dritten Tage ließ der König die Besazzung vor seinen Neffen Waffenübungen anstellen. Die Truppen hatten Befehl, beim Vorbeigehn Seine schwedische Majestät zu salutiren und ihm alle bei solchen Gelegenheiten gewöhnliche Ehrenbezeugungen zu erweisen. Den vierten Tag reisten wir nach Berlin. Der König von Preussen kam bei dieser Gelegenheit um acht Uhr aus seinem Zimmer, und da er mich im Vorzimmer traf, so mußte ich ihn begleiten. Wir gingen nach der andern Seite des Schlosses, wo sein Neffe wohnte, und da niemand in dem Vorzimmer desselben war; so blieb der König daselbst. Er wollte nicht, daß ich hineininge, um Seiner schwedischen Majestät seinen Besuch zu melden. Wir spazierten also länger als eine halbe Stunde zusammen, ohne irgend jemand zu sehn oder zu hören. Endlich aber öfnete der Senator, Graf von Scheffer, der den König von Schweden begleitete, die Thüre; und erstaunt darüber, den König von Preussen mit mir ganz allein spazieren gehn zu sehn, weckte er sogleich den König von Schweden auf, der in weniger als zehn Mi-

nuten angekleidet war, sich bei seinem Onkel entschuldigte und sein Bedauern darüber bezeugte, daß er nicht
gewußt habe, daß er sich in seinem Vorzimmer befinde.

Diese an sich so unbedeutende Anekdote dient doch
zum Beweise, wie wenig man am preußischen Hofe
Sklave der Etikette sei; oder vielmehr wie sehr man
sie verachte. Ich habe die Ehre gehabt viele Jahre bei
Seiner Majestät zuzubringen, und könnte davon eine
Menge von Anekdoten anführen, die eben so merkwür-
dig sind.

Der König von Schweden ward eben so gut in
Berlin von der Königinn seiner Tante, und dem ganzen
königlichen Hause aufgenommen. Sein Onkel, der
ihn dahin begleitet hatte, ließ auch die Regimenter der
Garnison vor ihm ihre Uebungen machen. Sie brachten noch einige Tage zusammen zu; und darauf reiste
der König von Schweden nach Rheinsberg, wohin ihn
der Prinz Heinrich vor seiner Reise nach Stockholm zu
kommen bat.

Ich folgte Seiner preußischen Majestät nach Potsdam, um nach meiner Gewohnheit bei den Musterungen
zugegen zu seyn.

Kurz darauf kam die verwittwete Königinn von
Schweden, die Schwester des Königs, die vor kurzem ihren Gemahl verlohren hatte und seit seinem Tode in die
tiefste Traurigkeit versunken war, ebenfalls an, um einige Monate in dem Schooß einer Familie zu verleben,

die ihr so theuer war und von welcher sie nicht weniger
geliebt ward. Der König sandte ihr seinen Oberhofmar-
schall, Grafen von Reuß entgegen, um sie auf der
Gränze zu empfangen und nach Berlin zu begleiten.

Sie wurde, so wie auch ihre Prinzessin Tochter,
die sie bei sich hatte, mit der lebhaftesten Freude und den
aufrichtigsten Freundschaftsbezeugungen aufgenommen.
Man hatte auf dem Schloß eine Wohnung angewiesen und
ihr dort ihren Hofstaat errichtet. Der König befahl mir
dafür zu sorgen, daß sie gut bedient würde.

Sie brachte einige Tage in Potsdam beim Könige
ihren Bruder zu, und dann begab sie sich zum Prinz
Heinrich nach Rheinsberg, für den sie bis zum letzten
Augenblik ihres Lebens alle mögliche Achtung und Zärtlichkeit empfand.

Gegen den Frühling kehrte sie nach Schweden zurük: vor ihrer Abreise aber ernannte der König ihr Bruder, um ihr einen neuen Beweis seiner Zärtlichkeit zu
geben, die königliche Prinzessinn von Schweden ihre Tochter zur künftigen Abtissinn von Quedlimburg nach dem
Absterben der Prinzessinn Amalie von Preussen.

Die Königinn von Schweden fand bei ihrer Ankunft in Stralsund dort einen Brief vom Könige ihren
Sohn vor, worinn er ihr meldete, wie er jetzt mit dem
glüklichsten Erfolge ohne einen Tropfen Menschenblut
vergiessen zu dörfen, die Regierungsform geändert habe.

Ich will es nicht unternehmen diese glükliche und wichtige Begebenheit zu beschreiben, durch welche die Regierungsform meines Vaterlandes völlig umgeändert; und wodurch nicht nur alles auf den Fuß, wie es zu Zeiten Gustav Adolphs war, gesezt, sondern die königliche Macht noch weit über die Gränzen ausgedehnt ward, welche sie zur Zeit jenes Fürsten beschränkten.

Wer begierig ist, die genauern Umstände davon zu erfahren, darf nur das Werk des Italieners, Abt Micheleï über die Revolutionen von Schweden nachlesen: dieser war damals gerade als Reisender in Stokholm und starb auch daselbst kurz nachher. Vorzüglich aber können sie das Werk des Herrn Karl, Franciskus Scheridan dazu benuzzen, der damals Sekretair des englischen Gesandten an unserm Hof war. Es führt den Titel: Geschichte der lezten Staateveränderung in Schweden, worinn erzählt wird, was auf den drei lezten Reichstagen dort vorgegangen ist, nebst einer kurzen Geschichte von Schweden, worinn man die wahren Ursachen dieser Begebenheit enthüllt, und einer Einleitung über das Schiksal der bürgerlichen und politischen Freiheit in Europa. Man hat es aus den englischen ins Französische übersezt und diese Uebersezzung ist zu London im Jahr 1783 erschienen.

Ich habe gefunden daß diese eben so vortreflich geschriebene als tief durchdachte Schrift über diese grosse Be=

gebenheit nichts weiter zu wünschen läßt: dennoch habe
ich einige gewagte Thatsachen und grundlose Muthmaß-
sungen darinn gefunden; ungeachtet deren es doch immer
verdient, mit Aufmerksamkeit gelesen zu werden.

Auch brauche ich nicht anzuführen wie vielen Antheil
der Graf von Vergennes, damaligen Gesandten des französischen Hofes in Schweden, an dieser Staatsveränderung nahm. Wie kann ich die hohe Meinung vermehren,
die Europa und die ganze Welt seit so langer Zeit von
den seltnen Talenten dieses grosses Ministers hegt? Nur sei-
es mir vergönnt, mich einen Augenblik bei einigen sonderbaren, bemerkungswerthen Umständen zu verweilen.
Die Staatsveränderung, die wir 1756 entworfen hatten, war fast eben dieselbe die 1772 eingeführt wurde.
Jene zerschelterte uns, ob wir uns gleich aller Mittel
zu ihren Erfolge zu versichern suchten: diese gelang durch,
dem Anschein nach, höchst schwache Mittel. Zum Behuf der erstern hatten wir eine mächtige Parthei, verschiedene grosse Herren vom Hofe, das Volk und Waffen:
bei der leztern sieht man blos zwei grosse Männer,
den König mit seinem ganzen Muth, und den Minister eines auswärtigen Hofes mit der ganzen Weisheit, welche ihn auszeichnet. Bei der erstern mußten gute Bürger und getreuen Unterthanen, die nach dem Ruhm geiz-
ten, für das Beste des Staats und des Vaters des
Vaterlandes mitzuwirken, auf dem Schafott sterben,
oder in einer schimpflichen Verbannung leben: durch die

andern haben sich der Monarch, welcher die Leidenschaften und Laster zügelte, die das öffentliche Wohl zerstörte, und der grosse Mann, der ihn bei diesen Unternehmen durch seinen Rath und seine Klugheit unterstützte, die Unsterblichkeit erworben. Endlich regierte eben die auswärtige Macht, durch welche der vorige Entwurf fehl schlug die geheime Triebfedern, durch welche der lezte glüklich vollführt ward.

So ist die Welt: so ist das Spiel oder die Laune des Glüks. Jezt sah' ich sie nur mit einem stoischen Blik an; und der einzige Wunsch, den ich mir noch erlaube ist der, daß sich mein Vaterland, das ich immer geliebt habe, selbst damals als es einen Preis auf meinen Kopf sezte und mich blutdürstig von Land zu Lande verfolgte, auf ewig in dem glüklichen Zustande erhalte, in welchen es durch diese Begebenheit gesezt ist.

Die uneingeschränkte monarchische Gewalt ist oft in Despotißmus ausgeartet: nur zu sehr ist mir das aus der Geschichte vergangner Jahrhunderte und aus t n Begebenheiten des gegenwärtigen einleuchtend: allein i i übrigen Regierungsformen scheinen mir mit noch grössern Fehlern verknüpft; und nichts ist in meinen Augen gefahrvoller, als Zügellosigkeit und Anarchie, fruchtbare Urquellen jedes Uebels.

Als der König von Schweden seiner Mutter diese Nachricht von der eben vollbrachten Staatsänderung gab; so bat er sie zugleich in seinem Namen in Stralsund die Huldigung von Schwedischpommern anzunehmen. Die Fürstinn erfüllte seine Wünsche und schifte sich dann ein, um nach Stokholm zu reisen.

Bei der Musterung, die in Berlin gegen Ende des Monats Mai gewöhnlich gehalten wird, ernannte mich der König zum Generallieutenant unter der Armee, so wie auch den Herrn von Möllendorf, jezzigen Gouverneur dieser Hauptstadt, der es sich zum Glük und zur Ehre rechnet, diesen Titel in dieser Würde zu führen.

Diese Beförderung war mir um so angenehmer, da sie nie unmöglich in besserer Gesellschaft hätte werden können. Ganz Europa kennt die kriegerischen Talente dieses Generals; und sein schon so glänzender und wohlverdienter Ruhm würde sich nur noch vermehren, wenn er je durch die Umstände an der Spizze grosser Heere erscheint.

Wir waren die einzigen Offizire, die Seine Majestät geruheten, bei dieser Musterung zu Generallieutenants zu erheben. Einige Zeit nachher übertrug mir der König das durch den Tod des Generallieutenant von Bülow erledigte Gouvernement von Spandau und vermehrte meine Besoldung um funfzehnhundert Thaler.

Ein zweiter Vortheil, den ich von der Ernennung zu dieser ehrenvollen Stelle hatte, bestand darinn, daß ich so oft ich wollte, auf mein Gut reisen konnte, das zwischen Spandau und Potsdam lag; und das war für mich kein geringes Vergnügen. Als Gouverneur lag es

mir aber auch ob, bie Beſtung und die Gefangenen zu
beſuchen, wo ſo viele Unglüklicke ſeufzen. Ohne Zweifel haben die meiſten von ihnen Verbrechen begangen, bie
eine exemplariſche Strafe verdienen. Doch giebt es auch
viele, deren Fehler nicht ſo ſchwer, oder die wegen eines
falſchen Anſcheins mit zu viel Strenge verdammt ſind.
Die Natur gab mir ein gefühlvolles Herz und durch die
Leiden, die ich in meinem Leben erbuldet habe, habe ich
gelernt bei dem Elende von meines Gleichen mit zu leiden.
Nie betrat ich dieſe ſchrekkenvolle Oerter, die doch zur
öffentlichen Sicherheit nothwendig ſind, ohne daß ich unendlich viel dabei empfand. Indeſſen wagte ich es zuweilen, mich für diejenigen zu verwenden, deren Fehler
mir weniger ſträflich ſchienen; und ich habe das Vergnügen genoſſen, ihre Begnadigung zu erhalten.

Der König erfuhr durch ſeine Miniſter, daß die
Geſinnungen des ruſſiſchen Hofes nicht mehr dieſelben waren: und daß ſeine Feinde daran gearbeitet hatten, die
vertraunvollen und freundſchaftlichen Geſinnungen zu
ſchwächen, welche die Kaiſerinn bis dahin bei jeder Gelegenheit gegen ihn bezeugt hatte. Er wünſchte alſo,
daß der Prinz Heinrich eine neue Reiſe nach Petersburg
thäte, da er wußte, daß dieſe durchlauchtigſte Monarchinn
die aufrigtigſte und lebhafteſte Neigung für ihn hatte; überzeugt, wie er es ſeyn mußte, daß niemand mehr als er
im Stande ſeyn könnte, die gute Harmonie zwiſchen beiden Höfen zu unterhalten, und die, ſeinem Intereſſe wi-

brigen Vorurtheile zu zerstreuen, die andere Höfe dem russischen konnten beigebracht haben.

Dieser Prinz bat sich wieder vom Könige aus, daß ich ihn begleiten möchte; und ich erhielt dazu von Seiner Majestät Befehl. Ich hatte in meinem Leben schon so viel Reisen gemacht und hatte bei dieser Gelegenheit so viel eigennützige und wenig ehrenvolle Handlungen bemerkt, theils um Geschenke zu erhalten, theils um ungestraft noch gehässigere Räubereien zu verüben, daß ich sehr entfernt davon war, mich zum zweitenmahl darum zu beeifern, in das Gefolge eines grossen Herrn zu kommen. Allein ich konnte den Befehlen des Königs nicht ausweichen und noch weniger einen Prinzen erzürnen, der mich mit so viel Güte überhäuft hatte, und dessen Vertrauen so schmeichelhaft für denjenigen seyn muß, der den ganzen Werth davon kennt.

Unsre Reise war sehr glüklich; und wir kamen den heiligen Abend vor Ostern mit Einbruch der Nacht in Petersburg an. Der Prinz bekam eben die Wohnung und wurde eben so empfangen, wie das vorigemahl.

Ich sollte noch die Kaiserinn im Namen Seiner Königlichen Hoheit komplimentiren: allein sie hatte sich früh niedergelegt, um früh um zwey Uhr aufzustehn und beim Gottesdienst zugegen zu seyn. Der Generallieutenant Kaskein der oberste Offizier des Prinzlichen Hauses redete mit mir ab, daß er um diese Zeit mich abholen und nach Hofe bringen wollte.

Ein Kanonenschuß gab das Zeichen, daß man sich in die Kirche begeben solle. Mein Führer kam zu mir hinein und führte mich zu der Kapelle, die erstaunlich erleuchtet war. Die Messe war angegangen. Die Kaiserinn war in ihren Stuhl und hielt eine angezündete Kerze in ihrer Hand, eben so wie der Großfürst und alle übrigen dort befindlichen Personen; ein jeder war in Galakleidern: und von allen Seiten blizten Diamanten.

So bald mich Ihro Kaiserliche Majestät unter den Haufen gewahr ward, ließ Sie mir sagen, sie sei erfreut mich wieder zu sehn; und da Sie vermuthe daß ich die Absicht haben würde, mit ihr zu sprechen; so möchte ich nur den Augenblik wahrnehmen, wo die Bischöfe und alle übrigen Geistlichen sich nähern würden, um ihr Glük zu wünschen.

Ich blieb ruhig beim Gottesdienst, und nach der Messe oder dem Te Deum, was ohne Begleitung aller Instrumentalmusik, den griechischen Kirchengebräuchen gemäß, gesungen ward, folgte ich den Priestern zum Stuhl der Kaiserinn.

Ich ward, wie sie', zur Ehre des Handkusses gelassen. Sie geruhete, mich sehr gnädig aufzunehmen und gab mir den Auftrag den Prinzen das Vergnügen zu melden, welches sie darüber empfände, ihn wieder bei sich zu sehn.

Gegen vier Uhr des Morgens verließ sie die Kirche, und vorher sagte sie mir noch, daß sie den Prinzen bei der Mittagstafel erwarte. „Ihro Kaiserliche Majestät,

„antwortete ich, meinen ohne Zweifel das Abendessen,
„denn da Sie die Nacht den Andachtsübungen geweiht
„haben, so werden Sie den Tag hindurch ruhen wol-
„len? „Nein, erwiederte sie, kommen Sie nur zur ge-
„wöhnlichen Zeit: das Vergnügen, den Prinzen wie=
„derzusehn wird mich für alles schadlos halten.“

Wir erschienen gegen ein Uhr bei Hofe. Die Kaiserinn war schon angekleidet. Alles ging ohne Zeremoni-
en her, so wohl bei der Aufnahme als bei Tafel.

Nach Aufhebung derselben besuchte der Prinz den
Großfürsten und die Großfürstinn, gebohrne Prinzessinn
von Darmstadt und Schwester der Prinzessin von
Preussen.

Die Großfürstinn trafen wir der Entbindung nahe,
und ehe wir noch acht Tage in Petersburg waren, kam der
schrekliche Augenblik derselben: sie war tödlich für die
Mutter so wohl, als für das Kind; beide vereinigte ein
einziges Grab.

Diese junge Prinzessinn ward unter den heftigsten
Schmerzen entbunden: aber sie starb mit einer so helden=
müthigen Ergebung und Standhaftigkeit, daß dadurch
nur der Schmerz über ihren Verlust vermehrt wurde.
Die Kaiserinn war ganz untröstlich und das ganze Reich
nahm um so mehr an ihrem gerechten Schmerz Antheil,
da es sich zugleich einer, ihm so theuer Prinzessinn und eines Prinzen beraubt sah, der vielleicht einst sein Beherr=
scher geworden wäre.

Die Kaiferinn begab sich, sogleich nach dem Tode
der Großfürstinn nach Czarkozelo. Sie nahm den
Großfürsten mit in ihren Wagen, und bat den Prinz
Heinrich, ihnen dahin nachzukommen.

Den folgenden Tag reisten wir hin: nur wenige Leute waren da; und wir kehrten nicht eher, als bei unsrer
Abreise nach Preußen, in die Stadt zurük. Der Prinz
that alles mögliche, um die tiefe Traurigkeit, worinn
die Kaiferinn versenkt war, zu verscheuchen.

Endlich beruhigten sich die ersten Schmerzen ein
wenig; und sie beschäftigte sich jezt mit der wichtigen
Sorge, dem Großfürsten eine zweite Gemahlinn zu geben. Sie sprach ohne Umschweife mit dem Prinz Heinrich darüber, und erklärte ihm, es sei ihr Wunsch, daß
ihr Sohn seine Nichte die Prinzessinn von Würtemberg
heirathete.

Diese Prinzessinn war an den Erbprinzen von
Darmstadt versprochen; und es kam darauf an, sie
von dieser Verbindung zu befreien, damit sie in Rußland die Rolle spielen könte, die ihr bestimmt war.

Der Prinz Heinrich fertigte sogleich einen Kourier
an den König seinen Bruder ab, um ihm die guten
Gesinnungen der Kaiferinn zu melden; und wir erwarteten um so sehnsuchtsvoller die Antwort Seiner Majestät, da sie wegen der Entfernung zwischen Petersburg
und Berlin nicht früher, als nach sechs Wochen ankommen konnte.

Z

Alle Morgen machte man einen Spaziergang zu Fuß, woran die Kaiserinn immer vielen Geschmak gefunden hat. Man frühstükte im Garten und nach der Mittagstafel fuhr man in den umliegenden Gegenden von Czarkozelo herum. Zuweilen ritt der Großfürst, der ein sehr guter Reiter ist, und vorzüglich, da die Zeit ein wenig die außerordentliche Betrübniß über seinen Verlust geschwächt hatte; und dann frühstükten wir in irgend einem benachbarten Landhause. Diese Art von Einsamkeit worinn wir lebten gab mir Muße um über die verschiedenen Veränderungen bei Hofe nachzudenken. Bei unsrer ersten Reise stand der Prinz Orlow in der höchsten Gnade; und bei dieser hatte der Prinz Potemkin die Stelle dieses vorigen Günstlings, der zwar eigentlich nicht in Ungnade gefallen war, aber doch nur die zweite Rolle spielte.

Man erzählte mir von ihnen eine sehr scherzhafte Anekdote.

Herr von Potemkin stieg einst die Treppe zum Schloß hinauf, um sich zur Kaiserinn zu begeben; und Prinz Orlow stieg sie hinab, um nach Hause zu gehn. Der erste wollte nicht den Anschein haben, als ob er in Verlegenheit geriethe, und wußte doch auch nichts zu sagen; fragte ihn also: „was giebts neues bei Hofe?" „nichts, „erwiederte Prinz Orlow kaltblütig, als daß Sie hin„aufsteigen, und ich steige hinab."

Von diesen leztern erfuhr ich zugleich einen Zug von Muth und Unerschrockenheit, der ihnen unendlich mehr Ehre macht, als alle wizzige Einfälle, die er je gehabt haben kann.

In Moskau regierte die Pest und richtete die größte Verheerung in dieser ungeheuren Stadt an. Der Prinz Orlow, damaliger Günstling sammelt alles auf, was er von Aerzten und Wundärzten zusammenbringen kann. Von allen seinen Eskulapen begleitet, reist er von Petersburg ab, kommt nach Moskau, wirft sich mitten in die Stadtviertel, welche durch die Seuche am meisten angegriffen und verheert sind, er führt so gute Ordnung ein, nimmt so weise Maaßregeln, daß die Pest nach Verlauf einiger Wochen aufhört, und diese vorige Hauptstadt, völlig von diesem Ungemach befreiet ist.

An dergleichen Zügen erkennt man die Männer, die in ihrem Karakter wahre Stärke haben; und Männer von dieser Seelenstärke sind leider! so selten in jedem Welttheil: allenthalben trift man nur kleindenkende Egoisten, kalte und unempfindliche Seelen.

Der Prinz Orlow erzählte mir selbst eine sehr sonderbare Geschichte, die in Moskau eben damals vorfiel, als er, durch die Pest veranlaßt, sich dort aufhielt.

Der Erzbischof dieser Stadt ein guter, ehrwürdiger Greis, ließ einst in ein Kloster einige Heiligenbilder aus einer seiner Kirchen bringen, wo sich eine zu

Z 2

große Menge davon befand. Der Pöbel, der allenthalben unwissend und abergläubisch ist, der aber nirgends vielleicht fanatischer gesinnt ist, als in Rußland
wo das Licht, so zu sagen, eben erst anbricht, sieht
dieses Wegnehmen oder vielmehr dieses Versezzen der
Bilder für eine irreligiöse, gottlose That an. Er rot-
tet sich zusammen, überläßt sich seiner ganzen wilden
Wuth, und faßt den Entschluß, den Erzbischof für diese vermeinte Entheiligung zu bestrafen. Der gute
Mann flieht aus seiner Behausung, flüchtet in die Kirche eines Klosters, und versteckt sich in die Sakristei, wo
nach den griechischen Kirchengesezzen niemand außer dem
Geistlichen hineingehn darf. Unglücklicherweise hatte
ihn ein junges Kind gehn sehn, und zeigt es sogleich an.
Der Pöbel läuft herbei, dringt in die Kirche, fällt über
den ehrwürdigen Prediger her, und schleppt ihn zur Thüre
heraus, um ihn zu ermorden. Der unglückliche Greis,
der den Tod als unvermeidlich vor sich sieht, beschwert
seine Henker, daß sie ihm wenigstens erlauben möchten,
ans Altar zu gehn, um noch einmahl das Abendmahl zu
nehmen. Der Pöbel bewilligt ihn das, und sieht während dieser gottesfürchtigen Zeremonie mit der größten
Ruhe auf dieses ſbeweinenswürdige Opfer des Aberglau-
bens und des Fanatismus, welches er sich bereit macht,
jezt hinzurichten. Endlich fällt der Pöbel noch einmahl
über den unglücklichen Greis her, schleppt ihn, wie das
vorige mahl, zur Kirche hinaus und zerfleischt ihn in
tausend Stücke.

bauen lassen, um die angenehme Jahrszeit dort zuzubringen; und das thut auch noch die jezzige Kaiserinn.

Dennoch ist Peterhoff äußerst angenehm: es hat eine treflich schöne Lage: der Garten ist prächtig und die Springbrunnen vorzüglich geben denen zu Versailles nichts nach.

Von Petersburg bis Peterhoff trift man ununterbrochen Schlösser und Gärten an, die verschiedenen Privatleuten gehören. Man genießt auf diesem ganzen Wege die zaubervollsten Aussichten.

Auch sahn wir eine Meile von Petersburg das Schloß Oranienbaum, das in der russischen Geschichte durch das Unglük Peter III ewig berühmt sein wird. Es ist sehr wohl gebauet und liegt noch besser, als Peterhoff.

Man findet nirgends vielleicht zwei Oerter, wo man sich den Sommer hindurch mehr Vergnügen verschaffen könnte. Aber die angenehme Jahrszeit ist in Rußland so kurz und das Klima so rauch, daß man nur immer sehr kurze Zeit auf dem Lande ist.

Da wir nach Czarkozelo zurükkehrten, war schon alles zu unsrer Abreise veranstaltet und bereit. Der Großfürst reiste voraus und wollte uns in Riga erwarten. Prinz Heinrich folgte ihm vierundzwanzig Stunden nachher.

Z 4

Die Kaiserinn schien durch diese doppelte Trennung gleich gerührt. Sie empfahl ihren Sohn dem Prinzen in Ausdrükken, die zugleich die Güte ihres Herzens und das ganze Gefühl der zärtlichsten Mutter bewiesen.

Sie hatte einige Briefe an den König von Preussen und die Familie von Würtemberg zurechtgemacht; aber die Traurigkeit, die sie über die Abreise des Großfürsten und des Prinzen Heinrichs empfand, erlaubte ihr nicht, sie fertig zu machen; und sie entschloß sich, sie mit einem Kourier uns nachzuschikken.

Dieser Kourier holte uns in der That den dritten Tag ein, und übergab Seiner königlichen Hoheit das Pak mit den Briefen. Allein die Kaiserinn hatte noch einen besondern Brief dabei gelegt, den sie eigenhändig an den Prinzen Heinrich geschrieben hatte, und da dieser Brief eben so viel Ehre der erhabenen Monarchinn bringen muß, als den Prinzen, an den er gerichtet war, so will ich ihn hier ganz einrükken.

„Ich nehme mir die Freiheit, Ew. königliche Ho-
„heit die vier Briefe zu schikken, wovon ich mit Ih-
„nen gesprochen, und die Sie gütigst haben besorgen
„wollen. Der erste ist an den König, Ihren Bru-
„der, und die andern für die Prinzen und Prinzeß-
„innen von Würtemberg. Ich bin so frei, Sie

„zu bitten (wenn sich das Herz meines Sohnes für
„die Prinzessinn Sophia Dorothea bestimmt, wor-
„an ich nicht zweifle) daß Sie die drei lezten ihrer
„Bestimmung gemäß abgeben, und mit jener über-
„redenden Beredsamkeit unterstüzzen, womit Gott
„Sie begabt hat."

„Die überzeugenden und wiederholten Beweise,
„die Sie mir von ihrer Freundschaft gegeben, die
„hohe Achtung, die ich gegen Ihre Tugenden gefaßt,
„und das unbegränzte Zutrauen, welches Sie mir
„eingeflößt haben, lassen mir keinen Zweifel über
„den gewünschten Erfolg einer Angelegenheit, die
„mir so sehr am Herzen liegt. Konnte ich sie wohl
„bessern Händen anvertrauen?"

„Ew. königliche Hoheit sind warlich in Unterhand-
„lungen der einzige in Ihrer Art: verzeihen Sie die-
„sen Ausdruk meiner Freundschaft. Allein ich glau=
„be nicht, daß es ein Beispiel einer Verhandlung
„von dieser Natur giebt, das so wie diese wäre be-
„handelt worden. Auch ist sie die Frucht der herz-
„lichsten Freundschaft und des innigsten Vertrauens.

„Diese Prinzessinn sei das Unterpfand derselben.
„Nie werde ich sie sehn, ohne mich daran zu erinnern, wie diese Angelegenheit zwischen den königlichen preussischen Hause und zwischen den russischen

Z 3

„angefangen, fortgeführt und vollendet ist. Möch-
„te sie die Bande auf immer befestigen, die uns ver-
„einen!

„Ich danke Ew. königlichen Hoheit zum Schluß
„noch aufs zärtlichste für alle Sorgfalt und Mühe,
„welche Sie sich gegeben haben; und bitte Sie, über-
„zeugt zu sein, daß meine Dankbarkeit, meine
„Freundschaft, meine Hochachtung und die hohe
„Werthschäzzung, die ich für Sie empfinde nur mit
„meinem Leben aufhören werden.

„Ew. königlichen Hoheit,"

„geneigte Kousine]und Freundinn"

„Katharine."

„Czarkozelo den 11ten Juny 1776."

Dieser so ungekünstelte, so liebevolle, und dabei
so wohl geschriebene als wohl gedachte Brief muß einst
dem Augen der Nachwelt die Seele dieser durchlauchten
und großmüthigen Fürstinn mahlen.

Wir fanden den Großfürsten in Riga, hielten uns
dort einen Tag auf und besahn ein dicht neben der Stadt
aufgeschlagenes Lager.

Es bestand aus zwei Regimenter Reiterei und vier Regimenter Fußvolk. Der Großfürst musterte sie und ließ sie vor dem Prinz Heinrich einige Waffenübungen machen.

Von Riga reisten wir nach Mitau, wo der Herzog von Kurland die beiden Prinzen mit vieler Pracht aufnahm. Der Großfürst verweilte daselbst eine Nacht; aber Prinz Heinrich reiste voraus, um selbst Seine kaiserliche Hoheit bei ihren Eintritt in des Königs Lande zu empfangen.

Wir fanden in Memel alle die, welche seinen Hof ausmachen sollten, auch alle Köche und den Vorrath von Getränken und Eßwaaren, die für den übrigen Theil des Weges nothwendig waren.

Der Großfürst kam vierundzwanzig Stunden nachher an; und wir blieben noch einen Tag da, um etwas auszuruhn. Wir reisten alle zugleich ab. Der König hatte veranstaltet, daß der Großfürst allenthalben mit allen den Ehrenbezeugungen empfangen wurde, die man den künftigen Thronfolger von Rußland, seinem Bundesgenossen schuldig war.

Zwei Tage blieb man zu Königsberg in Preußen; und die Besazzung, welche aus zehn Schwadronen Dragoner und sechs Bataillon Fußvolk bestand, hielt in Gegenwart Seiner kaiserlichen Hoheit Waffenübungen.

Das Gedränge war allenthalben, wo' wir durch-
reisten, entsezlich. Allenthalben erschienen junge schön
gekleidete Mädchen, die mit vollen Händen in den Wagen der Prinzen Blumen warfen; und in den Städten,
wo Besazzungen lagen, bestrebten sich die Anführer der
Regimenter mit allgemeinen Wetteifer, Seine kaiserlichen Hoheit alle die kleinen kriegerischen Feste zu geben,
die ihn ergözzen könnten.

Nichts mangelte seinem Empfange beim Markgra-
fen Heinrich in Schwedt: aber vorzüglich war sein Einzug in Berlin äußerst glänzend. Man hat damals die
genauern Umstände davon bekannt gemacht; und
ich enthalte es mir, sie hier zu wiederholen.

Der König empfing den Großfürsten, den Prinz
Heinrich begleitete in seinem Zimmer; und sie unterhielten sich etwa eine halbe Stunde. Alsdann begaben sich
die beiden Prinzen zur Königinn, wo alle Prinzessinnen
und alle Damen vom Hofe und aus der Stadt versammlet waren.

Die Prinzessinn von Würtemberg gefiel dem Großfürsten unendlich; und noch denselben Abend, da er von
Tafel aufstand, erklärte er sich darüber gegen den Prinz
Heinrich, der auch am folgenden Tage die Anwerbung
that, zu welcher er von der Kaiserinn mit Vollmacht
versehn war, und die Briefe abgab, die er mitgenom-
men hatte.

Die Veranstaltungen wurden bald in Richtigkeit
gebracht. Man brachte einige Tage mit Festen und Lustbarkeiten zu. Der Prinz Ferdinand, des Königs Bruder, gab eine sehr schöne Fete auf seinem Schloß in Frie-
drichsfelde. Der Großfürst und die Prinzessinn von
Würtemberg benutzten jeden Augenblik, um sich zu unterhalten; und man bemerkte leicht, daß ihre gegenseiti-
ge Liebe von Zeit zu Zeit wuchs. Der König gab ein
sehr großes Mittagsmahl in Charlottenburg und am
Abend desselben Tages reiste man nach Potsdam.

Der ganze Hof versammelte sich in dem neuen Palais von Sanssouci, wo man die ganze Zeit hindurch,
welcher der Großfürst dort zubrachte, ununterbrochen Feste, Schauspiele und Erleuchtungen sah.

Seine Majestät ließen die Potsdammer Besazzung
vor Seiner kaiserlichen Hoheit in den Waffen üben; und
was eben so schmeichelhaft für sie als für den Feldmarschall von Romanzow war, das Manöuvre wurde in
verschiedenen Vierekken gemacht, um die Schlacht bei
Kanal nachzuahmen, wo die Russen im lezten Kriege
die Türken geschlagen hatten.

Der König schenkte dem Großfürsten zwölf Reitpferde, die er besonders in den preussischen Stutereien
hatte aufsuchen lassen, und ein prächtiges Porcelänserot-
ce aus der Berliner Fabrik.

Auch alle Herren vom Gefolge des Großfürsten erhielten prächtige Geschenk, und der Großfürst gab dagegen welche an alle diejenigen unter uns, die zu seiner Bedienung gebraucht waren.

Bei dieser Gelegenheit bemerkte ich wieder alle die Niederträchtigkeiten, die eine niedrige Geldsucht hervorbringt. Ich will nur ein Beispiel davon anführen.

Der Großfürst beehrte mich mit seinen Zutrauen und zeigte mir alle Geschenke, die er vertheilen wollte. Eine von den Personen, für die sie bestimmt waren, erhielt eine Tabatiere, und beklagte sich mit sehr übler Laune gegen mich, daß sie nicht prächtig genug sei. Unwillen über sein Murren und mit den Werth des Geschenks bekannt, bot ich ihn tausend Thaler dafür, wenn er sie mir abtreten wollte. Er erröthete vor Schaam, steckte sein Geschenk in die Tasche und schwieg.

Man überlegte in Sanssouci, wie der Großfürst nach Rußland zurükreisen sollte, und machte aus, daß er mit seinem ganzen Gefolge vorausreise, und die Prinzessinn von Würtemberg mit ihren durchlauchten Eltern ihm folgen sollte.

Da das Schloß Rheinsberg auf ihren Wege lag; so bat sie Prinz Heinrich, einige Tage da zuzubringen. Sie reisten dahin, und Seine königliche Hoheit gab ihr

nen vier Tage hinburch höchst glänzenge, mannichfaltige
und aufs beste angeordnete Feste.

Auch ich war auf Einladung des Prinzen baselbst
und ging nach Potsdam zurük, so bald der Großfürst
von Prinz Heinrich Abschied genommen hatte. Ihre
Trennung war warlich rührend; und alle, welche babei
zugegen waren, freueten sich gleichmässig über die Beweise der Zärtlichkeit und des Zutrauens welche sie sich beiderseits gaben. Man hätte glauben sollen, der eine sei
ein zärtlicher Vater, der nur mit Schmerz den geliebte-
sten Sohn sich entfernen sähe; und der andre entrisse sich
seinen Umarmungen nur weil die Nothwendigkeit es gebiete und mit der Furcht, ihn nie wieder zu sehn.

Der Großfürst nahm mich beiseits, bevor er mich
verließ, und spazierte einige Augenblikke mit mir ganz
allein. Er sagte mir seinen Lebewohl in der zuneigungs-
vollsten Ausdrükken. Dieser Auftritt ist einer von denen in meinem Leben, bei denen ich am meisten bewegt
gewesen bin.

Wenn je diese Blätter vor seine Augen kommen,
so erslehe ich von Ihm, sich an meine ungeheuchelten
Wünsche für sein Wohl, für das Glük seiner Regierung,
wenn ihn einst die Vorsehung auf den Thron sezzen würde,
und für die Fortbauer jener, vertrauenvollen, anhäng-
lichen und erkenntlichen Gesinnungen zu erinnern, wo-

von ich ihn gegen das königlichpreuſſiſche Haus durchdrungen ſah.

Den folgenden Tag reiſte er ab, und den Tag
nachher brach die Prinzeſſin von Würtemberg auf. Ihre
Eltern begleiteten ſie bis nach Memel, wo ſie ihren ganzen Hofſtaat, von der Kaiſerin zu ihrem Empfang geſchikt, vorfand.

Der Prinz und die Prinzeſſinn von Würtemberg
reiſten von da nach Mümpelgardt ab, wo ſie ihren ge-
wöhlichen Sitz haben. Prinz Heinrich blieb in Rhein-
berg.

Ich ging hernach wieder nach Berlin zu meiner armen Frau zurük, die ſeit einigen Jahren ſehr krank war.

Eine Bruſtwaſſerſucht entriß ſie mir; und das war
für mich eine höchſt ſchmerzvolle Trennung.

Wir lebten ſeit dreiſſig Jahren zuſammen; und
hatten uns immerdar mit Aufrichtigkeit geliebt. Sie
hatte alle zwei Umfalle mit mir getheilt, worinn ich durch
die Staatsveränderung in Schweden im Jahr 1756
verflochten war, und ich muß ihr die Gerechtigkeit wiederfahren laſſen, daß ſie dieſelbe mit einer Veſtigkeit, mit
einer Standhaftigkeit und mit einer heldenmüthigen Ge-
ſinnung ertragen hat, die bei Perſonen von ihrem Ge-
ſchlecht faſt ohne Beiſpiel iſt.

Ihrer angenehmen Gesellschaft beraubt fand ich meine neue Lage sehr traurig, ich ward finster und melancholisch.

Zu meinem Glük verschafte mir der König einige Erleichterung. Er nahm mich mit sich zu den Musterungen in Schlesien und diese Reise zerstreuete mich ein wenig.

Ich kehrte mit Seiner Majestät nach Potsdam zurük, und der König behielt mich bis zum zwanzigsten Dezember bei sich, wo er des Karnawals wegen nach Berlin reiste.

Um diese Zeit starb der Kurfürst von Baiern; und der König vernahm diese Nachricht nicht ohne Unruhe: denn er hatte Vermuthungen und sogar ziemlich starke Wahrscheinlichkeiten, daß zwischen diesen Fürsten und den Wiener Hofe eine geheime Verabredung getroffen war, vermöge deren ein grosser Theil von Baiern nach des Kurfürsten Tode an das Haus Oesterreich fallen sollte.

Seiner Majestät lag viel daran, die Zerstükkung dieses Kurfürstenthums und diesen Zuwachs der Macht für einen Hof zu hindern, der sein Nebenbuhler und fast immer sein Feind war. Der König gab also eine förmliche Erklärung dagegen; und da er voraussah, er würde bald gezwungen seyn, offenbare Gewalt zu gebrauchen; so gab er allen seinen Truppen Befehl, sich marschfertig zu halten. Zu gleicher Zeit ließ er Freibataillons

A a

anwerben, und ich insbesondre erhielt den Auftrag, so ein Regiment auf die Beine zu bringen, als ich im vorigen Kriege angeführt hatte.

Ich betrieb das mit so viel Hizze und Eifer, daß bei unsrer Abreise von Berlin, zur Eröfnung des Feldzugs, meine beiden Bataillons nicht nur vollständig, sondern auch völlig mit Waffen und völlig mit Kleidern versehn waren.

Mit Anfang des Mai begab sich der König nach Schlesien, um sich an die Spizze des Heers zu stellen, das von dieser Seite in Böhmen eindringen; und Prinz Heinrich zog in Berlin ein zweites Heer zusammen, welches durch Sachsen, mit den Völkern dieses Kurfürstenthums verbunden, ebenfalls nach Böhmen gehn sollte.

Ich gehörte zu den Generallieutenants, welche man dazu bestimmte in diesem lezten Heer zu dienen.

Als der Wiener Hof alle Zurüstungen sah, welche der König machte, um seine Plane zu zerstören; so schlug er den friedlichen Weg ein. Die Unterhandlungen wurden in Berlin zwischen den Ministern des Königs und zwischen den Grafen von Cobenzl, damaligen österreichischen Minister an unserm Hofe eingeleitet. Sie schienen anfangs eine gute Wendung zu nehmen: aber bald wurden die Verhandlungen abgebrochen und der Krieg ward unvermeidlich.

Prinz Heinrich ließ uns ankündigen, daß wir den andern Tag aufbrechen sollten; und damit nichts von seinen Befehlen kund würde, und die auswärtigen Minister keine Kouriere abfertigen konnten um ihre Höfe davon zu benachrichtigen; so ließ er in eben dem Augenblik alle Thore sperren, wo uns die Verfügung über den Marsch eingehändigt wurde.

Die ganze Stadt gerieth in große Bewegung, weil man den Grund von dieser Vorsicht nicht wußte: aber der Graf von Cobenzl, der ihn errieth, wollte darüber zur Gewißheit kommen. Ich hatte ihm immer meine Reitpferde geliehen, wenn er Lust hatte, spazieren zu reiten. Er ließ mich also bei dieser Gelegenheit um eins bitten. Ich ließ ihm antworten, es thue mir leid, seine Bitte abschlagen zu müssen, allein ich müsse es selbst gebrauchen. Er wußte jezt, wie er daran war; da aber die Thore gesperrt waren, so verhielt er sich, wie alle übrigen Minister und blieb ruhig zu Hause.

Den folgenden Tag stieg Prinz Heinrich mit Tagesanbruch zu Pferde; und wir brachen mit allen Regimentern der Besazzung auf. Alle übrigen, die zu seinem Heer kommen sollten, stießen unterwegs zu uns, und in Dresden vereinigten wir uns mit den sächsischen Truppen.

Der Einmarsch Seiner königlichen Hoheit in Böhmen ist mit Recht als ein Meisterstük der Kriegskunst berühmt.

Man hat über diesen Krieg verschiedene Tagebü-
cher und verschiedene Erzählungen ans Licht gestellt. Ich
werde also nicht weiter davon sprechen: überdem fielen
dabei nicht viel wichtige Thaten vor, deren Erzählung
ich nöthig fände.

Ich führe also bloß an, daß der König mit hunderttausend Mann, und Prinz Heinrich mit einem fast
eben so starken Heer so lange, als sie nur den Feldzug
halten konnten, in Böhmen blieben, sich dann zurükzogen und der eine in Schlesien, der andre in Sachsen
seine Winterquartiere nahm.

Ich folgte den Prinz Heinrich nach Dresden.

Die Unterhandlungen nahmen mit Frankreichs und
Rußlands Vermittelung wieder den Anfang. Der
Friede ward zu Teschen geschlossen und ein jeder kehrte
nach einer Abwesenheit von ungefähr einem Jahr, nach
Hause zurük.

Ich kam nach Berlin zurük, wo ich gewöhnlich
wohnte. Meine Gesundheit hatte durch die Strenge
des Klima in den böhmischen Gebürgen sehr gelitten.
Ich war oft abgeschikt und oft gezwungen gewesen, unterm Zelt mich zu lagern. Ein Gichtfluß hatte sich
an meinen vor dem verwundeten Arm gesezt, und verursachte mir entsezliche Schmerzen.

Zu meiner Kränklichkeit kam noch Kummer und
Mißvergnügen, deren Ursache vorzüglich mir sehr em-

pfindlich war; so daß Geist und Körper gleich viel litten.

Ich entschloß mich also, außer Dienst zu gehn, und das um so viel lieber, da allem Anschein nach in langer Zeit kein Krieg zu vermuthen war. Ich bat den König um meinem Abschied: Seine Majestät waren Anfangs etwas empfindlich darüber: aber nach einigen Monaten, während deren ich meine Bitten wiederholte, bewilligten sie mir denselben.

Von diesem Augenblik an hing ich von niemand ab, und dachte auf nichts weiter, als auf die Wiederherstellung meiner Gesundheit. Ich reiste nach Aachen und nach Spa.

Durch diese Reise genaß ich. Die Bäder in Aachen bekamen mir sehr wohl, und mein nachheriger Aufenthalt in Spa, wo ich sehr viel Vergnügen genoß, stellte mich völlig wieder her, in ungefähr sechs Wochen.

Ich wurde wieder munter und faßte den Entschluß, auf einige Zeit nach Paris zu gehn. Ich wollte dem Hof zu Versailles kennen lernen, den ich bis dahin nur aus den Erzählungen anderer kannte.

Ich reiste durch die Niederlande, wo ich meine Bekanntschaft mit vielen Personen erneuerte, die ich vordem, als ich in dem Heer der Verbündeten diente, gekannt hatte. Ich besah die verschiednen Oerter wieder,

wo man damals die Schlachten geliefert hatte, bei denen
ich zugegen gewesen war; und ich empfand dabei um so
mehr Vergnügen, da ich seitdem Kenntniß genug erworben hatte, um die Fehler unsers Heers, das sie verloren hatte, einzusehn.

Ehe ich nach Paris kam, hatte ich das Vergnügen
Chantilly, das Lustschloß des Prinzen von Conde, zu besehn. Da der Prinz abwesend war, so hatte ich die
erwünschte Gelegenheit, alles ganz genau zu besehn und
zu bewundern. Es ist nicht wohl möglich, irgendwo
ein Schloß zu finden, wo alles lauter den Wohnsitz eines grossen Herrn verkündigte.

Ich kam in Paris unter dem Namen des Freiherrn von Stein an. Ich wollte nicht von gar zu vielen
Personen erkannt sein, um desto mehr Freiheit zu behalten; und ich fürchtete, wenn ich mich als preußischer
General ankündigte, so möchte ich dadurch einen Verdacht oder eine Neugierde erregen, die mir lästig würden.

Die Freunde und Bekannte die ich da traf, erwiesen
mir sehr viel Artigkeit, bewiesen mir unendlich viel Aufmerksamkeit und verschafften mir alle Bequemlichkeit, die
ich mir wünschen konnte, um ein Land zu sehn, das, in
den Augen eines aufgeklärten Reisenden, wenn ich den
Ausdruck wagen darf, ein Abriß der ganzen Erde ist.

Den dritten Tag nach meiner Ankunft bekam ich die Gelbsucht. Ich hatte, ich weiß nicht woher, ein Vorurtheil gegen die französischen Aerzte und fühlte Widerwillen dagegen, mich ihren Händen anzuvertrauen: meine Freunde aber, die besser als ich sahen, daß mein Fieber ernsthaft wurde, brachten einen zu mir, ohne es mir einmahl zu sagen. Ich erkannte ihn sogleich beim Hereintreten an seiner schwarzen Kleidung, an seiner langen Perüke und an seinem langen Rohr mit den goldnen Knopf. Er hatte völlig die Tracht, die alle Aerzte auf dem italienischen Theather haben. Indessen nachdem ich mit ihm Bekanntschaft gemacht hatte, mußte ich seinem Einsichten und seinem angenehmen Betragen Gerechtigkeit wiederfahren lassen. Er führte ein angenehmes Gespräch, und hatte gar nichts von der Pedanterie an sich, die man seinem Stande sonst vorwirft. Er stellte mich in weniger als vierzehn Tagen wieder her, und ohne mich mit allen Arten von Arzneimitteln zu quälen, wie fast alle seine Zunftgenossen thun.

So bald ich wiederhergestellt war, ließ ich mich als Freiherr von Stein bei Hofe vorstellen; ich benutzte die Freiheit, die man den Fremden dort zugesteht und besaß in diesem unermeßlichen Schloß von Versailles alles was meine Aufmerksamkeit verdienen und meine Neugierde befriedigen konnte.

Ich kehrte nach Paris zurük, wo sich meine Freunde
bestrebten mich allenthalben hinzuführen, wohin mich irgend ein wichtiger Gegenstand rief. Vorzüglich verweilte ich
mit Vergnügen beim Invalidenhause, einem ganz einzigen
Denkmal von der Größe und Pracht Ludewigs XIV. Ich
fand auf einer Gallerie dieses weitläuftigen Gebäudes die
Modelle von allen Vestungen in Frankreich und von allen
denen, welche die Franzosen in andern Ländern seit den
Anfange dieses Jahrhunderts belagert und eingenommen haben. Diese Modelle schienen mir vollkommen
gut ausgeführt.

Ich sah in der Kirche der königlichen Kriegsschule
den Bruder des Königs einen Bischof zum Ritter des
Ordens vom heiligen Lazarus aufnehmen, und diese Ceremonie geschah mit vielem Pomp. Der Anführer des
Bataillions vor der Schweizergarde, die da war, kannte mich unter meinem wahren Nahmen und war so artig,
nach der Ceremonie der Aufnahme des Prelaten, dieses Bataillon vor mir manövriren zu lassen.

Der Graf von Artois erlaubte mir, daß ich nach
seinem Schloß Bagatelle ginge, welches im Bou-
logner Walde liegt. Es ist in weniger als sechs Wochen
gebauet, aber die Kunst hat alles an diesen Orte gethan.

Ich besuchte nach einander die öffentlichen Spaziergänge, die Kirchen, die Schauspiele. Die Oper ist sehr
bezaubernd. Man spielte gerade die Iphigenia vom Rit-

ter Gluk. Die Musik, die Ballets, die Verzierungen
des Theaters, alles entzükte mich. Das französische und
italienische Schauspiel machte mir viel Vergnügen: aber
ich muß offenherzig gestehn, daß ich oft in andern Ländern eben so gute Schauspieler gefunden habe, als damals auf diesen beiden Theatern.

Meine Freunde führten mich in viele Häuser ein,
und unter andern grossen Herrn, deren Bekanntschaft sie
mir verschaften, stellten sie mich auch dem Prinzen von
Monbarrey damaligen Kriegsminister vor. Ich fand
verschiedne liebenswürdige Frauenzimmer bei ihm. Seine Tochter schien mir eben so einziehend durch ihre Schönheit als durch ihre Jugend. Sie war so eben mit dem
Prinzen von Nassau Saarbrük vermählt. Ich sagte zu
ihr, ich glaube vor einigen Jahren in Berlin den Prinzen ihren Gemahl, als Obersten im französischen Diensten gesehn und mit ihm beim Könige von Preussen zu
Mittage gespeist zu haben. „Daß muß wohl mein
„Schwiegervater gewesen seyn, erwiederte sie lächelnd,
„denn mein Gemahl ist noch im Kollegium.‟ Ich erstaunte gar sehr: aber ich erfuhr, daß diese Art von früh-
zeitigen Vermählungen in Frankreich nicht selten ist.

Ich verlebte meine Zeit ganz angenehm in Paris
und behielt immer mein Incognito; und wahrscheinlich wußte man troz aller Nachforschungen der Polizei
nicht, wer ich war. Eines Morgens meldete man mir

Aa 5

den Sekretär des Grafen von Vergennes, der mit mir zu sprechen verlange. Ich ließ ihn hereinkommen. Er war zu mir geschikt, um sich zu erkundigen, ob ich nicht eine Gräfinn von Stein kenne, die vor drei Monaten nach Tionwille gekommen, mit zwei jungen Töchtern in einem Gasthofe eingekehrt, nach einigen Tagen, unter den Vorwande, daß sie die Pariser Aerzte wegen ihrer Gesundheit um Rath fragen wolle, verschwunden sei, und unterdessen ihre beiden Töchter der Wirthinn gelassen und sie gebeten habe, bis zu ihrer Rükkunft für sie zu sorgen.

Der Sekretär sezte noch hinzu, diese Dame habe nachher gar keine weitere Nachricht von sich gegeben; man wisse nicht wo sie hingekommen sei; die beiden kleinen Waisen befänden sich also verlassen, und die Wirthinn getäuscht.

Die Anfrage konnte mich in Verlegenheit sezzen. Ich antwortete, ich kenne keine Gräfinn von Stein; aber ich würde die Ehre haben, mich Morgen zum Herrn Grafen von Vergennes zu verfügen um ihm selbst die Antwort zu bringen.

Ich ging auch wirklich hin. Ich sagte ihm, wer ich sei, auch die Gründe, warum ich den Namen Stein angenommen habe. Ich bat ihn zugleich um die Erlaubniß, diesen Namen auch fernerhin führen zu dürfen.

Was die Frau von Stein anlangt; so erfuhr ich nachher, daß man nie hat entdecken können, wohin sie geflüchtet sei, und daß der König von Frankreich die unglücklichen Kinder dieser grausamen Mutter in eine Erziehungsanstalt gegeben hatte, wo sie auf seine Kosten erzogen werden sollten.

Endlich verließ ich Paris und reiste nach Berlin zurück, von wo ich, noch vor dem Winter, nach Schweden zu reisen, die Absicht hatte. Seitdem ich unabhängig, und von meiner Krankheit völlig hergestellt worden war, blieb ich immer unentschlossen über dem Ort, wo ich mein übriges Leben hindurch wohnen wollte. Bald überwog in meinem Herzen die Liebe zum Vaterlande, und bald war ich geneigt mich auf immer in Berlin niederzulassen, wo ich seit mehr als zwanzig Jahren gelebt und stets jede Art von Annehmlichkeit genossen hatte.

In dieser Unentschlossenheit war ich noch, als verschiedene von meinem Freunden mir sagten, es gehe das Gerücht, ich wollte mich wieder vermählen. Diese Reden waren mir um so auffallender, da die Dame, welche man als meine Zukünftige angab, mir seit langer Zeit nichts weniger als gleichgültig war. Ich antwortete, die erwähnte Vermählung wäre zur Hälfte in

Richtigkeit, denn ich wäre von ganzem Herzen damit zufrieden.

Diese angenehme Vorstellung begleitete mir allenthalben und quälte mich. Ich entschloß mich also, die erste Gelegenheit zu ergreifen, die sich mir darbieten würde, um mein Geheimniß der liebenswürdigen Dame zu entdekken, welche das Publikum so gütig gewesen war, für mich zu bestimmen. Diese Gelegenheit erschien: mein Vorschlag ward genehmigt, und ich hatte das Glük, mich mit einer Frau zu verbinden, die jetzt das Glük meines Lebens ausmacht.

Durch diese Verbindung machte die Vorsehung mein Glük vollkommen, da sie mir die sehr beträchtlichen Güter gab, welche meine Frau besaß: und ich glaube hier doch noch eine Anekdote hersezen zu müssen, die vielleicht die einzige in ihrer Art ist.

Eine Herrschaft in Sachsen war ihr durch Absterben ihres Onkels zugefallen. Da ich außerordentlich das Land und die Landwirthschaft liebe, so begab ich mich dahin, um einige nöthige Veranlassungen dort zu treffen. Ich besaß alle die Dörfer, welche dazu gehören, und wie groß war nicht mein Erstaunen, da ich bei einem dieser Dörfer gerade eben den Flek fand, wo ich von den Russen vor zwei und zwanzig Jahren gefangen genommen war. Dieser Ort war damals höchst unglüflich für mich, und schien mir eine Reihe von Unfällen anzudeuten, die ich vorher beı schrieben habe. Jezt bin ich der Tesizzer davon, und kann damit nach meinem Gutdünken schalten.

Den süßen Banden dieser glüflichen Ehe verdanke ich die Ruhe und den Frieden, die ich genieffe, und ich kann sogar sagen, die Vergeffenheit meiner erlittenen Unglüfsfälle. Ich habe keinen Wunsch mehr. Wiel könnte ich glüflicher sein, als ich es bin? Gern sage ich jezt:

Satt des Hoffens, satt der Klagen
Ueber Erdengroße und Geschif,
Richt' ich ohne Wunsch und ohne Zagen
Auf den Tod hier meinen Blif.

Ende.